석학人文강좌 18

불교와 불교학

석학人文강좌 **18**

불교와 불교학—불교의 역사적 이해

2012년 8월 13일   초판 1쇄 발행
2016년 10월 25일   초판 3쇄 발행

지은이	조성택
펴낸이	한철희
펴낸곳	주식회사 돌베개
책임편집	최양순 · 이경아
디자인	이은정 · 박정영
디자인기획	민진기디자인
등록	1979년 8월 25일 제406-2003-000018호
주소	(10881) 경기도 파주시 회동길 77-20(문발동)
전화	(031) 955-5020
팩스	(031) 955-5050
홈페이지	www.dolbegae.co.kr
전자우편	book@dolbegae.co.kr

ⓒ 조성택, 2012

ISBN 978-89-7199-495-5 94220
ISBN 978-89-7199-331-6 (세트)

이 저서는 '한국연구재단 석학과 함께하는 인문강좌'의 지원을 받아 출판된 책입니다.

석학人文강좌 18

불교와 불교학

불교의 역사적 이해

조성택 지음

돌베개

책머리에

　'불교란 무엇인가, 붓다는 누구인가'라는 질문에 '한마디'로 답하기란 대단히 곤혹스럽다. 불교는 철학인가 하면 종교이기도 하다. 또 어떤 이는 불교를 서양 전통에 비추어 '비철학 비종교'非哲學 非宗敎라고도 한다. 무신론적 종교의 측면이 있는가 하면 다신교적 종교의 모습도 부정할 수 없다. 그런 가운데 붓다는 철학자인 인간의 모습으로, 때로는 인간을 구제하는 신神의 모습으로 나타나기도 한다.

　교단과 사상사적으로도 불교의 모습은 다양 다기함을 지나쳐 매우 복잡하다. 간략하게 서술하더라도 초기 불교 전통에 속하는 상좌부를 비롯해 대승불교와 밀교 전통이 있으며, 대승 전통 안에서도 반야, 열반, 정토, 법화, 유식, 화엄 등과 함께 선종이 있다. 이러한 불교 사상들은 세계 여러 문화권의 지방 문화local culture와 결합하면서 다양한 지역 불교 전통을 발전시켜 오늘에 이르고 있다. 각 지역 불교 전통은 나름대로의 정통성과 우월성을 다양한 방식으로 주장한다. 어떤 전통은 '오래됨'antiquity에서 자신들의 정통성authenticity을 주장하며, 또 다른 전통은 진보와 발전의 개념으로 자신들의 전통을 높이 평가한다. 불교사는 곧 '해석의 역사'라고 할 만큼 붓다의 가르침에 대한 다양한 해석이 시대별, 그리고 지역별로 전개되어 왔다.

한편 여러 지역 불교 전통들은 의례, 교리, 수행법 등에서도 그 차이가 적지 않다. 어떤 전통은 현세에서의 깨달음이 가능하다고 한다. 또 어떤 전통은 깨달음이 불가능하다고 한다. 어떤 전통은 샤캬무니 붓다Shakyamuni Buddha가 우리 시대의 유일한 붓다라고 하며, 또 다른 전통은 '많은 부처들'이 과거·현재·미래의 시공간에 편재遍在·공재共在 해 있다고 한다. 각 지역 전통이 전수傳受하는 경전 텍스트는 그 양이 방대할 뿐만 아니라 텍스트 언어와 내용도 다양 다기해서, 경전을 통해 불교에 대한 체계적이며 정합적인 이해를 구한다는 것은 애초에 불가능해 보인다.

도대체 여러 지역 불교 전통을 한데 묶어 '불교'라는 하나의 고유명사를 사용하는 것이 가능한 일인가 하는 의문조차 든다. 과연 불교는, 그리고 붓다는 하나인가 여럿인가?

불교 전통의 이러한 '복잡성'은 근대 이전의 불교인들에게는 문제가 되지 않았다. 근대 이전의 불교인들에게 '불교'란 곧 자신들이 속한 '지역 불교'를 의미하는 것이었다. 그들은 자신들의 전통이 붓다의 '본래 가르침'을 계승한다고 믿어 의심치 않았다. 따라서 전통의 역사적 실체를 확인하는 것은 그들에게 중요한 것이 아니었다. 그들의 일차적 관심은 지역 전통의 불교적 가치를 전승하고, 이를 '현재'에 충실하게 재현하는 데 있었다. 자신이 속한 지역 불교가 전승하는 전통의 역사적 실체를 확인하고자 하는 것은 '근대'와 함께 시작된 일종의 '근대적 문제의식'이라고 할 수 있다.

근대는 '세계 인식의 확장'을 의미한다. 다양한 지역 불교 전통들을

'하나의 불교'라는 관점으로 조망하고, 다양한 지역 불교의 형성 과정을 그 기원에서부터 현재에 이르는 '하나의 역사'로 이해하고자 하는 작업은 19세기 중반 이후 유럽에서 시작되었다. 당시 유럽에서 발달했던 문헌학, 종교학, 고고학 등 여러 관련 근대 학문이 분업과 협업의 형태로 여기에 참여했다. 이로써 신화와 역사가 혼재해 있던 불교의 모습이 비로소 '역사'로서 그 실체가 드러나기 시작했으며, 불교 사상과 교리에 대한 '유럽적 해석'이 등장하기 시작했다. 이른바 근대 불교학의 탄생이다.

불교에 대한 '유럽적 해석'은 '불교학'Buddhist Studies의 이름으로, 그리고 '근대 학문'modern scholarship의 한 상징으로 20세기 초 일본을 기점起點으로 동양으로 역수입되었다. 오늘날 불교와 불교사에 대한 우리의 인문교양적 지식의 대부분은 유럽으로부터 수입되었던 근대 불교학의 성과에 기초하고 있다. 불교는 우리의 '오랜 전통'이지만, 그에 대한 우리의 지식은 비교적 '최근의 전통'인 셈이다.

오늘날 일반 대학에서 불교를 인문교양 과목으로, 또는 불교철학이란 분과 학문으로 연구하고 강의하는 것을 우리는 당연하게 받아들인다. 그러나 불교가 기독교와 마찬가지로 한국 사회에서 활동하는 현실 종교임을 생각한다면, 종립대학이 아닌 일반 대학에서 불교에 대한 연구와 교육이 '학문'의 이름으로 이루어지고 있다는 점은 예사롭게만 생각할 일이 아니다. 그렇지만 이러한 일이 한국의 대학에서 마치 당연한 것처럼 이루어지는 것은 불교에 대한 연구와 교육이 이른바 '불교학'이란 이름으로 근대 유럽의 대학에서 시작되었던 사실과 무관하지는 않을 것이다.

불교학이 불교라는 '오랜 동양 전통'에 대한 '근대 유럽적 해석'이란 사실은 우리들로 하여금 '전통과 근대'라고 하는 문제를 다시금 돌아보게 한다. 식민주의와 오리엔탈리즘이란 용어로 정형화된 이른바 '포스트주의적' 근대 비판까지는 아니라 하더라도, 지금 우리의 입장에서 '전통'에 대한 '유럽적 해석'을 비판적으로 검토할 필요가 있을 것이다. 이 책의 문제의식은 바로 여기에 있다.

이 책은 제목이 말해 주듯 불교에 대한 '역사적 이해'가 그 주된 목적이지만, 불교사 서술을 목적으로 하는 것은 아니다. 이 책은 지금 우리가 알고 있는 '불교', 그리고 '불교의 역사'에 대한 지식이 어떠한 과정을 통해 형성되어 왔는가를 살핀다는 점에서 소략하지만 일종의 '불교 이해의 역사'에 관한 것이라고 할 수 있다. 또한 '탈식민주의적' 관점에서 근대 불교학의 한계와 문제점들을 비판한다는 점에서 불교학 연구 방법론에 관한 것이라고도 할 수 있다.

이 책의 1장부터 4장까지는 당시 한국학술진흥재단(현 한국연구재단)이 주최한 '석학과 함께하는 인문강좌'의 일환으로 2008년 7월 26일부터 8월 23일까지 매주 토요일에 실시했던 네 번의 강연 원고를 바탕으로 한 것이다. 5장과 6장은 강연 이후 이 책의 출판을 염두에 두고 집필한 것으로, 각각 《불교연구》(제31호, 2009)와 《민족문화연구》(제53호, 2010)에 단독 논문으로 출판했으며, 그 뒤 책의 체제에 맞추어 수정, 보완한 것이다. 7장과 에필로그는 강연 전에 각각 《Korea Journal》(vol. 45, no.1, Spring 2005)과 《불교평론》(제16호, 2003)에 영어와 한글로 발표했던 글들을 바탕으로 한 것이다. 책의 전체 주제와 잘 부합된다는 판단이 들어 영어 논문은 한글로 번역·개작改作 하고, 한글 논문은 수정·보완 해 책에 포함했다. 한편 서문 '불교 이해의 역사적 전개'는 이 책의 문제의식을 요약하고, 독자들이 책 전체 내용의 전개를 한눈에 조감하는 데 도움을 주기 위해 새로 집필한 것이다. 일관된 관점과 문제의식으로 쓴 것이기 때문에 시간이 없는 독자는 이 서문만 읽어도 이 책의 전체 내용을 파악하는 데 도움이 될 것이다.

인문강좌 5주 동안 차분하게 진행을 맡아 주셨던 김종욱 교수에게 감사드린다. 그리고 토론자로서 강연 원고를 꼼꼼하게 읽고 종합 토론을 통해 질정과 조언을 아끼지 않으셨던 윤원철 교수, 안성두 교수, 박찬국 교수 세 분에게도 깊은 감사를 드린다.

'석학과 함께하는 인문강좌'는 인문한국(HK) 사업과 함께 인문학 진흥의 출발을 알리는 일종의 신호탄이었다. 많은 사람들이 '인문학의 위기'를 걱정만 하는 가운데 인문학이 곧 우리 사회의 미래임을 강조하면서 인문학 진흥을 위한 종합 계획을 마련하고 예산 확보를 위해 온갖 노력을 다한 분이 바로 허상만 당시 한국학술진흥재단 이사장이었다. 인문학자의 한 사람으로서 깊은 감사의 말씀을 드리고 싶다.

여러모로 부족함이 많은 책이지만, 이 책을 이태 전 돌아가신 아버님의 영전에 바친다. 다음번엔 좀 더 향상된 학문을 보여줄 수 있는 책을 출판하겠다는 다짐과 함께.

2012년 7월
안암동 연구실에서
조성택

차례

서문: 불교 이해의 역사적 전개

1. 유럽의 '불교' 발견과 근대 불교학의 탄생

"근대 이전 우리에게 불교는 있었지만 불교학은 없었다. 불교학은 근대의 산물이다."

이렇게 말한다면 아마도 많은 반론이 제기될 것 같다. 주로 교학 전통을 염두에 둔 다음과 같은 내용의 반론일 것이다. 교학은 불교 전통의 중요한 일부였고, 종교적 체험이나 수행보다는 텍스트에 대한 정확한 이해〔經證〕와 철학적 논리 전개〔理證〕를 주로 하기 때문에 불교를 학적 탐구의 대상으로 삼는 근대의 불교학과 그 본질에서 다를 바 없다는 것이 반론의 주된 논지일 것이다. 또한 교학은 수행 체험과 일정한 긴장을 유지한 채 그 나름의 체계적인 완결성을 추구하기 때문에 근대 불교학이 함의하는 대상과의 일정한 객관적 거리가 유지된다는 주장도 있을 수 있다.

실제로 고대 인도 불교의 아비달마 Abhidharma 전통은 '법'法(dharma)에 대한 이론적 완결성과 정합적 이해를 추구하는 가운데 실제 수행에서의 경험은 부차적이거나 보조적인 것으로 여겨졌다. 요컨대 '경험' 그 자체보다는 '경험'을 설명하는 이론의 체계성과 정합성이 아비달마에서 보다 근본적인 문제였다. 동아시아 전통의 화엄이나 법상종의 교학체계도 마찬가지였다. 하나의 세계관이었으며 철학적 체계였다. 이러한 교학체계 속에서 붓다의 가르침은 수행의 지침이라기보다 일종의 '텍스트'로 기능했으며, 교학은 텍스트에 대한 일종의 해석학적 체계로 기능했다. 불교 전통의 교학이 붓다의 가르침을 텍스트로 전환하고, 이에 대한 체계적이며 정합적인 이해를 추구한다는 점에서 전통 교학은 분명히 근대 불교학의 학적 추구와 유사한 일면이 있다.

　그럼에도 전통 교학과 불교학 간에는 근본적인 차이가 있다. 그것은 바로 불교에 대한 역사적 이해의 문제다. 전통 교학의 불교 이해에서 '역사'는 어떠한 해석적 기능도 갖지 못하거나 있다 하더라도 동아시아의 교상판석敎相判釋에서 보는 바와 같이 '해석'을 위한 지극히 단순한 배경적인 기능을 가질 뿐이었다. 붓다의 모든 가르침은 '어느 한때'〔一時〕의 인연에 따라 이루어진 것들로, 그 역사적 맥락이나 실재성은 일차적인 관심의 대상이 아니었다. 그리고 그 '어느 한때'의 인연조차도 역사적 시간 속에서의 인과성이 아니라 과거세로부터 지금, 그리고 미래세로 이어지는 우주적 시간에서의 인과성으로 이해되었다. 요컨대 붓다의 가르침은 '초역사적'인 것으로, 역사적 시공간으로 환원될 수 없는 것이었다. 동아시아 교학 전통에서 붓다의 가르침을 '일미'一味라든가 또는 '일심'一心으로 이해하는 경향은 바로 붓다의 가르침을 초역사적인 것으로 이해하는 불교 전통을 가장 잘 보여주는 한 예라고 할 수 있다. 동아시아의 불교인들이 대승 경전의 역사성에 대해 조금도 의심치 않았던 것은 단순히 그 전사前史에 대한 불충분한 지식 탓이 아니라, 붓다의 가르침을 '초역사적인 것'으로 이해하던 불교의 경향을 잘 보여주는 것이라고 할 수 있을 것이다.

이런 가운데 전통 교학에서 불교사를 이해하는 가장 일반적인 유형은 다음과 같은 것이다. 붓다의 원음原音을 이해하는 수준과 방식에 따라 다양한 불교 전통이 이어져 왔지만, 그 가운데 자신이 속한 집단이 가장 수승하게 그 본래의 원음을 전승하고 있다는 것이다. 상좌부 전통은 정전正典의 언어적 상고上古(antiquity)가 곧 그들 전승의 '정통성'authenticity을 결정적으로 보장해 준다고 믿었고, 대승불교는 소승小乘이라는 타자他者를 만듦으로써, 그리고 다시 선불교는 '교외별전教外別傳 직지인심直指人心'이라는 담론을 통해 저마다 자신들의 고유한 정통성을 만들어 왔다. 이러한 불교사의 이해 방식에서는 텍스트와 교리의 역사적 형성이라든가 또는 다른 지역 불교 전통과의 상이점 등은 전혀 고려할 필요가 없었다. 말하자면 각 전통은 나름대로의 자기 충족적 완결성을 가지고 있었기 때문이다. 각 지역 불교는 모두 자신들의 전통이 어떻게 '부처님의 인도'라는 시공간으로 수렴되는가에 대한 관심은 있었지만, '부처님의 인도'로부터 분기되어 온 역사적 형성 과정과 그 적층積層의 발굴에 대해서는 관심이 없었던 것이다. 요컨대 근대 이전의 불교인들에게는 다양한 지역 전통의 '여러 불교'buddhisms를 조감해서 '하나의 역사'로 이해하고

자 하는 욕구는 없었다. 그들의 불교 이해는 지역 전통이 제공하는 유사 역사類似歷史(quasi-history)와 불교적 가치에 전적으로 의존했기 때문이다. 따라서 전근대 불교인들에게 중요했던 것은 자신들의 전통에 대한 객관적 역사 이해가 아니라 전통을 얼마나 충실하게 따르고 재현하느냐의 문제였다.

다양한 지역 불교의 전통을 그 기원에서부터 현재에 이르는 '하나의 역사'로 조감하고자 하는 것은 전통적인 불교 문화권을 식민지로 경영하던 유럽인들에 의해 주도되었다. 그러나 오랜 기간 고립적인 발전을 해 온 다양한 지역 불교 전통을 '하나의 역사'로 조감, 재구성하는 일은 간단하지 않았다. 일종의 퍼즐 맞추기와 같은 것이었다. 퍼즐 맞추기의 시작은 먼저 출발점을 찾는 일이다. 그것은 곧 인도에서 불교의 역사적 실체를 확인하는 일이었으며, 이를 통해 고대 불교사를 재구성하는 일이 급선무였다.

그러나 13세기 이후 불교 고유의 역사성과 정체성이 완전히 소멸되어 버린 인도에서 불교의 역사적 실체를 확인하는 일은 그리 간단하지 않았다. 붓다는 비쉬누Vishnu의 화신으로 여겨져 왔고, 불교는 힌두 신화의 일부로 이해되고 있었다. 이러한 상황에서 붓다를 다시 역사적 '인간'으로 되돌려 놓고, 사라진 '불교'를 고대 사회로 소급해 역사적 실체로서 복원하고자 하는 노력이 문헌학, 종교학, 고고학 등 다양한 근대 학문 분야의 분업 또는 협업으로 나타났다. 이것이 근대 불교학의 시작이었다. 유럽인들은 여러 지역에 흩어져 있던 불교 고전 문헌의 수집과 편집, 그리고 번역을 통해 동양의 현철賢哲 고타마Gotama의 '본래 가르침'original teaching과 역사적인 모습을 복원하는 일이 가능하다고 믿었다. 당시 유럽의 발달된 문헌학은 여기에 결정적인 공헌을 했다. 산스크리트어, 팔리어, 그리고 불교 혼성 산스크리트어Buddhist Hybrid Sanskrit 등 다양한 불교 고전어를 해독할 수 있었음은 물론이고, 각 언어의 역사적·언어학적 변모 과정을 잘 파악할 수 있었기 때문이다. 뿐만 아니라 이본異本의 비교 연구를 통해 서사敍事의 신구新舊 계층과 역사적 변천을 파악할 수 있었으며, 문헌 해석학적 방법을 통해 불교 경전 안에 함께 뒤섞여 엉클어져 있던 신화적 해석과 역사적 사실을 일정 수준으로 가려낼 수도 있었다. 이러한 과정을 통해 고대 불교사를 어느 정도 재구성할 수 있었으며, 원산지로부터 전파된 다양한 지역 불교 전통의 형성과 그 역사적 전개 과정을 상당한 수준까지 조감할 수 있었다.

그러나 근대 불교학의 이러한 성과에도 불구하고 오늘날의 관점에서 본다면 문제가 없지 않다. 근대 불교학은 태생적으로 식민주의의 성격을 벗어날 수 없었다. 유럽인들에게 불교는 동양의 타자他者였으며, 현재가 아닌 '과거'였다. 그들에게 불교란 동양의 '현재' 종교가 아니라, 지금 그들의 도서관에 소장되어 있는 문헌 속에 존재하는 '과거'였다. 유럽 근대 학문의 성과에 의해 재구성된 고대 불교사는 결과적으로 동양의 '현재' 불교가 그 복원된 중심으로부터 얼마나 멀어져 왔는가를 증명하는 것이었다. 유럽인들에 의해 발견된 과거가 찬란하면 할수록 피식민지의 현재는 더욱더 초라할 뿐이었다.

또한 근대 불교학은 문헌학 같은 유럽 근대 학문의 성과였던 만큼 철저하게 '유럽적'이었다. 불교 경전은 근대적인 합리적 이성으로 재해석되었으며, 불교의 깨달음은 근대적 계몽 이성에 유비類比되었다. 번뇌는 식혀야 할 '열정'passions으로 이해되었으며, 깨달음bodhi은 일종의 '정신적 계몽 상태'spiritual enlightenment였다. 이런 가운데 붓다Buddha(覺者)는 신화적 존재에서 역사적 존재로 복원되었을 뿐 아니라 '열정'을 차갑게 식힌 이성적이며 이지적인, '빅토리아 시대의 이상적 인간'Victorian ideal of humanity으로 재해석되었다.[1] 이 책의 1장 '붓다란 누구인가, 그리고 불교란 무엇인가'는 바로 이러한 붓다와 불교에 대한 근대 불교학의 지나친(?) '합리적 또는 이성적 접근 방식'rational approach to Buddhism에 대한 비판이다. 이 글을 통해 나는 오늘날 한국을 비롯한 현대 불교학자들의 연구가 거의 전적으로 빅토리아 시대에 형성된 '이성주의적 또는 합리주의적 연구 방법론'rationalistic approach to Buddhism에 기초하고 있음을 지적하고, 불교에 대한 온전한 이해를 위해 불교의 종교적·철학적 특성을 감안한 새로운 경전 독법讀法의 가능성을 모색할 것이다.

한편, 앞서 언급한 대로 문헌학과 고고학에 기초한 인도 고대 불교사 연구는 근대 불교학의 가장 큰 성과라고 해도 과언이 아니다. 지금도, 비록 각론 수준의 새로운 연구 성과가 계속 나오곤 있지만, 인도 고대 불교사에 대한 일반적인 이해는 거의 전적으로 19세기 말부터 본격적으로 시작된 근대 불교학의 연구 성과에 기대는 경우가 많다. 하지만 인도 고대사의 일반적인 경우와 마찬가지로 고대 인도 불교를 역사적으로 이해하는 데 도움이 될 만한 문헌 및 비문헌 자료의 범위가 매우 한정적이며, 그나마 후대 전승의 문헌 기록에 의존하는 경우가 많았기 때문에 그 재구성 과정에서 추정과 역사적인 상상력은 불가피했다. 특히 불멸佛滅 후 부파 성립에 이르는 초기 불교사의 경우 후대에 성립된 부파적인 경향의 문헌에 의존하는 경우가 많았고, 그마저 서로 상충되거나 '결락 부분들'missing links이 많기 때문에 더욱 그러했다.

따라서 이 책의 2장 '인도 초기 불교사의 새로운 이해'에서는 초기 불교사를 재구성하는 데 사용되었던 유럽적 '상상력'과 암묵적인 전제들을 재검토하고, 불교의 종교적·사상적 특징에 입각한 새로운 재구성의 가능성을 모색해 보고자 한다. 근대 불교학이 초기 불교사를 재구성하는 데 있어 출발점으로, 또 결론으로 상정하는 한 가지 사실은 불교는 붓다의 가르침을 따르는 '하나'의 교단에서 출발해 여러 다양한 교단으로 분열되었다는 것이며, 마찬가지로 불교 경전 또한 '하나'의 텍스트로부터 다양한 텍스트로 전개되었다는 것이다. 이것은 한편으로 원시 기독교와 그 후의 기독교 전개 과정을 바라보는 당시 유럽인들의 역사적 이해가 그대로 불교사에 투사된 것이며, 또 다른 한편으로는 베다 문헌을 구전 전승한 브라만교의 전통이 초기 불교에서도 그대로 재현되었을 것이라는 믿음에 기초한 것이다. 그러나 텍스트의 축어적 구전 전승이 가능하기 위해서는 텍스트의 '언어적 배타성'과 그것을 전승할 수 있는 '사회적 시스템'이 꼭 필요하다. 그런데 불교의 경우 붓다 자신이 제자들에게 자신의 가르침을 다양한 지방어prakrit를 통해 전달할 것을 당부함으로써 특정한, 배타적인 경전 언어의 사용을 거부했다. 그리고 무엇보다도 브라흐마니즘과 불교는 텍스트에 대한 관념이 전혀 달랐다. 브라만교에서 베다 문헌은 신성한 기원과 신성한 힘을 내재한 신성神聖 그 자체로 여겨졌지만 불교에서, 적어도 초기 불교에서 경전은 그러한 성격의 것이 아니었다. 경전은 일종의 '기록물'로서 수행 설명서 같은 기능적인 성격이 더 강했다고 볼 수 있다. 따라서 불교에서 경전은 축어적 전승을 통한 신성성 유지와 보존에 그 중요성이 있는 것이 아니라, 다양한 언어로 기록되고 전달되는 소통성에 그 중요성이 있었다고 할 수 있다. 이렇게 본다면 불교 경전은 '하나'의 기원에서 시작된 다양한 전개가 아니라, 애초에 여러 기원과 다양한 언어로 시작되었을 것이라고 보는 편이 더 자연스러울 것이다. 더구나 불교 수행에서 강조하는 기억은 베다 문헌의 전승에 사용되었던 '정확한 저장과 인출'이라는 기술技術(ars)로서의 기억이 아니라 기억 과정에 능동적으로 참여하는 '활력活力(vis)으로서의 기억'이었다는 점을 염두에 둘 때, 불교 경전의 출발을 '하나'의 텍스트가 아니라 다양한 기원과 다양한 언어를 가진 '여러' 텍스트였을 것이라고 보는 것은 더욱더 설득력을 얻는다.

그렇지만 나 자신이 적극적인 입론立論을 통해 완전히 새로운 초기 불교사를 재구성할 수 있다는 것은 아니다. 초기 불교사를 완전하게 재구성할 수 있는 역사적·문헌적 자료가 불충분하기는 여전히 마찬가지이고, 앞으로도 그 사정이 크게 나아질 것이 없기 때문이다. 나는 다만 유럽의 근대 불교학이 구성한 초기 불교사의 문제를 지적하고 균열을 드러내 보임으로써 새로운 '상상'의 가능성을 열어 놓고자 하는 것이다. 왜냐하면 근대 유럽이 재구성한 초기 불교사는 얼핏 보아 철저한 문헌 비평과 문헌 실증주의에 기초하고 있는 것처럼 보이지만, 실은 충분히 검증되지 않은 유럽적 상상력과 암묵적인 전제가 보다 결정적인 역할을 하고 있기 때문이다.

한편 유럽 근대 불교학 문헌을 중심으로 한 편향된 불교 연구 방법론은 동양의 현재 불교가 아닌 문헌 속에 존재하는 '과거의 불교'에 집중하는 경향을 낳았고, 이는 결과적으로 식민 지배 국가들의 '우울한 현재'와 '화려한 과거'가 선명하게 대조됨으로써 유럽의 식민 지배를 용인하고 정당화하는 무의식적 논리 기반을 제공해 준다. 근대 불교학이 태생적으로 식민주의적인 성격을 띤다는 혐의를 갖는 것은 바로 이러한 점 때문이다. 그런데 근대 불교학의 문헌 편향 문제는 식민주의라는 정치적 함의 때문만이 아니라 과거 불교에 대한 온전한 이해를 위해서도 올바른 연구 방법이 아니다. 1991년 미국의 불교학자 그레고리 쇼펜Gregory Schopen 교수는 「인도 불교 연구에서 고고학과 프로테스탄트적 전제」Archeology and Protestant Propositions in the Study of Indian Buddhism라는 논문을 통해, 문헌 자료를 중심으로 한 근대 불교학의 연구 태도와 그 성과를 바탕으로 여전히 계속되는 현대 불교학 연구 방법의 문제점들을 잘 지적했다. 사실 쇼펜은 이 논문을 발표하기 전부터 이미 상당한 기간 동안 고고학적 유물이나 비문 같은 비문헌 자료에 대한 연구를 통해 문헌 자료들을 중심으로 구성되어 온 인도 불교사의 여러 문제를 지적해 왔다. 가장 대표적인 것이 대승의 기원과 그 성격에 관한 문제 제기였다. 쇼펜은 대승과 관련한 여러 비문을 검토함으로써 지금까지 문헌 자료를 중심으로 대승의 기원과 그 성격에 관해 제출되었던 많은 학설을 결정적으로 반박했다. 쇼펜은 "대승 경전의 역사와 (대승이라는) 종교 운동의 역사는 '대승'이라는 같은 이름을 갖고 있지만 반드시 같은 것이라고 할 수는 없다"고 하면서, 사상으로서의 대승과 교단으로서의 대승을 구별했다. 그 뒤 이러한 연구 성과에 힘입어 '단일 교단'으로서의 대승 기원을 반박하고 다양한 운동으로서의 대승의 기원과 성격을 뒷받침하는 연구가 줄을 이으면서 대승에 관한 전면적인 재검토가 이루어지고 있다.[2] 현 시점에서 가장 시급하게 해결되어야 할 문제 가운데 하나는 사상으로서의 대승의 시작과 교단 또는 집단 정체성으로서의 대승의 출현 간에 벌어지는 약 400년이라는 시간 차를 어떻게 설명할 것인가다. 이 책의 3장 '무불無佛 시대의 붓다들'은 이 문제에 대한 내 나름대로의 대답을 모색하는 글이다. 나는『육도집경』六度集經에 최초로 등장하고, 그 뒤 4~5세기에 걸쳐『도행반야경』道行般若經,『대명도경』大明度經,『소품반야바라밀경』小品般若波羅蜜經 등 반야경류의 대승 경전에서 계속 '진화'進化하는 모습을 보여주는 한 인물을 살펴보려고 한다. 상제보살常啼菩薩(Sadāprarudita)이 바로 그 인물이다. 당초『육도집경』에서 이 보살은 범부 보살이 아니라 붓다의 전생 보살로 등장한다. 이후 반야경류의 경전에서는 무불無佛 시대를 슬퍼하는 범부 보살의 모습으로 등장하기 시작해 점차 확장되는 서사 구조와 함께 불교사의 변천을 일정하게 반영하면서 진화하는 보살의 모습을 보여준다. 나는 400~500년에 걸쳐 전생 보살로 시작해 범부 보살로 진화해 가는 상제보살의 인물 변화와 이 인물을 둘러싼 내러티브의 변천을 분석함으로써 사상으로서의 대승의 등장과 집단 정체성으로서의 대승의 등장 사이에 벌어지는 400여 년의 시간 차를 설명할 수 있는 어떤 단초를 제공하고자 한다.

2. 동아시아 불교의 역사적 형성과 그 전개

이제 '불교의 역사적 이해'의 관심은 인도 불교에서 동아시아 불교로 넘어간다. 인도에서 발생한 불교가 동아시아 지역으로 전파된 것은 일종의 문명사적 사건이었다. 고대 사회에서 다른 두 문명권이 접촉하는 일 자체도 그리 흔하지 않은데, 외래의 이질적인 사상과 종교가 다른 문명권에서 성공적으로 뿌리를 내렸을 뿐 아니라 지방 문화와의 동화同化와 적응을 통해 전적으로 새로운 모습의 사상과 종교로 거듭났기 때문이다. 불교의 동아시아 전파는 단순한 이식 과정이 아니었으며, 일방적인 전파가 아니라 상호적이며 교차적인 동화와 적응 그리고 변용을 통한 점진적이며 지속적인 과정이었다.

한편 불교를 매개로 한 문명 교류는 단순히 사상적인 측면에만 한정되지 않는다. 그것은 전적으로 다른 세계관과 가치관의 교류였으며, 경전과 종교적 상징물 등 새로운 문물의 이동이었을 뿐 아니라 한문漢文과는 언어학적 체계가 전혀 다른 고·중세 인도어 경전을 번역하고, 또 번역을 통해 이해해야 하는 지적 실험과 도전의 과정이었다. 이러한 점진적이며 지난至難한 과정을 통해 동아시아 불교는 단순히 원산지의 불교가 다른 지역에 이식된 '수입 불교'의 전통으로서가 아니라 철저한 '자기화'를 완성한, 문명 교류사에서 흔치 않은 사례에 속한다고 볼 수 있다.

따라서 이 책의 4장과 5장에서는 문명 교류의 한 사례로서 불교의 동아시아 전파, 그리고 동아시아 불교의 역사적 형성 과정에 관한 문제를 살펴보고자 한다. 4장 '경쟁하는 두 붓다: 문화적 상호 작용의 동역학'에서는 불교 전통 안의 구원의 존재salvific figure인 미륵彌勒(Maitreya)·아미타불阿彌陀佛(Amitabha)과 관련된 정토 신앙이 인도에서 어떻게 시작, 형성되었고, 이러한 신앙이 중국과 한국의 지역 문화에 어떻게 수용, 변용, 동화되었는지를 개관하고자 한다. 이는 한편으로 인도 불교가 동아시아의 지역 문화에 수용, 동화되는 그 역사적인 과정을 살펴보는 것이기도 하지만, 동시에 그 토착화 과정에서 드러나는 중국과 한국이라는 지역 문화의 서로 다른 특징을 살펴볼 수 있는 기회도 될 것이다. 5장 '번역과 독창적 사유: 동아시아 불교의 정체성과 관련하여'에서는 경전 번역의 문제를 통해 동아시아 불교가 지닌 정체성의 한 단면을 살펴보고자 한다. 이 글에서 주목하고자 하는 번역 문제는 두 이질적인 언어의 번역에서 빚어지는 언어학적, 특히 의미론적 변용이나 해석과 관련한 문제가 아니라, 번역 텍스트인 한문 경전을 중심으로 담론의 생산과 유통 그리고 재생산이 이루어지는 동아시아 불교의 '문화적 환경'에 관한 문제다. 동아시아 불교 전통에서 한문으로 번역된 텍스트는 인도의 원전原典 텍스트에 대한 번역 텍스트로서의 기능을 넘어, 그 자체로서 독립된 텍스트로 기능했다. 다시 말해 인도 원전에 대한 일정 수준의 번역이 이루어지면 그 번역 경전을 중심으로 한문 불교체계 안에서 그 의미를 재생산했고, 그것은 때로 거의 재창조에 가까운 것이었다. 그런 점에서 동아시아 불교란 단순히 인도 불교에 대한 '동아시아적 이해와 변용'을 의미하는 것이 아니라 곧 한문 불교이며, 전적으로 번역 경전에만 의존해서 형성된 불교다. 동아시아 불교의 특징을 담고 있는 천태 및 화엄 교학, 그리고 그 정점에 있는 선불교 등은 철저하게 한역 경전을 통해 형성된 불교로서 한문 불교체계 안에서만 그 의미 구조를 이해할 수 있다. 동아시아 불교 고유의 정체성은 인도 불교 원전에 대한 정확한 이해 및 번역을 통해 이루어진 것이 아니었다. 동아시아 불교가 지닌 정체성의 원천은 오역과 불충분한 번역에도 불구하고 번역 텍스트를 중심으로 일체의 담론과 의미의 재생산이 이루어졌던 당시 동아시아의 문화적 환경이었다고 할 수 있다. 이러한 역사적 사례는 번역 텍스트를 원전 텍스트에 대한 '그림자' 정도로 취급하면서 원전의 중요성을 지나치게 강조하는 오늘날 한국 인문학계의 풍토를 돌아보게 하는 계기를 마련해 줄 것으로 기대한다. 동아시아 불교의 경우가 말해 주듯, 한국에서 자생적이며 독창적인 인문학이 탄생하기 위해서는 번역 텍스트가 단순히 '원전 텍스트'에 대한 그림자가 아니라 하나의 독립된 텍스트라는 인식이 먼저 정착되어야 할 것이다.

　한편 쿠마라지바Kumārajīva(鳩摩羅什, 344~413), 진제眞諦(Paramartha,

499~569), 현장玄奘(602?~664) 등 동아시아 불교를 대표하는 걸출한 역경가들의 시대를 거치면서 다양한 불교 경전들을 한문으로 번역, 유포 그리고 주석하는 작업을 지속적으로 해 나갔다. 이러한 과정을 통해 동아시아 불교는 한편으로 인도와 중앙아시아를 기원으로 하는 다양한 불교 사상, 특히 대승불교 사상을 수용·이해 하고, 다른 한편으로는 삼론, 정토, 화엄, 법상 등 다양한 대승 교학의 전개를 통해 동아시아 고유의 한문 불교체계를 만들어 갔다. 사상사적으로 볼 때 선불교는 이러한 한문 불교체계의 한 완성태라고 할 수 있다. '직지인심 교외별전'直旨人心 敎外別傳의 메시지에는 단순히 선언적인 레토릭 이상의 의미가 있다. 팔만 사천의 법문으로 일컬어지는 한역 대장경에 수록되어 있는 방대한 가르침(敎)을 완전히 이해했다는 자신감이며, 모든 가르침의 요체는 결국 '마음 심心' 한 자로 귀결시킬 수 있다는 자부심의 표현이었다.

아이러니하게도 선종禪宗이 등장한 이후 더불어 동아시아 불교도 약간의 부침은 있었지만 지속적인 쇠퇴의 길을 걸었다. 이는 불교가 지나치다 싶을 정도로 동아시아의 정신 풍토에 토착화·내면화 된 이유도 있지만, 가장 큰 이유는 송宋대 신유학이 등장한 탓이라 할 것이다. 불교는 지식인들의 사유와 정신 세계에 큰 영향을 주지 못하는 가운데 송·원·청 시대를 거치면서 그 전에 비해 급속하게 그 발전의 동력을 잃어 갔다. 한국의 경우 또한 신유학 이념으로 무장한 신흥 사대부의 등장과 함께 불교는 고려 말과 조선 초 이래 500년 가까운 세월 동안 당시 사회의 사상적 이념과 정신적 가치관의 척도로서의 지위를 회복하지 못한 채 그 발전의 동력을 완전히 상실한 상태로 근대기를 맞았다. 일본의 경우 역사적 전개의 디테일과 시점은 중국과 한국의 경우와는 다소 달랐지만, 그 전반적인 사회적 사상의 동력으로서 불교가 쇠퇴의 길을 걸은 큰 흐름은 마찬가지였다. 특히 메이지明治(1868~1912) 초기 근대 국가주의를 형성하기 위한 정책의 일환으로 유신 정부가 추진했던 신도神道 국교화 방침에 따른 신불분리령神佛分離令과 일련의 폐불훼석廢佛毁釋 사건들을 겪으면서 일본 불교는 그 존폐의 위기감마저 느꼈다.

3. 근대 불교학과 한국 근대 불교

일본의 근대는 불교를 부정하는 것으로 시작되었다. 불교가 기독교와 마찬가지로 '외래'의 전통이며, 근대적 합리성을 부정하는 전근대적인 미신의 상징으로 내몰린 것이다. 그러나 당시 일본이 근대의 모델로 삼았던 유럽 각국의 불교에 대한 관심과 새로운 근대적 연구 동향을 보면서 스스로 버리려고 했던 '전통'을 다시금 돌아본다. 그 뒤 유럽에서 유학한 학승들이 귀국하면서 한때 전근대로 부정되었던 전통이 근대적인 것으로 재해석되었다. 이와 함께 일본의 불교 지식인들은 유럽에서 '발견'된 불교의 '근대성'을 근거로 스스로 부정했던 불교를 다시 일본 근대의 한 구성 요소로 복권시켰다.[3]

근대 불교학은 유럽에서 시작되었지만 그 여파는 전 불교권에 미쳤다. 유럽의 눈을 통해 재구성되고 재해석된 불교는 이제 근대 공간에서 일본과 조선 불교의 새로운 자기 정체성self-image을 형성하는 데 중요한 참조점이 된다. 1876년 난죠 분유南條文雄와 가사하라 겐주笠原研壽가 옥스퍼드대학에 유학해 산스크리트어를 배우는 것을 시작으로, 이후 일본은 지속적으로 산스크리트어 불전 연구를 위해 영국을 비롯한 프랑스, 독일 등지로 유학승을 파견했다. 1901년 도쿄대학에 산스크리트어 강좌가 개설되면서 일본은 비로소 근대 불교학을 자체적으로 연구하고 자신들의 불교 전통을 새로운 관점에서 재구성할 수 있게 된다. 메이지 유신明治維新 초기 비난과 축출의 대상이었던 불교는 '불교학'으로, 승려는 '학자'로 변신해 일본 근대화의 한 축을 담당하게 된 것이다. 이러한 변신은 한편으로 일본 불교 근대화의 주요 내용이면서, 동시에 불교가 일본에서는 전통과 근대, 더 나아가 동양적인 것과 서양적인 것의 가교 역할을 할 수 있는 결정적인 계기가 된다.

유럽의 근대 불교학이 직접 또는 일본을 통해 한반도에 소개되는 데는 그리 많은 시차가 나지 않았다. 1924년 독일 뷔르츠부르크대학에서 불교철학으로 박사 학위를 취득한 백성욱은 자신의 학위 논문 일부를 초역, 유럽 학계의 연구 동향과 함께 1925년 1월부터 4회에 걸쳐《불교》에 소개했다.[4] 또한 1928년에는 「구미학계와 불전佛典의 연구」라는 주목할 만한 글이 불교 잡지에 등장했다. 논문 형식의 이 글은 당시 유럽 불교학계의 팔리어와 산스크리트어 경전 연구 동향을 그 연구사와 함께 매우 구체적이고 상세하게 소개하고 있어, 근대 불교학에 대한 당시 조선 불교인들의 관심과 정보 수준을 짐작케 해

준다.[5] 그 외에 김법린은 산스크리트어 원전 연구를 바탕으로 한 자신의 연구 결과를 1932년부터 원전 번역과 함께 불교 잡지에 연재했으며,[6] 자신이 유학했던 프랑스의 불교학 동향을 조선 불교인들에게 소개했다.[7]

근대 불교학의 등장은 동아시아 근대 불교를 형성하는 데 결정적인 계기가 되었다. 한·중·일의 경우 지역별로 어느 정도의 시차는 있었지만, 동양의 불교 지식인들이 전통을 반성적으로 사유하고 자신들의 전통을 재구성하고자 하는 노력의 중심에는 유럽의 근대 불교학이 자리 잡고 있었다. 여기에는 두 가지 장력이 작동했다. 하나는 자신들의 전통에서 서구 열강을 극복할 단서를 찾고자 하는 구심력이며, 다른 하나는 서구의 진보적인 것을 통해 전통의 열패감을 극복하고자 하는 원심력이었다. 당시 동아시아 지식인들에게 '불교'는 유럽의 근대 학문으로 재해석된 '서구적'이며 '진보적'인 산물이면서, 동시에 자신들에게 익숙한 전통의 일부였다. 불교는 전통과 근대의 연속성을 보장하면서 전통을 초월할 수 있는 매개로 인식되었다. 그런 점에서 볼 때 동아시아에서 근대 불교학은 전통적인 것으로부터 탈출하는 매개이면서 근대 불교 그 자체였다.*

---

* 한국의 학계나 불교계가 근대 불교학과 근대 불교를 다른 두 개로 구분하는 것은 전통 복고의 현 조계종단 성립을 한국 근대 불교의 완성으로 인식하는 데서 오는 일종의 '착시 현상'이라고 생각한다. 그러나 근대기 조선의 불교인들은 근대 불교와 자신들의 근대적 '불교 연구'를 별개의 것으로 인식하지 않았다. 근대 불교학은 근대 불교를 구성하는 한 결정적인 요소였다.

당시 동양의 불교 지식인들은 근대 불교학의 성과에 일방적으로 압도되었으며, 근대 불교학을 통해 비로소 불교를 '근대적'으로 이해할 수 있다고 믿었다. 일본은 그 선두에 있었으며, 중국과 한국은 상당 부분 일본을 통해 이를 받아들였다. 어떤 면에서 본다면 그들은 그 불교가 근대 유럽에서 '발견'된, 또는 유럽적 '구성물'이라고 생각하기보다는 불교가 본래 '근대적인 것'이라고 믿었다. 불교는 근대 당시 기독교와 대척점으로 여겨지던 과학, 이성, 그리고 철학 등과 아무런 모순 없이 조화될 수 있다고 생각했던 것이다. 불교가 '철학'이라는 것은 세계 어떤 종교도 누리지 못하는 불교만의 특권이라고 생각했다. 불교는 '전통'이지만 가장 근대적인 것이라고 생각했다. 이에 따라 한·중·일 동양 삼국은 저마다 다양한 방식으로 '근대 불교'를 기획했다.

근대 불교학이 근대 불교의 한 구성 요소라는 것은 근대 불교의 성격과 관련해서 몇 가지 중요한 의미가 있다. 먼저, 전통 불교에서는 그리 용이하지 않았던 불교 교리의 '세속적 담론'으로의 전환이 비교적 쉬워진 것이다. 근대 불교학에 등장하는 용어들, 이를테면 개체, 자유, 현상, 이성, 인과율, 생명, 사회 등은 당시 세속 학문의 대표였던 철학, 윤리학, 심리학, 사회학, 정치학 등에서 널리 사용되는 용어들이었을 뿐 아니라 일상의 담론에서도 사용되는 어휘들이었다. 그런 만큼 일상의 언어를 통해 불교를 세속적 담론으로 재해석하는 것이 용이했을 뿐 아니라, 거꾸로 불교가 서구 담론을 수용하기에 비교적 효과적인 매체로 기능하는 것을 의미했다. 이런 맥락에서 한용운이 1937년에 발표한 글「제논의 비시부동론飛矢不動論과 승조僧肇의 물불천론物不遷論」은 매우 흥미롭다. 이 글에서 한용운이 의도했던 바는 흔히 짐작하듯이 조선의 불교인들에게 익숙한 불교적 개념을 통해 고대 그리스 철학을 소개하려는 것이 아니었다. 한용운의 의도는 그 반대로, 고대 그리스 철학을 통해 불교 사상을 소개하려는 것이었다. 그런 점에서 볼 때 한용운이 염두에 두었던 독자는 조선의 불교인이 아니라 서양 지식인들이었다고도 할 수 있다. 물론 이 말은 한용운이 자신의 글을 서양인에게 읽히기 위해 썼다는 의미가 아니다. 한용운의 의도는 제논을 통해 승조僧肇(384~414)를 소개함으로써 불교의 철학적·사상적 보편성을 증명하고자 하는 것이었다. 당시 불교계 잡지는 서양 철학을 소개하는 데 상당한 지면을 할애했는데, 이들 경우 또한 한용운의 경우와 마찬가지로 근본 의도는 서양 철학을 조선 불교계에 소개하는 데 있는 것이 아니라 불교 교리가 얼마나 '서양의 근대'와 통할 수 있는가를 보여줌으로써 불교 교리의 보편성을 입증하려는 것이었다. 조선 불교인들의 이러한 자신감은 당시 구미歐美의 불교계에서 종종 언급되던 '불교적 근대'Buddhist modernity, 즉 과학과 이성의 대척점에 있는 기독교적 세계관을 불교적 세계관으로 대체하려는 구미 불교 지식인들의 노력이 아시아 지식인들에게 주었던 영감과 무관하지 않았을 것이다. 좀 더 많은 연구가 필요하겠지만, 불교 이념의 사회 개혁과 정치 활동을 꿈꾸었던 비밀 결사인 만당卍黨 또한 당시 구미 불교계의 이러한 동향과 직간접의 어떤 상관관계가 있었을 것이라 짐작된다.

근대 불교학과 함께 동아시아 근대 불교 형성에 중요한 요소가 되었던 것은 '근대'라고 하는 새로운 '환경'이었다. 일반적으로 아시아에서의 근대란 '서양적인 것'을 의미하는 경우가 많지만, 불교에서 그것은 '서양적인 것'을 통한 전통의 재발견을 의미했다. 그렇다면 전통 불교와 근대 불교를 구분하는 기준은 무엇인가? 이른바 '근대성'의 유무를 기준으로 전통 불교와 근대 불교를 나누는 것은 그다지 설득력이 없어 보인다. '근대성'이란 개념 자체가 다의적이고 다양한 요소를 함의하며, 서구의 입장에서 볼 때 '불교'란 근대에서 '발견'된 것으로 아시아의 '전통'이면서 동시에 서구의 '근대적'인 것이었기 때문이다. 19세기 말 서구인들에게 불교는 기독교의 전근대성에 대한 근대적 대안이었으며, 이성을 중시하는 근대 정신에 가장 부합하는 종교이며 철학으로 인식되었다. 반면 아시아에서 불교는 한편으로 전통 그 자체였으며, 다른 한편으로는 유교적 세계관이 실효성을 잃은 가운데 서양의 종교나 사상에 대응할 수 있는 거의 유일한 전통 종교이기도 했다. 이러한 점에서 볼 때 '근대성'을 기준으로 전통 불교와 근대 불교를 구분하는 것은 큰 실효성이 없을 것 같다. 동아시아에서 근대 불교란 개인, 자유, 인권, 민족 등 이른바 '근대성'으로부터 도출되는 연역적 개념이 아니라, 근대 공간이라고 하는 새로운 환경에 대한 다양한 반응과 적응 방식을 통해 귀납적으로 정의되는 구성적 개념이다. 다시 말해서 근대 불교란 전통에 속한 불교가 '근대'라는 새로운 환경을 적극적으로 수용하면서 자기 정체성을 새롭게 만들어 가는 노력을 의미한다. 그것은 서구적인 것에 대한 적극적 수용을 의미할 뿐 아니라, 서구적인 것에 비추어진 전통에 대한 자의식과 반성적 사유, 그리고 그 결과로서 전통에 대한 적극적인 재해석을 의미하는 것이다. 하지만 무엇보다 중요한 것은 새로운 환경에 대한 상황 인식이었다.

조선 왕조 500년의 오랜 침체에서 벗어나 1895년 비로소 '합법적'인 활동 공간을 얻은 조선의 불교인들은 근대라고 하는 새로운 환경에 적응하고 사회적 유용성을 증명하기 위한 다양한 노력들을 전개했다. 이러한 노력은 당시 국권을 상실한 위기감 속에서 '문명개화'를 통한 근대 사회로의 진입을 역설하던 조선 지식인들의 현실 인식과 그 궤를 같이하는 것이었다. 승려들을 위한 근대적 교육 기관을 설립하고 교과 과정에 철학·종교학·역사학·지리학 같은 근대 분과 학문을 포함하기도 했으며, 당시 활발한 선교 활동을 시작한 기독교와 일본 불교의 포교 활동에 자극을 받아 조선의 불교인들 또한 병원 설립, 교도소 포교 같은 근대적 복지 사업을 시행하기도 했다. 그런 가운데 때로는 스스로의 전통을 부정하는 과감한 개혁을 주장하기도 했다. 만해萬海의 염불당 폐지나 대처식육帶妻食肉 같은 주장이 그 대표적인 예다. 그만큼 당시 조선 사회는 급변했고, 근대의 후발 주자인 불교계는 나름대로 새로운 환경에 적응하려는 노력을 다했다.

당시 조선의 불교인들은 자신들의 활동 공간이 과거와는 전적으로 다른 환경이란 점을 잘 이해했다. 어찌 보면 다종교적·다문화적 상황이었다고도 할 수 있다. 근대적인 모습의 일본 불교뿐만 아니라

가톨릭과 개신교 같은 서양 종교가 자신들과 같은 공간에서 활동했으며, 과학이라고 하는 새로운 세계관 또한 의식하지 않을 수 없었다. 이제 불교는 대승과 소승, 선과 교학, 승僧과 속俗, 불교와 유교 등과 같은 전통적인 대립 구도에서의 자기 정체성이 아니라 기독교, 창조, 과학, 진화, 종교, 철학, 사회, 국가 등과 같은 전대미문의 새로운 '단어'들과의 관계 속에서 자신의 정체성을 만들어 가야 했다. 조선의 불교인들은 이제 자신들이 가진 문제의식을 표현하기 위해서는 열반·중생·보살·불국토 등의 전통적인 불교 어휘만으로는 부족하며, 자유·민중·지식인·국가 등 새로운 어휘들이 필요하다는 것을 잘 알았다. 또한 조선 불교인들의 세계 지도에는 붓다의 나라인 인도나 한문 불교의 중심인 중국만이 아니라 일본, 미국, 독일, 프랑스, 이탈리아, 러시아 등 새로운 나라들이 추가되어야 했다.

조선 불교는 근대라는 새로운 '종교 환경' 아래서 자기 정체성을 제시하고 다양한 개혁 프로그램을 만들고 실천했다. 불교는 스스로 '과학적'임을 자부하기도 하고, '철학화'를 통해 전통 불교 담론을 근대적 담론으로 격상시키려 하기도 했으며, 서양 근대의 산물인 종교와 철학의 대립 구도를 깨고 스스로 철학이자 종교임을 과시하기도 했다. 뿐만 아니라 개인, 자유, 인권, 민족 등 서구의 근대 담론을 적극적으로 수용하면서 불교 교리를 새로운 서구 담론의 전달 매체로 활용하는 모습도 보였다. 이를 위해 조선 500년 '산중 불교'의 소극적인 모습을 과감히 떨쳐 버리고 도심 속에서 자신의 모습을 드러내기 시작했을 뿐 아니라, 일찍이 불교 전통에서는 찾아볼 수 없었던 다양한 활동과 실험을 전개했다.

먼저 포교를 위해 잡지라는 새로운 근대적 매체를 적극 활용했다. 일찍이 불교 전통에서는 찾아볼 수 없었던 일이다. 잡지가 지니는 세속성은 불교 교리를 소개하는 데 장애가 되기는커녕 긍정적인 측면이 있었다. 잡지가 갖는 대중성이 무엇보다 중요했고, 다른 한편으로 다원적인 상황에서 전통적 글쓰기를 지양하고 자신을 객관적인 방식으로 드러내기 위한 새로운 글쓰기에 잡지가 가장 적합한 매체였을 것이다. 또한 잡지는 다양한 주제의 불교 담론을 하나에 담아낼 수 있는 탁월한 매체였다. 이제 불교는 논문, 논단의 형태로, 때로는 시, 소설, 희곡 등 새로운 문학의 형태로 소개되기 시작했다. 또한 스님의 '법문'을 통해서가 아니라 '글'을 통해서, 절에서가 아니라 저자에서, 다른 여러 세속적인 담론과 함께 소개되기 시작했다. 불교 잡지에 불교가 세속적 담론과 함께 수록된다는 것은 또 다른 중요한 의미를 갖는다. 그것은 불교가 세속을 떠난 고원한 가르침으로서가 아니라, 여러 다른 세속적 담론과 함께 일상적으로 얘기된다는 의미다.

그런 한편 전법傳法의 매체로서 잡지가 등장한 것은 불교 지식인의 등장을 의미한다. 물론 이 지식인은 '근대적 의미'의 지식인이다. 지식인은 자신의 생각을 전달하고자 한다. 그리고 글쓰기는 수양의 일부가 아니라 선전propaganda과 전달의 수단이다. 그리하여 불교 교리는 세속 지식을 매체로, 때로는 교리가 세속적인 전달 매체가 되기도 하면서 세속적 사유 속으로 융해되는 것이다. 불교 지식인의 등장은 곧 근대 불교의 특징이면서, 동시에 전통 불교와는 전적으로 다른 모습의 근대 불교가 등장하는 가장 중요한 요인이다.

오랜 침체기를 거쳐 근대적 지식인의 모습으로 거듭난 조선 불교 지식인들의 활동은 글쓰기를 통한 의사 전달에 그치지 않는다. 적극적인 개혁 프로그램을 제시하고 몸소 실천한다. 전통과 근대의 내용적 연속을 의식하면서도 '대각교', 그리고 '원불교' 같은 새로운 교단 창설을 통한 '명목상'의 단절도 마다하지 않는다. 물론 불교 자체가 본래 가지고 있는 교리 해석의 '유연성'과 적응력이 이러한 모험(?)을 가능하게 해 주는 측면도 있지만, '근대'·'일본'·'유럽' 등으로 대표되는 당시 조선을 둘러싼 새로운 외적 환경을 의식한 절박한 자기 변신 노력이기도 하다. 전통과의 과감한 단절을 시도한 대표적인 예는 한용운의 '대처식육론'이다. 마치 불교의 근간인 것처럼 인식되던 '불음'celibacy과 '채식' 전통은 새로운 시대를 의식하던 한용운에게는 폐기되어도 좋은, 아니 폐기되어야 할 역사의 산물일 뿐이었다. 한용운의 '대처식육론'을 지나치게 조선 불교의 왜색 불교화란 관점에서 바라보는 것은 그가 제기하고자 했던 문제의 본질을 놓치는 것이라고 생각한다.

이러한 한국 근대 불교의 다양한 개혁 프로그램들은 이미 여러 연구를 통해 잘 알려진 내용들이다. 그럼에도 새삼 여기에 또 언급하는 것은 이들을 이해하는 새로운 관점이 필요하다는 이유에서다. 불교 개혁 프로그램을 단순히 불교 개혁 차원에서, 또는 일본 불교의 도전에 대한 응전이나 모방으로 보는 불교 내적인 다이내믹스로만 이해해서는 근대 불교 개혁이 함의하는 다른 역사적 의미를 간과하기 쉽다. 이미 언급한 대로 근대 지식인의 활동이라는 관점에서, 그리고 동아시아를 비롯해 유럽과 북미를 포함하는 불교 담론의 네트워크를 고려할 때 비로소 근대 불교 개혁 프로그램이 함의하는 다양한 층위의 역사적 의미가 드러날 것이라고 생각한다.

근대 불교는 한반도 근대 공간에서의 '사건'일 뿐 아니라 세계 불교사적 사건이라는 사실 인식이 매우 중요하다. '근대 불교'는 한·중·일 동아시아 불교권에서뿐만 아니라, 스리랑카 등 유럽 식민지 지역에서 광범위하게 전개되던 문제였다. 그리고 무엇보다 이러한 '불교사적 사건'의 배후에는 당시 유럽에서 열기를 띠던 근대 불교학의 영향이 있었다는 점을 간과해서는 안 될 것이다. 19세기 말 이래 한반도에서의 근대 불교는 일본의 침략이라는 정치사적 관점에서뿐만 아니라, 세계 불교사적 관점을 통해 보다 정확하게 파악될 수 있다고 생각한다.

한편 근대 불교를 항일과 친일의 도식적 관점으로 바라보는 한국 학계의 편향성은 한국 근대 불교사 기술에서 그대로 재현된다. 한국 근대 불교사 전체를 이른바 '항일 민족의식'과 '전통 수호를 통한 한국 불교의 정체성 확립' 과정으로 보는 것이다. 그러나 이러한 관점은 한편으로 현재 한국 불교 최대의 종단인 조계종의 성립을 한국 근대 불교의 완성으로 보고자 하는 일종의 '목적론'적 역사 기술이며, 다른 한편으로는 식민 시기를 포함해 근대기 동안 한국 불교인들의 다양한 실험과 모색을 완전히 도외시하는 것임을 지적하지 않을 수 없다. 결과적으로 이는 해방 이후 조계종이 등장하는 과정을 '정치적'으로 정당화하고, 은연중에 조계종단을 한국 불교의 유일한 정통 교단으로 옹호하는 데 봉사하고 있다.

이 책의 6장 '근대 한국 불교사의 민족주의적 역사 기술의 문제'에서는 근대 한국 불교에 대한 항일–친일이라는 이분법적 접근의 한계와 '현재 중심주의'적 역사 기술의 문제를 비판하고, '딜레마'라는 새로운 관점으로 근대 한국 불교사를 바라보고자 한다. 19세기 말 이래 식민 시기 동안 조선 불교가 처했던 딜레마는 '근대적 유용성'과 '한국 불교의 정체성'이라는 두 과제 중 어느 하나도 포기할 수 없다는 사실이었다. 그 딜레마의 원천은 식민자의 종교가 불교였다는 사실, 그리고 그 일본의 불교가 당시로서는 유일한, 대단히 앞선 근대 불교의 한 모델이었다는 사실, 이 두 사실의 갈등에서 비롯되는 것이었다. 일본 불교와 구별되는 한국 불교의 정체성도 중요한 과제였고, 일본 불교 같은 근대적인 모습을 갖추는 것 또한 포기할 수 없는 지상 과제였다. 그러나 당시 일본 불교의 앞선 모델을 따르자니 한국 불교의 정체성을 확보하기가 어려웠고, 한국 불교의 정체성을 강조하다 보면 근대 사회에서의 사회적 유용성을 획득하기가 어려웠다. 지금의 입장에서 보면 근대적 유용성을 추구하면서 동시에 일본 불교와 구별되는 한국 근대 불교의 모델을 생각하는 것이 가능하게 여겨질 수도 있겠지만, 당시의 한계적 상황에서 그러한 제3의 모델을 상상하는 것은 거의 불가능에 가까웠을 것이다. 500년간의 침체에서 막 벗어난 당시 조선 불교계의 인재와 재원은 턱없이 부족했고, 무엇보다 결정적인 것은 일본의 종교가 불교라는 사실이었다. 이 사실 자체만으로도 당시 조선 불교가 취할 수 있는 선택이 그리 간단하지 않았으며, 매우 복잡한 함수의 정치적·사회적 구도 속에 조선 불교가 놓여 있었음을 보여준다. 이런 구도 속에서 근대기 조선 불교와 일본 불교의 관계는 항일 또는 친일로 선명하게 구분되는 것이 아니었다. 근대 한국 불교사를 바라보는 새로운 역사 기술의 모티프로서 '딜레마'는 항일–친일로 환원되지 않는 근대기 한국 불교의 다양한 모습들을 포착할 수 있는 가능성을 열어 줄 것이다.

한편 일제 강점기 동안 대립 관계로 설정되었던 '근대적 유용성'과 '한국적 정체성' 문제는 해방 이후의 곡절 속에서 왜색 불교 대 민족 불교의 문제로 단순화되는 과정을 겪는다. 이 과정은 흔히 대처–비구의 갈등으로 알려졌지만, 그 실상은 다수파와 소수파의 갈등이었다. 다수파에 속하는 승려 그룹에는 대처승만이 아닌 상당수의 비구승들 또한 포함되어 있었기 때문이다. 다수파는 대처 제도를 현실로 인정하면서 대처는 포교에 그리고 비구는 수행에 전념하는, 서로 다른 역할 분담을 통해 한국 근대 불교의 모델을 만드는 것이 가능하다고 보았던 것이다. 다시 말해서 근대 교육을 받은 대처승들의 전문성을 활용함으로써 불교의 근대적 유용성을 확장해 나가고, 다른 한편으로 비구 제도를 유지함으로써 한국 불교의 청정 수행 전통을 이어 나갈 수 있다는 것이었다. 그러나 비구승만으로 구성된 소수파에서는 '친일 청산'이라는 당시 사회 분위기와 함께 왜색 불교 추방이라는 명목으로 다수파에 속한 대처승들을 종단에서 몰아내는 데 성공했다. 비구승들에게 대처 불교가 곧 일본 불교이자 불법佛法

을 훼손하는 비불법이라는 것은 단순한 정치적 수사修辭만이 아니라 종교적 신념이기도 했다. 그들에게 있어 대처 불교를 몰아내는 일은 샤카무니 붓다Shakyamuni Buddha 이래의 정통 불법을 유지하는 것이며, 1600년 민족 불교의 전통을 이어 가는 것이었다.

출가승 중심의 조계종단이 성립되는 이러한 역사 과정은 한편으로 대처승들이 현실 불교의 중심에서 배제되는 것을 의미했으며, 다른 한편으로는 근대 불교학이 현실 불교와 유리되어 대학에서 강의와 학문 연구의 대상으로만 존재하는 계기가 되었다. 이 책의 7장 '탈근대 불교학을 위하여: 박종홍과 김동화의 근대적 불교 연구 비판'은 한국 불교학에서 근대 유럽의 관점이 어떻게 재현되는가를 비판하기 위한 것이다. 열암洌巖 박종홍朴鍾鴻(1903~1976)과 뇌허雷虛 김동화金東華(1902~1980)는 비슷한 시기에 태어나 식민지 지식인으로서 전통과 근대 정신의 갈등을 경험했다는 점에서 많은 공통점이 있다. 그러나 동시에 두 사람은 많은 점에서 서로 다르다. 열암이 어려서 유교 전통의 한학漢學을 배우고 청년기에 서양 근대 철학을 접하는 것과는 대조적으로, 뇌허는 12세의 어린 나이에 출가해 불교에 눈을 뜨고 청년기에는 일본으로 건너가서 근대 불교학을 접했다. 열암이 한국 사상의 한 외연으로서 불교학을 연구했다면, 뇌허의 불교학 연구는 인도 및 동아시아를 포함하는 범불교권 맥락에서의 불교학 연구 일반이었다고 할 수 있을 것이다.

열암으로 대표되는 한국 사상의 외연으로서의 불교 연구와 인도 및 동아시아 불교를 포함하는 불교학으로서의 뇌허의 불교 연구는 오늘날 한국 학계에서 이루어지는 불교 연구의 두 가지 모델이라고 할 수 있다. 여기서 두 사람의 학문을 문제 삼는 것은 불교학 연구의 새로운 지평을 열기 위한 논의의 출발점으로 여기고자 함이지, 두 사람이 이룬 학문적 성취의 결함을 지적하기 위한 것은 아니다. 오히려 아직도 이들 두 사람의 업적을 뛰어넘을 만한 성과도 많지 않거니와, 여전히 두 사람의 학문 경향이 계속되는 한국 불교학 연구의 현재 위치를 반성하기 위한 참조점으로서 두 사람의 불교학 연구를 문제 삼고자 하는 것이다.

주

1 Almond(1988), 140쪽.

2 Williams(1989), 3쪽.

3 조성택(2006), 87쪽 참조.

4 백준(필명),「佛教純全哲學」,《불교》제7호(1925년), 19∼28쪽; 제8호, 15∼20쪽; 제9
호, 8∼15쪽; 제10호, 14∼20쪽.

5 철아(鐵啞),《불교》49호(1928년 6월), 14∼23쪽.

6 김법린,「唯識二十論의 연구」,《불교》제96호(1932년 6월), 18∼27쪽; 제97호(7월),
18∼28쪽; 제98호(8월), 5∼15쪽; 제99호(9월), 4∼11쪽. 제99호 마지막 연재에서 나
는 계속 연재할 것을 언급했으나 이어지지 않았다.

7 김법린,「佛蘭西의 佛教學」,《불교》제100호(1932년 10월), 64∼70쪽.

1부

—

유럽의 '불교' 발견과
근대 불교학의 탄생

1장 붓다란 누구인가, 그리고 불교란 무엇인가
: 유럽 근대 불교학 비판 1

1. 들어가는 말: 불교는 철학인가, 종교인가?

불교는 철학인가, 아니면 종교인가? 이는 학자에서 일반인 또는 불교인에서 비불교인에 이르기까지 많은 사람들이 자주 제기하는 물음이다. 이러한 물음에 나는 불교가 '종교 교리'religious doctrine일 뿐만 아니라 '철학적 체계'philosophical system라고 대답한다. 이러한 대답은 불교에 대한 두 가지 다른 접근 방식, 즉 종교적 접근과 철학적 접근이 서로 모순되는 것이 아니라 불교에 대한 더 나은 이해를 위해 서로 보완적인 관점을 제공해 준다는 믿음을 전제한다.

그러나 종교와 철학을 일정하게 구분하려는 오늘날 학계의 일반적인 경향을 염두에 둔다면 불교 이해에 대한 이러한 이중적 관점을 유지하는 것은 쉬운 일이 아니다. 한국 학계에서 사용하는 '철학'이라는 개념 자체가 서양의 철학 전통에 크게 의존하고 있으며, 근대 이후 서양에서는 철학과 종교를 명확하게 구분해 왔기 때문이다. 일반적으로 서양에서는 철학을 이성理性으로 이해하고 입증할 수 있는 범위 안의 것으로 정의한다. 이 범위를 넘어서는 것은 '비이성적'

irrational, '초이성적'meta-rational 또는 '종교적'religious인 것으로 분류
한다. 결과적으로 서양 철학은 철학의 연구 범위를 일상적인 경험
영역에 대한 분석으로 제한한다. 이와 같은 상황의 여파는 최근 서
양 철학의 담론에서 인식론epistemology이 보다 주요한 역할을 하고,
불교를 이해하는 데 중요한 분야라 할 수 있는 존재론ontology의 중
요성이 점차 줄어들면서 더욱 심각해졌다.

그러나 불교가 발생한 인도의 전통에서는 철학과 종교가 한 번도
명확하게 구분된 적이 없었으며, 이 점은 광범위한 지역으로 불교가
전파된 뒤에도 여전히 불교의 한 특성이었다. 불교의 관점에서 볼
때 모든 철학적 고찰은 우리의 일상적인 경험과는 확연히 구분되는
명상 체험에 기반해 있다. 이 점은 서양의 철학 전통에서 볼 때 불교
가 철학적인 체계로 여겨질 수 없는 이유이기도 하다.* 그러나 철학
과 종교에 대한 구분이 불교 전통에 애초에 없었다는 것이 불교가 덜
발달된, '철학' 이전의 사상이라든가 또는 서양 사상에 비해 철학적

---

* 이와 관련해 스타니슬라브 샤이에르(Stanislaw Schayer)는 다음과 같이 주장한다.
"무엇이 철학적인지 아닌지에 대한 의견은 완전히 정확성을 결여하고 있다. 예를 들어,
만일 푸생(de La Vallée Poussin) 교수가 그의 책 『Le dogma et la philosophie du
Buddhisme』(45쪽)에서 실재 세계는 각각의 삼매 체험에 상응한다는 불교 요가행자의
교리가 '전혀 철학적이지 않다'(peu philosophique)는 식으로 주장했다면, 그 똑같은
내용이 완전히 철학적인 것이라고 평가할 다른 학자들이 있다는 것은 의심할 여지가 없
다."〔Schayer(1935), 122쪽〕 필립 알몬드(Philip C. Almond) 역시 이 문제에 대해 그
의 책 『The British Discovery of Buddhism』의 한 장(章)에서 논의하고 있다.
〔Almond(1988), 93~96쪽 참조〕

으로 세련되지 못했다는 것을 의미하지는 않는다. 마찬가지로 '서양 철학과 불교 중 어느 것이 더 철학적인가'라고 묻는 것 또한 곤란하다. 불교는 서양과는 다른 문화에서 발생했으며, 서양과는 다른 방식으로 '철학'을 하는 것이다.

명상은 불교의 철학적 사상 기반으로, 불교에 두 가지 독특한 특징을 부여한다. 첫째, 불교는 명상 체험, 즉 선정禪定(또는 삼매samādhi) 체험이 일상 체험보다 더 믿을 만한 인식론적 기반을 제공해 준다고 믿는다. 불교의 기본적인 이론들은 일상 체험이 아닌 수행자의 명상 체험에 바탕을 두고 있다. 그리고 그 명상 체험은 일상 체험을 분석하는 데 다시 적용된다. 둘째, 명상은 진리를 파악하는 수단으로, 수행자의 수행 정도가 진리에 대한 이해 수준을 결정한다고 보았다. 이러한 이유로 불교는 수행 경지에 따라 다양한 진리의 단계가 존재한다고 생각했다. 이는 어제의 진리가 오늘의 수행에 의해 부정될 수 있음을 의미한다. 마찬가지로 한 수행자의 이해가 보다 높은 경지에 이른 다른 수행자에 의해 부정될 수 있음을 의미한다. 이러한 불교의 진리관은 '보편적인 진리란 모든 이에게 알려질 수 있는 것'이라는 서양 철학의 입장과 근본적으로 다르다.

나는 근대 불교학의 한 가지 문제가 불교를 '이성주의적'rationalistic 관점에서만 접근하는 연구 태도라고 생각한다. 따라서 근대 불교학에서 중요하게 다루어 온 다음 두 주제, 즉 '① 붓다Buddha란 누구인가/였는가?, ② 근대 불교학의 불교 경전 독법讀法'을 중심으로 한국을 비롯한 오늘날 동서양 불교학계의 연구 방법이 지닌 문제점을 지적하고자 한다.

2. 붓다Buddha는 누구인가/였는가?

붓다는 누구인가/였는가? 이 질문이 의미하는 바는 실은 다음과 같은 물음이다. 오랜 역사와 다양한 전통들 속에서 붓다는 어떻게 이해 또는 해석되어 왔는가? 근대 불교학의 세례를 받은 현대의 불교학자들은 초기 불교에서 붓다는 인간이자 스승으로 여겨졌으나 역사적인 과정을 통해 나중에는 신화적 또는 신神(god)적인 존재로 변했다고 설명한다. 이러한 설명은 상좌부Theravāda 불교와 대승불교Mahāyāna의 특징과 관련된 다른 문제, 즉 상좌부 불교는 이성적이고 철학적이며, 대승불교는 신화적이고 종교적이라고 하는 일반적인 평가와도 관련된다. 이러한 정확하지 않은 상좌부와 대승의 구분에 기초해서 팔리Pāli 경전 전통의 불교가 붓다의 본래 가르침에 더 가깝다는 잘못된 가정을 무비판적으로 받아들이는 학자들도 많다. 더 나아가 팔리 경전 텍스트에서 비이성적이고 신화적인 요소를 제거함으로써 경전이 성립되기 전의 '비정전 불교'非正典 佛敎(pre-canonical buddhism), 흔히 '원시 불교'原始佛敎(primitive buddhism) 또는 '근본 불교'根本佛敎 (original buddhism)라 불리는 불교를 재구성하려는 시도가 일부 학자들에 의해 꾸준히 이루어져 왔다. 이러한 작업은 "붓다와 그의 가르침은 합리적이었을 것이며, 따라서 경전 속의 비이성적(또는 초이성적)인 요소들은 후대에 첨가된 것이다"라는 가정에 입각해 있다. 붓다와 그의 가르침을 이해/해석하는 기준으로 '이성'과 '합리'를 강조하는 이러한 경향은 직간접적으로 근대 불교학의 세례를 받아 온 한국 학자들 사이에서도 명백히 발견할 수 있다. 예를 들면, 전해주는 그의 책 『불교 교리강좌』에서 대승 경전에 대해 다음과 같이 언급했다.

그런데 이들 [대승] 불전에서는 사실을 중시하면서도 신화적으로 이상화시킨 부분 또한 적지 않으므로 석존의 참모습과는 다소 거리가 있다고 하겠다.[1]

한편 이중표는 『불교의 이해와 실천』에서, "…… 부처님은 『아함경』에서 언어로 표현할 수 있는 모든 것은 아껴 두거나 감추어 두지 않고 남김없이 다 말씀하셨습니다. …… 많은 사람들이 알고 있다시피 대승 경전은 부처님이 직접 설하신 경전이 아닙니다"[2] 라고 했다. 또한 이중표는 자기 책의 목표는 『아함경』의 사상을 철학적인 방식으로 해석하는 것이라고 언급하며, "…… 『아함경』에 불설佛說로 기록된 것은 모두 불설로 인정합니다"[3] 라고 말했다. 『아함경』과 대승경전의 구분을 (역사적) 사실과 신화, 불설佛說과 비불설非佛說의 차이로 이해하는 전해주와 이중표의 이러한 관점은 오늘날 한국 학계에서 상당히 널리 받아들여지는 것으로, '이성'과 '합리'를 기준으로 초기 불교를 재구성하는 유럽 근대 불교학의 재현이라고 할 수 있다.

비록 팔리어 전통이 대승 전통에 비해 이성주의적인 경향을 띠는 것은 사실이지만, 유럽 중심의 근대 불교학의 관점을 떠나 붓다와 그의 가르침에 대한 어떠한 선입견도 갖지 않고 팔리어 경전을 유심히 살펴본다면, 우리는 그것이 항상 이성주의적이지만은 않다는 점을 발견할 수 있다.

팔리어 텍스트에서도 붓다는 인간이자 스승master으로 또는 신적인 존재로 나타난다. '인간'인가 아니면 '신'인가, 또는 '이성적'인가 '신화적'인가. 붓다와 불교를 이해/해석하는 데서 발생하는 이러한 갈등은 상좌부 불교와 대승불교 간에만 존재하는 것이 아니라, 상좌부 경전 전통 내부에도 존재한다.

고대 불교에서도 이미 스승인 샤캬무니 붓다에 대한 다양한 의견들이 존재했던 것 같다. 상좌부 전통에 속한 경전의 한 구절을 살펴보자.

〔브라만 도나Doṇa가 붓다는 어떠한 존재인가에 대해 묻자 붓다는 다음과 같이 대답한다.〕

나는 신이 아니다. 나는 인간도 아니다. 오 브라만이여, 알아야 한다. 나는 붓다이다.[4]

이 구절에 대해 근대 유럽의 불교학자들은 다양한 해석을 내놓았다. 예를 들어 하인리히 컨H. Kern은 이 구절에서 붓다는 그가 인간이라는 사실을 부인하는 것이라고 주장했다. 따라서 컨은 "결과적으로 모든 시대의 불교에서 붓다는 단지 인간과 비슷할 뿐 인간은 아니었다"[5]라고 말했다. 그러나 헤르만 올덴베르그Hermann Oldenberg

는 팔리어 경전에 대한 주석가인 붓다고사Buddhaghosa(5세기)의 해석에 의거해, 이 구절의 전반적인 의미가 무엇이든 이것이 궁극적으로 붓다의 인간성을 의미할 수밖에 없다는 점은 명백하다고 했다. 올덴베르그는 "석가모니는 붓다가 되었기 때문에 '유여열반'有餘涅槃(sopadhiśeṣanirvāṇa)의 상태에 있지만, 그가 반열반槃涅槃(parinirvāṇa)에 들었을 때에야 비로소 아무런 번뇌가 없는, 다시 말해서 '인간이 아닌 존재'가 된다는 것이 바로 상좌부의 교리다"[6]라고 주장했다. 여기서 올덴베르그는 아마도 상좌부의 일반적인 견해를 대변하는 듯하다. 그러나 비록 많은 텍스트들이 붓다의 '인간성'에 대한 상좌부의 교리를 언급하고는 있지만, 고대의 불교 전통이 항상 상좌부의 '교의적 관점'dogmatic view을 충실하게 따랐던 것 같지는 않다. 앞에 인용한 경전에서 붓다는 "나는 신이 아니다. …… 나는 붓다이다"라고 선언한 뒤, 이어서 "그러니까 브라만이여, 〔나는〕 세상에 태어나고, 세상에서 자랐지만, 세상을 극복했으며, 세상에 의해 더럽혀지지 않는다. 나를 붓다라고 알아야 한다"*라고 말했다. 팔리어 경전의

---

* ……evam eva kho brāhmaṇa loke jāto loke saṃvaḍḍhao lokaṃ abhibhuyya viharāmi anupalitto lokena. buddho ti maṃ brāhmaṇa dhārehīti. 〔Aṅguttara-Nikāya II. 38, Woodward and Hare 1932∼1936, 2:44〕 이 구절은 『Saṃyutta-Nikāya』 III, 140쪽 및 다른 곳에서도 발견된다. 그러나 『카타바투』(Kathāvatthu) (XIII.1)에서는 이 구절이 어떤 외도(外道)에 의해 인용되고 있다. 주석서에 따르면 이 외도는 Vetulyaka 라고 한다. "'고귀한 붓다가 인간 세계에 살았었다'고 말하는 것은 옳지 않다. …… 〔그러나〕 확실히 그 뒤 〔붓다는〕 인간들과 함께 살았다. 그러므로 '고귀한 붓다가 인간 세계에 살았다'라고 말하는 것은 옳지 않다"고 주장한다.〔Aung(1910), 323∼324쪽〕『카

모든 텍스트는 붓다가 보살로서 어머니 마야부인의 몸을 통해 수태 되고 탄생하는 일련의 과정에 대해 'aupapāduka', 즉 붓다는 자신 의 원願에 의해 인간의 모습으로 태어났으며, 일상적인 수태의 법칙 과 출산의 과정을 따르지 않았다고 서술한다.7 팔리어 경전 전통의 정통 논서論書에 속하는 『카타바투』Kathāvatthu(論事)는 이러한 사실의 가능성을 부정하는 것은 외도적인 견해라고 주장한다.**

 팔리어 텍스트에 나타나는 이러한 모든 서술은 상좌부 전통이 붓 다의 '인간성'에 대해 어떤 식의 도그마적 견해를 유지해 왔다고 하 더라도 붓다에 대한 출세간出世間(lokottara)적이며 초월적인 해석 방 식이 초기 불교부터 가능했음을 보여준다. 따라서 이러한 초월적인 이해는 붓다에 대한 대승불교 전통의 고유한 해석 방식이 아니었다. 중요한 것은 불교도들에게 붓다는 '신화론 해석'euhemerism의 관점 에서든 신격화apotheosis의 관점에서든, '세간적'인 존재에서 '출세 간적'인 존재로 변화한transformed 존재라는 점이다. 이러한 의미에

타바투』의 주석서에 언급되어 있는 Vetulyaka에 대해서 미나예프(Minayeff)는 이 부파 가, 논란의 여지가 있기는 하지만 전통적인 『카타바투』의 성립 연대(B. C. 246)보다 훨 씬 뒤에 존재했다고 한다. La Vallée Poussin(1962), 743a의 각주 참조.

** 『Sāmaññaphala Sutta』(Dīgha-Nikāya I. 55)에서는 아지타 케사캄발리(Ajita Kesakambali)라는 외도의 견해로 인용되고 있다. "…n' atthi mātā n' atthi pitā, n' atthi sattāopapātikā, …" 〔"어머니도 아버지도 없으며, **화생(化生)하는 존재도 없다.**"〕(강조 는 필자)(Rhys Davids et al. 1899~1921, 1:73) 한편 푸생에 따르면, 마야부인의 '처 녀 출산'을 주장하는 것은 오직 『마하바스투』(Mahāvastu)뿐이라고 한다. La Vallée Poussin(1962), 741쪽의 각주 참조.

서 우리는 "나는 신이 아니다. 나는 인간도 아니다"라는 문장에 이어 "〔나는〕 세상에 태어나고, 세상에서 자랐지만, 세상을 극복했으며, 세상에 의해 더럽혀지지 않는다"라는 문장이 앞의 내용을 보완하는 점에 주목할 필요가 있다. 이 구절은 붓다는 인간이나 신, 어떤 범주에도 속하지 않는다는 것을 의미한다. 그는 깨달음에 의해 '변화한' 존재, 깨달은 자〔覺者, Buddha, Awakened One〕임을 다시 확인하고 있다.*

여기서 우리는 다음과 같은 두 가지 사실을 확인할 수 있다. 먼저 붓다에 대한 '출세간'적인 해석 방식은 초기 불교에서부터 있어 왔다는 점이고, 더욱 중요한 것은 '붓다'라고 하는 존재에 대한 불교적 관념ideology에서 인간human being과 신god이라는 이항적인 대립이 존재하지 않았다는 점이다. 석가모니는 그의 제자들에 의해 인간도 신도 아닌, '붓다'라고 하는 카리스마적인 존재로 이해되었기 때문이다.

---

* 다음의 『Mahāparinibbāna Sutta』(Dīgha-Nikāya II. 109)의 구절도 이와 같이 해석할 수 있다. 붓다가 아난다에게 말했다. "나는 이제 생각난다, 아난다여, 내가 수백 명의 성스러운 자들의 모임에 들어갔을 때, 거기에 앉기 전이나 그들에게 말할 때……, 나는 그들의 색과 같은 색이 되고, 그들의 목소리와 같은 목소리가 되곤 했다……. 그러나 그들은 내가 말할 때 알지 못했다. 그리고 '누구인가, 이렇게 말하는 자는 누구인가? **사람인가 신인가?**'라고 말했다. 그러고는 가르침을 받은 후, …… 나는 사라졌다. 하지만 내가 사라졌을 때도 그들은 나를 알지 못했다. 그러고는 이렇게 말했다. '누구인가, 이렇게 사라져 버린 자는 누구인가? **사람인가, 신인가?**'라고 말하곤 했다." (강조는 필자)(Rhys Davids et al. 1899~1921, 2:177)

그렇다면 왜 현대의 학자들은 붓다를 '붓다'로 보지 않고 인간 또는 신으로만 보려고 하는가? 이 문제는 19세기 중반 빅토리아 시기 영국의 불교학계로 거슬러 올라간다. 필립 알몬드는 그의 책 『영제국의 불교 발견』The British Discovery of Buddhism에서 붓다는 "인간성에 대한 빅토리아적 이상Victorian ideal of humanity과 관련해 (재)해석되었다"[8]는 점을 지적하고, 이어서 다음과 같이 언급했다.

불교는 단지 동양적인 정신oriental mind에 대한 서구적 이미지western images를 통해서 구성되고 해석된 것만이 아니다. 그 해석은 빅토리아 시대의 여러 관심사에 의해 영향을 받았으며, 불교 또한〔역으로 유럽의〕19세기의 이상형ideal을 형성하는 데 일정한 역할을 했다.[9]

우리의 주제와 관련해 볼 때 빅토리아 시대를 단순히 영국의 인도 식민 지배 시기로만 이해할 수는 없다. 그 시기는 우주에 대한 자연주의적인 관점naturalistic view이 발전하던 시기이고, 학자들 사이에 역사주의historicism가 발달하던 시기이며, 성경에 대한 비판적인 견해들이 출현하기 시작한 것으로도 알 수 있듯 종교적 영성religious spirituality이 세속화된 시기이기도 하다. 당시 유럽에서 붓다는 자주 마르틴 루터Martin Luther와 비교되기도 했는데, 유럽의 지식인들은 붓다를 전통적인 브라만교Brahmanism의 우상들을 파괴하고 브라만교의 제사주의Brahmanic ritualism의 속박을 벗어 던져 버린 인물이라고 믿었기 때문이다.[10] 그리고 붓다는 카스트 제도를 부정한 사회개혁

가로 칭송되기도 했으며, 나아가 '혈통과 지식을 가진 오만한 귀족 정치에 반대한 하층민들을 위한 승리의 투사'[11]로 해석되기도 했다. 오늘날 동서양의 학자들은 빅토리아적 휴머니티의 한 모범적인 전형으로서의 붓다의 이미지를 여전히 지니고 있다. 따라서 지금도 불교학자들이 갖는 붓다에 대한 이미지는 거의 전적으로 붓다에 대한 근대 불교학의 '합리적 해석'에 기초한다고 할 수 있다.

일본과 한국의 불교학자들이 초기 불교에 대해 알게 된 것은 팔리어 텍스트에 대한 근대 불교학의 연구 성과를 통해서였다. 그리고 당시 유럽에서 고도로 발달한 문헌학이라는 도구를 배워 불교 텍스트에 비판적으로 접근한 것은 동아시아의 초기 불교 연구 발전에 크게 기여했다고 평가할 수 있다. 그러나 불교사에 대한 편협한 근대 불교학적 관점들과 붓다의 정체성을 둘러싼 불필요한 논의들은 후속 세대의 불교 연구 — 초기 불교뿐 아니라 불교 연구 일반 — 에 부정적인 영향을 미쳤다고 생각된다.

한편 나는 이 문제가 당시 '근대'를 받아들이는 아시아 지식인들의 태도와도 관련이 있다고 본다. 동양의 지식인들은 서양으로부터 수입된 '과학', 그리고 '이성'의 막강한 영향력에 취해 그들 자신의 비판적인 시각을 잃어버렸던 것 같다. 다음과 같은 스에키 다케히로未木剛博의 글에서 '이성적'이고 '과학적'인 서양을 대면한 당시 동아시아 지식인들의 전통에 대한 내면적 열등감을 엿볼 수 있다.

인도 사상에는 극히 주지적, 이지적인 것이 보인다. 그 한 좋은 예로 초기 불교가 있다. 이 석가 재세 중의 불교를 보면 그것은 지금 우리들이 일본에서 보고 듣는 불교와는 상당히 다른 모습을 하고 있다. 일본 불교를 말하면, …… (중략) …… 정서와 직관을 주로 하는 것으로 합리성이 모자라서, 불교라고 하면 무조건 반합리적인 사상이라고 여기는 경향이 있는데, 불교가 합리적인 사상체계라고 하면 대부분의 사람들은 깜짝 놀란다.[12]

스에키 다케히로는 일본 불교, 즉 동아시아의 전통적인 불교가 '합리성'을 결여한 불교로, 대단히 이성적이었던 초기 불교로부터 타락한, 열등한 불교라는 것을 암시했다. 또한 그는 불교가 '이성적' 사유라는 측면에서 높게 평가되어야 한다는 점도 암시하고 있다. 그러나 나는 이성(또는 합리성rationality)이 불교 전통을 높이 평가하는 기준이 될 수 없으며, 더욱이 그가 말하는 초기 불교의 합리성이란 것도 사실은 빅토리아 시대 영국 불교학의 관점에서 재구성된 것에 지나지 않는다고 생각한다. 일본과 한국의 근대 불교 연구에서 불교와 불교학을 합리성과 이성주의의 관점에서 구분하고, 불교학의 대전제로서 이성에 의한 객관적 진리를 내세우는 것은 유럽에서 출발한 근대 불교학의 영향을 아무런 반성 없이 받아들였기 때문이다.*

한편 최근 약 20여 년 동안 서양과 일본의 불교학계에서는 이른바 '해체 담론'을 중심으로 한 포스트주의와 탈식민주의적 입장에서

---

* 이 책의 7장 '탈근대 불교학을 위하여: 박종홍과 김동화의 근대적 불교 연구 비판'은 바로 이 문제를 주제로 한 것이다.

근대 불교학이 (재)구성했던 불교의 역사와 텍스트 이해를 비판하는 연구가 많이 등장하고 있다. 그러나 한국의 불교학계는 이러한 새로운 연구 동향에 아직 별 관심을 보이지 않는 것 같다.*

3. 근대 불교학의 불교 경전 독법讀法

근대 불교학의 이성적rational이고 분석적analytic인 방법론의 영향은 불교 경전에 대한 현대 학자들의 태도에서도 잘 드러난다. 하지만 이 문제를 본격적으로 논의하기 전에, 먼저 불교 경전의 성격을 이해할 필요가 있다.

불교의 경전은 유일신God이나 초월적인 신들gods의 계시를 드러내는 성스러운 문헌sacred texts이 아니다. 불교 경전에는 어떠한 신성한 기원이나 권위가 부여되지 않는다.** 이러한 점에서 불교 경전은 성경이나 베다 같은 종교 문헌과 구분된다. 그렇다고 해서 불교 문헌들이 근대적 의미의, 철학적 성격의 텍스트라고 할 수는 없다. 불

---

* 이런 점에서 심재관의 『탈식민시대 우리의 불교학』(책세상, 2001)은 주목할 만한 책이다. 그러나 나의 과문 탓인지 이 책에 대한 평가―긍정적이든 부정적이든―가 우리 학계에서 별로 없다는 점은 안타까운 일이다.

** 대승 전통의 『금강경』 등에서 언급하는 '경권신앙'(book cult)을 불교 전통에서 텍스트에 대한 '신성한 권위'의 한 사례로 생각할 여지는 있으나, 베다나 성경 같은 종류의 '권위'나 '신성함'과는 그 성격이 많이 다르다. 대승 전통의 '경권신앙'에 관해서는 이 책의 3장 '무불(無佛) 시대의 붓다들'에서 따로 언급할 것이다.

교 경전에서 철학적인 담론은 종교적 서사敍事 형태로 나타나며, 언어의 은유적인 사용은 불교의 담론이 근대적 의미의 철학적 글쓰기와는 명확히 다른 것임을 보여준다.

게다가 불교적 진리는 근대 철학적 의미의 진리와는 다르다. 근대 철학적 의미의 진리는 자연과학hard science의 방법론에 강한 영향을 받은 만큼 이성적인 타당함rational validity과 인지적인 통일성cognitive cohesion이 매우 중요하다. 반면에 불교적 진리는 명상 체험에 기반하기 때문에 우리 일상 경험과의 직접적인 관련성이 명확하지 않다. 사실 불교 수행자들이 명상 경험에 근거해 일상 경험의 의미나 타당성을 평가 절하하거나, 심지어 부정하는 것을 흔히 볼 수 있는 것도 바로 이 때문이라고 생각한다. 명상 체험에 기초한 다양한 인식의 단계 또는 경지는 곧 실재의 단계degrees of reality를 의미한다.[13] 불교 수행이란 실재를 파악하는 인식 수준의 변화를 말하는 것으로, 인식의 수준 또는 단계에 따라 그에 상응하는 다양한 실재가 전개된다. 불교에서 두 가지 진리라고 하는 승의제勝義諦(또는 진제眞諦, ultimate truth)와 세속제世俗諦(conventional truth)는 실재의 수준을 두 단계로 설정하는 것이 아니라, 승의와 세속적 진리 사이에서 다양한 실재에 대한 경험을 무지개의 스펙트럼처럼 무한대로 설정하는 것으로 이해해야 할 것이다. 실재의 다층적 구조, 그리고 수행의 경지에 따른 실재 인식의 차별은 인도에서 발생한 철학, 종교에 이미 전제되어 있다. 『우파니샤드』Upanishad에서 흔히 언급하는 '다양한 차원의 자아'는 궁극적 실재로 나아가는 과정에서 경험하는 실재의 다층적 구조를 보여주는 것에 다름 아니다.

그러나 근대 이후의 학문 세계에서는 실재의 이러한 위계를 받아들이지 않을 뿐 아니라 명상 체험을 이성 너머의 '신비적' 경험으로 치부해 버린다. 이러한 태도 이면에는 명상 경험은 객관적인 학문의 대상이 될 수 없다는 태도가 자리 잡고 있는 것이다.

나는 명상 체험이 일상의 경험보다 더 정당하다거나 실제적이라고 주장하는 것이 아니다. 명상을 통한 승의적 경험, 즉 더 높은 차원의 경험의 타당성을 전제하는 불교 텍스트를 '온당하게' 이해하는 방식이 필요하다고 주장하는 것이다. 명상 체험에 근거한 불교적 진리가 일상 경험 속에서 얻은 진리보다 더 타당하다는 것을 우리가 받아들이든 받아들이지 않든, 불교 텍스트를 연구할 때 우리는 명상을 통해 진리를 깨닫는 '불교적인 방식'을 반드시 염두에 두어야 한다는 것이다. 이런 점에서도 근대 불교학의 불교 텍스트에 대한 '이성주의적인 접근 방식'rationalistic approach이 지닌 또 다른 문제점이 드러난다.

불교 경전에 서사敍事의 형태로 담겨 있는 붓다의 가르침은 '이론'theory 또는 '묘사'description의 방식으로 표현된다. 오늘날 학자들은 불교 경전 연구에서 '묘사'보다는 '이론'의 방식으로 표현되어 있는 텍스트를 더 선호하고 중시하는 경향을 보인다. 왜냐하면 학문적인 관점에서는, 이론은 이성적인 반면 묘사는 '주관적'·'신비적'mystical이며, 따라서 그것은 객관적으로 신뢰할 수 없는 것이기 때문이다. 그러나 '이론'과 '묘사'의 이야기 전달 양상의 차이에 대한 슈미트하우젠Lambert Schmithausen의 논의에서 볼 수 있듯이, 불교 경전에서 이론이 항상 이성적 성격을 띤 내용인 것만은 아니다. 슈미트하우젠은 묘사는 실제 (정신적) 체험에 대한 일차적인 언어화이며, 이론은 '논리적, 교리적, 심지어 기술적인 이유에서 비롯되는, 일차적 언어화에 대한 이차적 변형'이라고 규정한다.[14]

슈미트하우젠의 이러한 언급이 우리의 논의와 관련해서 중요한 것은 개념화와 실제 체험 간의 분열이 묘사에서뿐만 아니라 이론에서도 나타난다는 점이다. 이론과 묘사가 다른 것은 하나가 다른 하나에 비해 더욱 체계화되어 있다는 점뿐이다. 그러므로 불교 경전을 제대로 이해하기 위해서는 불교 텍스트 속에 개념화conceptualization와 구체적인 경험concrete experience 간의 근본적인 긴장 상태가 존재한다는 사실을 인식하고 있어야 한다.

불교 전통은 실제 체험을 이론화하는 데서 발생하는 문제점들을 이미 잘 알고 있었다. 예를 들어 불교 경전은 여러 곳에 걸쳐 텍스트 해석을 위한 네 가지 규칙을 '의지처'pratisaraṇa라는 이름으로 언급했다. ① 법dharma이 의지처이고, 사람은 〔의지처가〕 아니다. ② 정신/의미artha(意)가 의지처이고, 문자는 〔의지처가〕 아니다. ③ 완전한 의미nītārtha를 담은 경전이 의지처이고, 임시적인 의미neyārtha를 담은 경전은 〔의지처가〕 아니다. ④ '직접적인 지식'〔現量〕이 의지처이고, (사변적인) 의식 활동은 〔의지처가〕 아니다.[15] 이들 네 가지 경전 해석 규칙 가운데 앞의 세 가지는 직접적인 지식〔현량적 지식〕이라는 마지막 규칙에 모두 포함된다. 바로 이 점에 대해 라모트Etienne Lamotte

는 "앞의 세 규칙을 요약하고 있는 마지막 규칙은, 올바른 해석학은 성스러운 진리에 대한 **축자적이거나 이론적인 이해에 근거하는 것이 아니라 직접적인 지식에 근거하는 것임을 보여준다**"라고 평가했다.[16] 이 '직접적인 지식'과 관련해서 라모트는 『유가사지론』 '보살지품' bodhisattvabhūmi의 다음과 같은 구절을 인용한다.

> 보살은 진리를 직접 이해하는 데서 오는 지식에 중요성을 두지, 듣는 것〔聞〕과 사유〔思〕를 통해 발생하는, 즉 단순한 문자에 대한 사변적인 의식에 중요성을 두지 않는다. 듣는 것이나 반성적 사유를 통한 지식〔즉 문소성혜聞所成慧와 사소성혜思所成慧〕으로는 명상〔修〕을 통한 지식〔즉 수소성혜修所成慧〕을 알 수 없다는 것을 이해하는 사람은 여래의 가르침과 그 심오함을 거부하거나 부인하지 않는다.[17]

인용문에서 볼 수 있듯, 불교 이론은 사변적인 사유의 산물이 아니라 명상의 산물이다. 그리고 그 이론의 타당성은 이성으로 증명되거나 부정될 수 있는 것이 아니다. 그러나 현대 학계는 이러한 점을 무시하고 불교 이론을 순전히 이성주의적인 접근 방식으로만 분석하려는 경향이 있다. 이러한 접근 방식의 문제는 '네 가지 성스러운 진리'인 사성제四聖諦의 첫 번째 '진리', "모든 것은 고통이다"〔一切皆苦〕에 대한 여러 해석에서도 잘 드러난다.

학자들은 주로 이 고성제苦聖諦를 붓다 당시의 사회·종교적인 분위기를 반영하는 불교의 심리적 또는 철학적 공리公理라고 생각한다.

칼루파하나David Kalupahana는 사성제에 대해 "일반적인 의미의 진리가 아니다. 다시 말해서 사물과의 일치성 또는 통일성에 따른 인지적인 타당성cognitive validity과 합리적인 일관성rational consistency의 관점에서 비非진리 또는 오류와 기본적으로 구별되는 그러한 진리가 아니"[18]라는 것을 지적했다. 그리고 칼루파하나는 고성제에 대해 계속 다음과 같이 언급한다.

이러한 진리에 대한 정의定義의 맥락에서 붓다가 존재에 대한 진리라고 불렀던 것은 심리학적 진리라고 명명될 수 있을 것이다. 하지만 붓다는 그것을 '성스러운 진리'聖諦(ariya-saccāni)라고 불렀다. 이는 그것이 단순히 인식론적인 또는 이성적인 진리가 아님을 의미한다. '성스러움'이라는 개념은 가치 평가를 수반한다. '성스러운'이라는 용어가 종종 의미하듯, 그 가치는 높거나 낮음에 의해 결정되지 않는다. 대신, 이는 적합성relevance 또는 유용성worth을 의미한다.[19]

칼루파하나가 고성제가 어떠한 가치 평가를 담고 있다고 지적한 점은 분명히 옳다. 그러나 나는 그가 '고성제'의 진리[諦]를 단순히 인간의 조건에 대한 윤리 도덕적인 판단으로 보아 '적합성' 또는 '유용성'을 의미한다고 한 것에는 동의하지 않는다. 마찬가지로 칼루파하나가 자신의 관점의 연장 선상에서 고성제를 실용적pragmatic이며, 경험적인empirical 진리 판단으로 평가하는 점에도 동의할 수 없다.[20]

한편 불교 역사학자인 곰브리치Richard Gombrich는 고성제를 본질적으로 붓다 당시의 현실적인 고통에 대한 반응이라고 생각해, 그것을 역사적인 맥락에서 이해하려고 노력한다. 당시의 사회·경제적인 인도 정세의 변화와 관련한 고쉬Gosh의 의견을 소개한 뒤, 그는 다음과 같이 말한다.

> 그러나 사려 깊은 사람들을 삶에 대해 더욱 우울하게 만들었을 수도 있는 또 다른 요인이 있다. 나는 이를 인생이 고통스럽다는 원칙에 대한 완전한 설명 방식으로 제시하는 것이 아니라 단지 고쉬Gosh의 리스트, 그리고 아직 우리가 생각해 내지 못한 요소들과 함께 하나의 가능한 원인으로 제시하고자 한다. 나는 맥닐McNeil의 『Plagues and People』을 읽고서 우리가 공중위생public health과 도덕성morality의 문제를 〔함께〕 고려해야 한다고 생각하게 되었다.[21]

여기서 곰브리치는 붓다 당시 인도 문명의 중심지였던 갠지스 강 유역의 환경적 재난—도시화에 따른 전염병의 만연 등—이 붓다로 하여금 인생을 비관적으로 보게 만들었다고 생각하는 것이다.

고성제가 본질적으로 '경험적인 고'에서 비롯된 것이라고 보는 또 다른 한 예는 한국의 불교학계에서도 찾아볼 수 있다. 전해주는 『불교 교리강좌』에서 다음과 같이 서술한다.

> 우리들이 인생을 괴로움이라 보는 것은 오래 살고자 원하나 늙음과 죽음

이 신속히 다가옴을 어찌할 수 없기 때문이며, 또는 많은 것을 소유하고 싶은데 욕구가 채워지지 않기 때문이다. 때로는 죽고 싶은 생각이 들지 않는 것도 아니나 그것은 더욱더 잘살고 싶은 욕망이 잠재해 있기 때문이리라.[22]

전해주의 고성제에 대한 이해 방식 또한 고성제가 깨달음의 체험이 아닌 현상적이고 일상적인 경험에서 비롯되었다는 가정에 기초해 있다. 그러므로 전해주는 "이 세간고는 우리 중생들이 자각을 하든 안 하든, 출가를 하든 않든 명백한 사실이다"[23]라고 덧붙인다.

칼루파하나, 곰브리치, 그리고 전해주는 고성제가 윤리적 또는 경험적인 언설이라고 생각했기 때문에, 일상에서 경험하는 고통의 유형이 구체적으로 명시되어 있는, 자주 인용되는 다음과 같은 구절들을 오독誤讀했다.

"출생은 고통이다. 늙음은 고통이다. 병듦은 고통이다. 죽음은 고통이다."

그러나 이 생·노·병·사라고 하는 '네 가지 고'〔四苦〕의 리스트는 깨달음에서 얻은 통찰insight을 개념화한 것에 불과하다. 이 리스트는 "모든 것은 고통이다"라는 말을 이해하지 못하는, 깨달음의 경험을 하지 못한 자들에게 고성제를 설명해 주기 위해 교육적인 '설득' 목적에서 사용된 것이다. 그러므로 이 리스트는 구체적인 체험의 보편적 타당성을 보여주기 위한 이론적 장치인 것이다.

이 시점에서 마명馬鳴(Aśvaghoṣa, 100?~160?)*의 저작 『붓다차리타』

의 한 구절을 살펴보는 것이 좋겠다. 여기서 우리는 깨달음의 체험에 대한 '묘사'가 깨달음의 경험에 대한 '이론적' 설명과 어떻게 대조되는지 잘 알 수 있다.

> 그 무렵 세 번째 밤이 다가옴에 따라 그 위대한 명상가인 스승께서는 **이 세간의 실상에 대해 명상을 시작하셨다.** "아, 모든 중생은 고통만을 받을 뿐이다. 계속 그들은 태어나고, 늙고, 죽고, 그리고 새로운 삶을 받아 다시 태어난다! 게다가 갈애와 무명이 그들의 시야를 가려, 이 과도한 무지로 인해 그들은 엄청난 양의 고통으로부터 어떻게 벗어나야 할지를 모른다."**

"모든 것은 고통이다"라는 언명은 이성적인 사유가 아닌 명상에서 비롯된 것이기 때문에, 이것은 어떤 의미에서 '회고적' 진리retrospective truth다. 즉 이 고성제는 깨달음을 얻은 뒤, 이전의 삶을 되돌아볼 때 비로소 알게 되는 진리라는 의미다. 그리고 이는 고성제가 아직 깨닫지 못한 자에게는 이성적 사유로 판단해야 할 논리적 명제logical proposition가 아니라, 믿음conviction으로 받아들여야 할 '진리'임을 의

---

* 마명의 정확한 생존 연대를 확정할 수는 없지만, 일부에서는 대략 기원전 50년에서 기원 100년 정도 사이에 활동했던 인물로 추정하고 있다. 이에 관련한 더 상세한 논의는 Johnston(1984), xiii-xvii 참조.

** Johnston(1984), 208~209쪽.(약간 수정했음. 강조는 필자) 이 부분에 대한 현존하는 산스크리트어 텍스트가 없기 때문에 티베트어 본에 의거해서 번역했다.

미한다.

불교는 믿음으로부터 명상을 통한 직접 지식에 이르는 발전 단계를 세 단계의 길〔道, mārga〕로 분류한다. 견도見道(darśana mārga), 수도修道(bhāvana mārga), 무학도無學道(aśaikṣa mārga)*가 그것이다. 첫 번째 단계인 견도는 가르침을 배우고 사유하며 믿음에 기반해서 그 가르침에 대한 '확신'conviction을 얻는 단계다. 두 번째 단계인 수도는 가르침에 대해 명상하고 선정을 통해 그것을 자신의 직접적인 경험으로 실현하고자 노력하는 단계다. 마지막으로 깨달음의 단계로서 더 닦을 것이 없는 무학도에서는 믿음에 기반해서 받아들였던 것을 '직접적인 경험'〔現量 또는 眞證〕으로 확인한다. 이러한 수행체계에서는 믿음의 내용과 깨달음의 내용 사이에 아무런 차이가 존재하지 않는다. 다만 개인의 경험이 일상 경험 차원에서 깨달음의 차원으로 확대되는 것이다. 다시 말해서 개인의 실재에 대한 인식이 깨달음의 인식으로 전환되는 것을 의미한다.

불교 전통의 이러한 수행 구조는 상좌부 불교나 초기 불교에서뿐만 아니라 대승불교의 수행, 특히 선 수행에서도 찾아볼 수 있다. 대승불교의 유명한 "초발심을 내는 순간 그는 완전한, 완벽한 깨달음을 이룬다"初發心時 便成正覺라는 금언과 "중생이 바로 부처다"衆生卽佛라는 금언은 사실 위에서 언급한 세 가지 수행 단계와 똑같은 수행의 구조를 나타낸다. 이와 비슷하게, "산은 산이다"에서 시작해 "산은

* 말 그대로 더 이상의 수행이 없는 길, 즉 아라한(arhat)의 경지다.

물이다"를 거쳐 결국 "산은 산이다"로 끝나는 선 수행의 도정을 묘사하는 유명한 구절은 최종 단계에서 처음의 시작과 같은 구조를 보여줌으로써, 깨달음의 내용이 초발심의 내용과 다르지 않다는 사실을 증명한다.

어떤 학자들은 이러한 구조를 종합을 향한 운동으로 보고 헤겔의 변증법Hegelian dialectics을 통해 이해하려 한다. 하지만 처음의 출발점으로 다시 돌아오는 불교 수행의 구조는 직선적lineal이라기보다 순환적인circular 것이다. 그러한 순환을 통해 불교 수행자들은 세간의 실상에 대해 다른 차원의 통찰을 제공하는, 존재론적인 차원의 변화를 경험한다. 이것이 바로 에드워드 콘제Edward Conze가 '실재의 단계' 또는 "통찰의 단계는 개인의 정신적 경지에 달려 있다"[24]라는 말로 표현하고자 했던 바다.

그러므로 고성제를 우리의 일상 경험 차원에서만, 또는 일상 경험으로만 이해하려 한다면, 고성제는 아주 평범한 별 중요치 않는 것이 되고 만다. 왜냐하면 어찌됐든 우리는 이미 병듦이 고통이고 늙음이 고통임을 잘 아는데, 더 논의할 것이 무엇이겠는가? 불교 전통, 특히 아비달마 전통에서는 다음과 같은 세 종류의 고苦를 제시한다. ① 고통그 자체〔苦苦, duḥkha duḥkhatā〕, ② 변화 또는 변형으로 인한 고통〔壞苦, vipariṇāma duḥkhatā〕, ③ '조건 지어진 사실'로 인한 고통〔行苦, saṃskāra duḥkhatā〕.

앞의 두 고통은 경험적인 고통이다. 첫 번째의 고고苦苦란 노老·병病·사死와 같은 일상 경험의 고苦를 말하며, 두 번째의 괴고壞苦 또한 일상적인 것으로 낙樂의 상실 또는 낙樂이 고苦로 변하는 데서 오는 고苦의 경험을 말한다. 마지막 종류의 고통, 행고行苦만이 깨달음의 통찰에서 기인한 진리라고 불릴 수 있다. 그러므로 『아비달마구사론』阿毘達磨俱舍論(Abhidharmakośabhāṣya)의 제6품에서는 다음과 같이 언급한다.[25]

그러나 행고行苦에 의해 모든 행行(saṃskāra)은 고苦(duḥkha)다. 오직 성자들만이 그것을 본다. 그리하여 이에 대해 다음과 같이 설한다.
마치 사람들은 머리카락이 손바닥 위에 놓여 있을 때는 모르지만,
그것이 눈에 그렇게 들어갔을 때는 불안과 고통을 야기하는 것과 같다.
어리석은 자는 손바닥과 같아 행고行苦인 머리카락을 알지 못하지만,
현명한 자는 눈과 같아 그것에 크게 동요한다.

따라서 고성제를 비롯한 사성제의 진리가 '성스러운' 것이라고 규정되는 까닭은 칼루파하나가 생각했듯, 그것이 어떤 덕성virtue이나 유용성worth을 의미하기 때문만은 아니다. 그것이 성스러운 까닭은 고대의 아비달마 논사들이 생각한 것과 같이 '성스러운 자의, 성스러운 자에 의한 진리'로서 선정이라는 명상 체험을 통한 통찰 없이는 결코 온전하게 이해될 수 없는 '진리'이기 때문이다.

4. 방법론적 불가지론: 불교 경전의 새로운 독법을 위하여

지금까지 우리는 붓다라는 인물에 대한 해석, 그리고 불교 텍스트에 대한 독법과 관련한 문제점을 논의했다. 이러한 두 주제는, 이미 언급한 대로 불교에 대해 이성주의적인 접근 방식을 취하려는 근대 불교학의 특징과 오늘날 현대 학자들의 경향성을 잘 반영한다.

한편 불교 텍스트들은 깨달음의 경험에 대한 기록이다. 하지만 이는 불교 텍스트를 온전히 이해하기 위해 깨달음이 필요하다는 의미는 아니다. 사실 깨달음이 가능한 것인가 하는 문제는 나의 일차적인 관심사가 아니다. 수행자가 아닌 학자들의 경우 언어화된 깨달음, 즉 불교 텍스트를 이해하는 것이 더욱 중요하다. 그럼에도 깨달음의 차원은 이성적 사유만으로는 이해될 수 없다. 일종의 딜레마인 것이다. 만일 우리가 이성의 관점에서만 깨달음의 체험을 이해하려 든다면, 불교 텍스트들은 신비적인 이야기 또는 기껏해야 고성제에 대한 논의를 통해 살펴본 것처럼 단순히 윤리적이며 교훈적인 이야기가 되고 말 것이기 때문이다.

이런 점에서 나는 불교 텍스트를 읽는 한 전략으로 '방법론적 불가지론'methodological agnosticism을 제안하고자 한다. 이 방법론은 불교학이 처한 현실적 딜레마를 해결하기 위한 것이다. 깨달음의 세계는 언어나 이성적 사유로 이해될 수 없는 영역인데, 이 깨달음을 연구 대상으로 삼는 학자들의 유일한 도구는 이성과 언어이며, 또 이성과 언어를 떠나서는 학문 행위를 할 수 없기 때문이다. 근대 불교학의 경우 모든 것을 이성의 '합리적 차원'에서만 이해하려 하거나,* 또는 언어와 이성적 사유 너머의 영역을 연구 영역에서 제외하려고 한다. 서양 근대가 신학과 철학을 각각의 개별적인 영역으로 분리한 경우가 후자의 대표적인 예일 것이다. 바로 그 연장 선상에서 유럽의 근대 불교학자들은 불교가 철학인가 종교인가를 물었던 것이다.**

현대 불교학의 이러한 '딜레마'에 대해 동아시아 전통의 교학 불교는 우리에게 많은 것을 시사해 준다. 교학 전통에서는 불교 텍스트를 해석하는 한 방법으로 체體와 용用이라는 개념을 사용했다. 언어로 표현될 수 없는 이성적 사유 너머의 영역을 체體라고 설정하고, 언어와 이성적 사유의 영역을 용用이라고 설정했다. 이러한 구분은 깨달음의 세계를 전제하는 불교와 이성을 도구로 삼는 학문 행위 간의 갈등을 해소할 수 있는 한 해결책일 수 있다. 체와 용의 영역이 명

---

* 고성제에 대한 근대 불교학적 이해가 좋은 예다.
** 동양의, 특히 한국의 근대 불교인들은 불교가 '철학'으로 인정받기를 원했고, 그럼으로써 불교의 '지위'가 더 높아진다고 생각했다. 그래서 권상로는 불교를 '철학적 종교'라 했고, 백성욱은 자신의 독일 대학 박사 학위 논문을 요약해서 '불교순전철학'이라는 제목으로 《불교》지에 연재하기도 했다. 만해 한용운 또한 불교가 '철학'인 것은 세계 어느 종교도 누리지 못하는 불교만의 특권이라고 생각했다. 한편 이 문제에 관한 최근의 흥미로운 논문은 2007년 서울에서 열린 '아시아 철학자 대회'에서 도쿄대학의 스에키 후미히코(末木文美士, Sueki Fumihiko) 교수가 발표한 「Is Philosophy Euro-centrist?: Some Philosophical Remarks from the Standpoint of Japanese Buddhism」(철학은 유럽 중심주의자인가?: 일본 불교의 관점에서 바라본 몇 가지 철학적 단상)이다. (아시아 철학자 대회, 한국철학회, 서울: 성균관대학교, 2007년 6월 1~2일)

확하게 구분되어 설정되었지만, 이 둘은 이원적 구조 속에 있는 것이 아니라 불일불이不一不二적 관계에 있다. 이것은 우리의 인식 활동을 통해서도 체體의 세계를 '어느 정도' 이해할 수 있다는 것을 의미한다. 『대승기신론』大乘起信論의 용어를 빌리자면, 깨달음의 영역인 '이언진여'離言眞如의 세계는 우리의 '이성적 접근'으로는 알 수 없는 세계지만, 그 세계와 불이不二의 관계에 있는 '의언진여'依言眞如를 통해 우리는 깨달음의 영역인 '진여'의 세계에 관해 언어와 이성적 사유를 함으로써 '이야기'할 수 있다는 것이다.

따라서 방법론적 불가지론이란 먼저 이성적 사유로 이해할 수 있는 영역[用]과 그렇지 않은 영역[體]을 구분하고, 후자의 영역에 대해서는 '알 수 없다'는 입장을 우선 방법론적으로 전제하는 것이다. 바로 이 '알 수 없다'는 전제가 근대 불교학과 '방법론적 불가지론'의 근본적인 차이점이다. '알 수 없는 영역의 존재'를 설정하는 텍스트 독법讀法과 '모든 것을 다 알 수 있다'는 입장의 텍스트 독법은 텍스트 해석에서 많은 차이가 있다. 방법론적 불가지론은 이성으로 이해할 수 있는 영역만을 대상으로 삼는 근대 불교학의 텍스트 독법을 극복하고, 불교 텍스트가 전달하려는 '메시지'를 온당하게 이해하기 위한 것이다. '방법론적 불가지론'에 기반한 불교 텍스트 독법은 다음의 두 가지 원칙에서 출발한다.

① 깨달음의 세계는 이성적 사유를 통해 알 수 있는 영역이 아니다 [離言眞如]. '안다'고 생각하는 순간 '알고 있는 것'을 제외한 나

머지 모든 '알 수 없는 것'은 사라지고 만다. 그러나 '알 수 없다'고 생각하는 한 '알 수 없는 것'은 사라지지 않고 계속 남아 있다. 이것을 우리는 '방법론적 불가지론'이라고 표현한다.

② 그러나 그 세계를 표현하는 '경전 언어'를 통해 우리는 '알 수 없는 영역'에 대해 '이야기'할 수 있다〔依言眞如〕. 왜냐하면 깨달음의 세계와 경전의 관계는 동일한 것도 아니며〔不一〕, 서로 다른 것도 아니기〔不二〕 때문이다. 그리고 '이야기'를 한다는 것은 대상에 대해 일정한 '정의'定義를 내리는 것을 의미하는 것이 아니라 대상과 나의 언어적·이성적 세계가 관련성을 맺는 것을 의미한다. 다른 말로 '깨달음'의 세계에 대한 나의 담론 구성이 가능하다는 의미다.

방법론적 불가지론의 이러한 독법은 반드시 깨달음의 세계라는 것이 있다는 믿음에서 출발해야 하는 것은 아니다. '깨달음', 그리고 그 깨달음의 진리성을 믿을 수도 있고, 믿지 않을 수도 있다. 그러나 불교 텍스트를 정확하게 읽기 위한 한 방법으로서 깨달음의 세계가 '있다'고 전제할 필요는 있다. 이는 저 상자에 비록 아무것이 없다고 하더라도 '무엇'이 있다고 전제하지 않으면(즉 열어 보지 않으면) '아무것'도 없다는 사실조차 밝혀낼 수 없는 것과 같은 것이다.

한편 '방법론적 불가지론'이라는 용어는 내가 이 말을 사용하기 훨씬 전인 1930년대에 폴란드 출신의 불교학자 스타니슬라브 샤이에르Stanislaw Schayer가 먼저 사용했다. 물론 샤이에르는 나와는 다른 내용과 이유로 이 용어를 사용하고 있다. 그러나 이 '방법론적 불가지론'이라는 용어가 알 수 없는 것은 제외하거나 곡해하기보다 '일단 그대로 두자'는 의미인 것은 두 경우가 똑같다고 할 수 있다. 샤이에르는 이 방법론을 '정전正典 이전의 불교'pre-canonical buddhism를 (재)구성하는 데 사용했다.*

경전 이전의 불교를 재구성하려는 노력은 근대 불교학자들의 큰 관심사 가운데 하나였다. 그들이 주로 사용한 문헌학적 방식은 '소거법'消去法이었다. 간단히 말하면 다양한 불교 텍스트 가운데 서로 공통되지 않는 요소는 '후대의 발달'로 여겨 제거하는 방법이다. 이렇게 여러 텍스트에 공통적인 교리가 부파 분열 이전의 가장 고층古層(old strata)에 해당하는 것으로 전제하고 경전 이전의 불교를 재구성해 왔다. 그러나 모든 텍스트에 공통적인 교리들이 반드시 오래된 것은 아닐 수 있으며, 모든 교단에 공통적인 교리들은 서로가 서로에게서 '차용한' 결과로 오히려 '새로운' 교리일 수 있다는 것도 가능한 사실이다. 그리고 샤이에르가 매우 날카롭게 지적한 것처럼, 현존하는 경전에서 발견되는 여러 교리 가운데 다른 불교 텍스트들과 내용이 공통되지 않거나 때로는 모순적인 교리들이 실은 더 오래된 것일 수도 있다. 샤이에르는 다음과 같이 언급했다.

---

* 이 문제는 이 장의 주제와는 직접적인 연관성이 없지만, 2장 '인도 초기 불교사의 새로운 이해: 유럽 근대 불교학 비판 2'의 중요 주제 가운데 하나이기 때문에 이 장에서 우선 간략하게 소개하고자 한다.

여기서 또 다른 질문이 생겨난다. 왜 그러한 텍스트들은 다른 것들과 모순되고 비정전非正典적인 성격을 가지고 있음에도 제거되지 않았던 것일까? 이에 대해서는 오직 하나의 대답만이 있을 뿐이다. 분명히 그것들은 아주 오래전부터 전승되어 왔고, 〔따라서〕 경전 편집자들이 〔그 점에 대해〕 그 권위를 인정했기 때문이다. 그러므로 우리는 다음과 같은 결론에 이른다. 널리 받아들여지는 정전正典의 관점canonical view과 모순되는 사상과 교리들을 담고 있는 이러한 텍스트들은 〔다른 텍스트들보다〕 더 오래된, '정전 이전의 불교'의 잔재들이다.[26]

이와 같이 보았을 때, 불교사는 우리가 흔히 생각하는 것처럼 단순히 텍스트들의 역사를 추적하는 방법으로는 (재)구성할 수 없을 것이다. 한편 근대 불교학을 한 차원 높은 단계로 끌어올린 것으로 평가받는 라모트는 '텍스트'가 아닌 '교리'의 역사를 추적함으로써 붓다 당시의 불교를 (재)구성할 수 있을 것이라는 가정 아래 다음과 같이 언급했다.

그러므로 〔불교는〕 제1차 결집 이래 "스승(붓다)의 본래 가르침으로부터 멀어져 온 지속적인 과정이었음은 명백하다"라는 비판은 받아들일 수 없다. 반대로 우리는 불교의 교리가, 〔최초로〕 그것을 발견한 자*가 무의식적으로 새겨 놓은 그 길을 따라 진화해 온 것이라는 입장이다.[27]

---

* "its discoverer", 즉 붓다를 뜻함.

현존하는 불교 경전들의 역사적 기록 가운데 상당 부분이 믿을 수 없는 것임을 감안할 때, 불교 경전의 '역사적 기록'이 아닌 교리를 통해 초기 불교를 재구성해야 한다는 라모트의 제안은 타당하다고 생각한다. 하지만 근대 불교학, 그리고 오늘날 불교학의 '이성주의적 접근 방식'은 붓다의 '본래 가르침'original teaching을 추적하는 것을 더욱더 어렵게 만들고 있다.

　　다음 장에서는 초기 불교사 재구성과 관련한 유럽 근대 불교학의 접근 방식을 비판적으로 살펴보고, 새로운 대안으로 '기억'의 문제를 살펴보고자 한다.

2장 인도 초기 불교사의 새로운 이해
: 유럽 근대 불교학 비판 2

1. 문제 제기: 역사의 부재

불교 경전은 "나는 이와 같이 들었다. 한때 부처님께서는……" evam me suttam ekasmin samaye(如是我聞 一時 佛在……)이라는 정형구로 시작된다. 이 정형구와 함께 이어지는 내용은 반드시 '누가' who, '어디서' where, '무엇을' what, '왜' why 그리고 '어떻게' how라는 이른바 역사 서술의 기본 '정보'들이 상당히 구체적으로 언급되어 있다. 그러나 '언제' when에 대해서는 불특정한 어느 때를 가리키는 '한때' ekasmin samaye(一時)라는 말로 표현되어 있다. 이 점은 다른 고대 문화권, 특히 한자 문화권의 사건 서술과 크게 대비된다.*

---

* 한자 문화권의 경우 정사(正史)에서 정확한 연대 서술은 가장 기본 사항이고, 모든 기사(記事)마다 '모왕(某王), 모년(某年), 모월(某月)'의 연대를 기록하는 것이 일반적이다. 나는 이 차이가 구술(口述) 문화 전통의 인도 문화권과 문자(文字) 문화 전통의 중국 문화권의 차이를 반영한다고 생각한다. 그리고 이 차이는 미술과 음악의 차이와 같은 것이다. 같은 예술 행위지만 미술 작품은 완성되는 순간 시공간적으로 고정된다. 한편 음악은 일종의 재현 예술이다. '재현'의 의미는 단순하지 않다. 먼저 시공간적인 제약이

불교 주석 전통에서도 '한때'에 관해 정확한 연대를 제공하기보다 그 종교적 또는 철학적 의미를 제공하는 데 힘을 기울이고 있다. 5세기 상좌부 전통의 붓다고사Buddhaghosa에 따르면 '때'samaya(時)란 선행하는 사건들의 조화, 즉 공동의 결과를 낳도록 되어 있는 인과 관계들이 동시에 합쳐져서 발생하는 '고유한'unique 사건을 뜻한다. 붓다고사는 이를 씨앗과 싹에 비유했다. 씨앗이 싹으로 움트기 위해서는 여러 선행하는 사건이 '완벽한' 조화를 이루어야 한다. 먼저 씨앗이 실해야 하고, 적절한 장소에 뿌려진 뒤 물주기, 가꾸기, 햇볕 등 여러 '사건'이 완벽한 조화를 이룰 때 '싹'이라고 하는 사건이 발생한다는 것이다.** '한때'라는 구절에 대한 붓다고사의 이러한

없다. '재현'의 또 다른 의미는 '현현'(顯現, manifestation)을 뜻한다. 모차르트의 음악은 연주/재현되는 순간―그 재현이 연주를 통해서일 수도 있지만 때로는 머리로 떠올리는 것 또한 포함한다―비로소 '존재'한다. 재현 예술의 특징은 그대로 구전 문화 전통의 특징이다. 예를 들자면 브라만교의 만트라 독송, 대승불교의 염불 수행 등은 각각 '신성한 힘'(sacred power)과 '붓다'의 '현현'을 위한 것들이다. 한편, 문자 전승의 특징인 '고정성'은 우리에게 무척 익숙하다. 동아시아 한자 문화권의 대부분의 역사 자료가 문자 기록이며, 또한 동아시아인들은 대체로 이 문자의 고정성, 그리고 고정성과 직접 관련이 있는 '엄정성'을 잘 이해했다고 할 수 있다. 동아시아 전통의 춘추사관/춘추필법에 관련한 여러 담론은 문자 기록의 고정성과 이에 따른 엄정성과 깊은 관계가 있다고 생각한다.

** Gokhale(1994), 5~6쪽. 여기서 고칼레는 'samavaya'에 관한 설명을 위해 붓다고사를 인용했는데, 팔리어에서 samavaya는 samaya의 한 용례다. '때', '인연', '모임' 등을 의미하는 'samaya'의 다양한 용례에 관해서는 *Pali-English Dictionary* (The Pali Text Society), 1979년 판, 683~684쪽 참조.

설명은 요컨대 '씨앗'이라는 인因이 싹이라는 결과로 나타나기 위해서는 싹에 선행하는 여러 연緣이 시공간적으로 완벽한 조화를 이루어야 한다는, 이른바 불교 전통의 '다중인과론'에 입각한 것이다. 이러한 관점에서 보자면 '한때', 즉 붓다의 설법이 이루어지는 그 시간은 과거 전생으로부터 이루어져 온 여러 인연이 완벽한 조화를 이루는 '우주적 시간'인 것이다.

인과율은 전후前後라는 시간적 개념을 전제로 하기 때문에 역사 서술에서 가장 기본이 되는 바탕이다. 하지만 인도 불교 전통은 대단히 수준 높은 인과율을 발전시켜 왔음에도 이를 역사 인식으로 발전시킨 것 같지는 않다. 불교 전통에서 의미 있는 '사건'이란 선행하는 여러 인연이 완벽한 조화를 이루는 바로 '그때' 발생하는 '우주적 사건'이며, 따라서 그에 대한 서술도 역사적 설명이 아니라 '초시간적'인 설명이 되어 버린다. 이러한 인도 불교의 초시간적 사건 이해는, 그리고 그에 따른 '역사의 부재'는 약간의 지역 문화적 특성이 가미되면서 동아시아 불교 전통에서도 그대로 이어지고 있다. 그 한 좋은 예가 『금강경오가해』金剛經五家解에서의 '일시'一時에 대한 선사들의 주석註釋이다.＊

＊ 그 대표적인 예를 소개하면 다음과 같다.
· 규봉(圭峰): 시(時)의 성취니 스승과 제자가 함께 모여 설함과 듣는 일이 완성되어서 '한때'〔一時〕라고 한다. 지역마다 시간이 같지 않아서 다만 한때라 하고, 또 법을 설하고 법을 알아듣는 그때 마음과 경계가 없어지고 이(理)와 지(智)가 융통하고 범부와 성인이 같고 본(本)과 시(始)가 함께 모이니 이 두 법이 다 '한때'인 것이다.

고대 인도에서 '역사의 부재'는 불교만의 문제가 아니었다. 베다 문헌은 아예 '선사'先史에 속하는 전통이고, 서사 문학epic literature에 속하는 산스크리트어로 쓰인 고대 힌두교 성전인 푸라나purana에서도 정확한 연대를 전혀 찾을 수 없다. 이른바 바라문 전통의 정통 역사서라 일컬어지는 '이티하사'itihasa에서조차도 기술記述하고 있는 내용의 시기를 알 수 없는 것은 물론이고, 그 내용 또한 '역사'와 '신화'가 혼재되어 일반적인 의미의 역사서와는 거리가 멀다. 이러한 상황에서 모리스 빈테르니츠Maurice Winternitz**는 베다 문헌과 서사 문학에 대해 "역사의 암흑"the darkness of the history of the Vedic and the epic literature이라고 불렀다.[28]

앞서 살펴본 바와 같이 불교 전통 자체에서도 일반적인 의미의 역사 의식을 찾아볼 수 없는 것이 사실이다. 그러나 두 가지 점에서 불교는 고대 인도에서 '역사'를 찾는 데 기여하고 있다. 다른 인도 전통과는 달리 불교는 인도 밖으로 전파되었기에 수입지에서의 불교 문헌에 관한 여러 연대기와 전래 일화 등을 통해 인도에서의 역사를

· 설의(說誼): 오랜 세월과 일념(한순간)이 걸림이 없고, 옛날과 지금과 시작과 끝이 다 하나로 통하도다. 무엇이 이 같은가. 동(動)과 정(靜)이 항상 청산중(靑山中)에 있음이 니라.(『金剛經五家解』, 無比 譯解, 불광출판부, 1992, 78 · 87쪽)

** 모리스 빈테르니츠의 독일어 표기는 모리츠 빈테르니츠(Moritz Winternitz)다. 그러나 이 장에서 인용하고 있는 내용은 그의 독일어판 『Geshichte der Indischen Liferatur』의 영역본(英譯本)이기 때문에, 영역본의 저자 표기에 따라 모리스 빈테르니츠(Maurice Winternitz)로 썼다.

추정 또는 비정比定할 수 있는 단서들을 가지고 있기 때문이다. 다른 하나는 보다 직접적인 단서로, 불교 문헌에서 언급하는 붓다의 활동 시기를 통해 고대 인도사의 앞뒤 순서를 어느 정도 추정할 수 있기 때문이다. 모리스 빈테르니츠는 "우리의 발아래 역사라는 밝은 햇볕 을 비출 수 있는 것은 유일하게 불교 문헌에서다"[29]라고 하며, 그 빛 은 거슬러서 베다 문헌과 인도 서사 문학의 역사를 추정하는 데도 도 움이 된다고 했다.* 그런 점에서 고대 인도에서 '역사'는 불교를 통 해 비로소 그 해명의 출발점을 찾을 수 있다고 할 수 있다.

붓다의 활동 시기에 관한 역사 정보는 아소카 왕의 즉위 연대에 근 거한다. 당시 통일 인도의 마우리아 왕조는 그리스 등 주변 국가와 의 전쟁이나 대사 교환 같은 국제적인 교류를 빈번히 했다. 따라서 아소카 왕의 즉위 연대는 그리스 자료에서도 확인할 수 있기 때문에 상당한 수준의 신빙성을 가지고 있다. 역사학자들은 아소카 왕의 즉 위 연대를 기원전 268년 또는 기원전 267년으로 설정하고 있다.

이 연대를 기준으로 붓다의 활동 시기를 정할 수 있는데, 여기에 두 가지 서로 다른 역사적 자료가 있다. 불교학계에서는 이들을 각 각 '긴 연대'long chronology, 그리고 '짧은 연대'short chronology라고 부른다. 긴 연대는 상좌부 전통의 『디파밤사』Dīpavaṃsa(島史)와 『마하 밤사』Mahāvaṃsa(大史)에서 채택하는 것으로, 불멸佛滅 후 218년에 아

---

* 빈테르니츠의 이러한 언급은 다소 과장된 측면이 있다. 그는 '불확실한' 붓다의 탄생 연대를 기원전 480년경으로 잡고 있는데, 그 근거를 따로 밝히지는 않았다.

소카 왕이 즉위했다고 기록하고 있다. 그럴 경우 붓다가 80세에 돌아가신 것은 정확한 사실로 받아들이고 있기 때문에 붓다의 생몰 연대는 기원전 566~기원전 486년이 된다.* 한편 북방 전승의 '짧은 연대'는 산스크리트어 문헌, 한역漢譯 경전 및 티베트 자료에 근거하는 것으로, 불멸佛滅 후 100년에 아소카 왕이 즉위했다고 한다. 이럴 경우 붓다의 생몰은 기원전 448~기원전 368년이 된다. '긴 연대'와 '짧은 연대'는 118년의 차이가 나며, 학자들 간에 여전히 논쟁이 되는데다 같은 '연대'를 사용하더라도 참고하는 부가적인 자료의 종류와 해석에 따라 몇 년씩의 차이를 보이는 경우도 있다. 또한 율장의 전승에 따른 '중성점기설'衆聖点記說에 의하면 붓다의 활동 시기는 기원전 566~기원전 486년이 되어 '긴 연대'와 일치하지만, '긴 연대'를 더 신뢰하는 자료로 받아들이고 있지는 않다.**

장차 붓다의 활동 시기에 관한 다른 확실한 자료가 발견되지 않는

---

* 이 두 문헌에 따르면 아소카 왕의 즉위년은 기원전 326년경이지만, 이 연대는 그리스 자료에 비추어 볼 때 신뢰할 수 없다. 하지만 상좌부는 자신들의 전통을 그대로 받아들여 1956년에 불기 2500년을 자축한 바 있다. 참고로 한국에서는 올해 2012년 기준이면 불기 2556년인데, 이는 상좌부 전통을 그대로 받아들인 것이다. 하지만 한국 불교가 전승하고 있는 북방 전통에 따르면 올해는 불기 2434년이어야 한다. 이러한 모순은 아마도 해방 후 어수선한 가운데 불교 기원을 정하면서 별다른 검토 없이 이미 세계 불교권에서 보다 광범위하게 유통되던 상좌부의 연도를 그대로 따랐던 것이 아닌가 짐작된다.
** 참고로 역사에 관한 일반적인 표준을 제공하는 것으로 알려진 *The New Cambridge History of Imdia*에서는 기원전 563~기원전 483년을, 그리고 *I'Inde Classiqe*에서는 기원전 550~기원전 478년을 붓다의 활동 연대로 채택하고 있다.

이상 이 두 연대기의 차이를 극복할 방법은 없을 것 같다. 그렇다면 붓다의 활동 시기를 기원전 6세기와 기원전 4세기 사이의 어떤 시기로 잡는 것이 비교적 안전할 것이다. 잘 알려진 대로 이 시기는 인류 문명사에 있어 여러 지역에서 진정한 철학적 사유가 시작되는 시기다. 유럽 지역은 밀레투스 학파를 비롯한 그리스의 자연철학자들이 활동하던 시기였고, 근동Near East 지역에서는 선지자들이 등장했으며, 중국에서는 공자가 활동하던 시기였고, 인도에서는 『우파니샤드』의 사색가들과 새로운 자유사상가 그룹인 사문沙門(śramaṇa)들이 등장하던 시기였다. 붓다의 등장은 이러한 세계 문명사적인 변화 가운데 일어났던 것이다. 한마디로 이 시기는 인류가 오랜 전통에서 벗어나 새로운 지적·종교적 활동을 추구하던 시기라고 할 수 있다.[30]

한편 인도 사회의 경우 이 시기는 사회·경제적으로 중요한 변화를 겪던 시기였다. 철기가 사용됨으로써 농업 생산량이 증대했고, 따라서 잉여 생산이 가능해진 시기다. 그리고 잉여 생산물을 교환하기 위한 시장이 발달하고, 그 시장을 중심으로 새로운 도시 문화가 형성되던 시기였다. 당시 인도 사회가 누리던 경제적인 풍요로움은 파탈리푸트라Pāṭaliputra를 다녀갔던 그리스 사신의 여행 기록에도 잘 나타나 있으며, 초기 불교 경전에도 이러한 사회 분위기가 잘 반영되어 있다.

우리는 붓다의 활동 시기를 비록 정확하게 확정할 수는 없지만, 대략적인 시기는 비교적 안전하게 추정할 수 있다. 이 추정 시기를 통해 붓다 당시의 세계 문명사적 흐름, 그리고 당시 인도의 사회·경제적인 변화, 그 변화와 함께 일어나는 종교적 인식 변화를 통해 붓다의 '역사적인 모습'을 이해하는 데 도움을 얻을 수 있다.

이 글은 19세기 말부터 본격적으로 시작된 유럽 근대 불교학의 한 성과로 일컬어지는 초기 불교사에 대한 재검토를 목적으로 한다. 앞서 언급한 대로 '역사의 부재'라는 인도의 일반적인 상황, 그 가운데 약간의 비정比定할 만한 불교 자료를 가지고 유럽 근대 불교학은 문헌학적 방법론과 비문헌 자료에 대한 고고학적 연구 성과를 통해 초기 불교의 모습을 역사적으로 재구성하는 데 일정한 성과를 거두었다. 이러한 성과들은 곧이어 일본과 한국 등에 소개됨으로써 전통교학과는 구별되는 근대 불교학이 시작되는 데 크게 기여했다. 이후 여러 지역에서 초기 불교에 관한 많은 연구 성과들이 계속 이어지지만, 초기 불교사를 재구성하는 근본적인 틀은 크게 변하지 않은 채 그대로 유지된다고 할 수 있다. 그러나 초기 불교사, 특히 불멸佛滅 후 부파 성립에 이르는 기간의 경우 후대 전승의 문헌 기록에 의존하는 경우가 대부분이고, 그마저 서로 상충되거나 '역사의 침묵'이라고 할 수 있는 결여 부분들missing links이 많기 때문에 그 재구성 과정에서 추정과 역사적 상상력은 불가피했다. 여기서 문제 삼고자 하는 것은 이 과정에서 적용되는 불교에 대한 유럽적 상상력과 그 암묵적인 전제에 관한 것이다. 다시 말해서 구전을 중심으로 한 인도 문헌의 성격과 불교의 종교적 특성을 간과한 채 유럽 전통의 문헌학과 역사적 방법론을 별다른 반성 없이 초기 불교사에 거의 그대로 적용하는 것이 얼마만큼 유효한가 하는 점이다.

이 장에서는 초기 불교사를 재구성하는 데 적용되었던 유럽 근대 불교학의 암묵적인 전제들을 재검토하고, 불교의 종교적·사상적 특징에 입각한 새로운 재구성 가능성을 모색해 보고자 한다. 이러한 모색은 문헌학적 방법론의 한계를 넘어 고대 불교를 '상상'하는 다양한 가능성이 존재할 수 있음을 보여주는 데 그 주된 목적이 있다. 고대 불교사 전체를 새롭게 재구성하는 문제는 논문 한 편으로 해결될 문제가 아니며, 나의 능력 밖의 일이다. 여기서는 다만 공고해 보이는 '고대 불교사'라는 근대 유럽 불교학의 '구성물'에서 발견되는 조그만 균열을 드러냄으로써 새로운 '상상'의 가능성을 열어 놓고자 한다. 그런 점에서 이 글에서의 논지 전개 방식은 적극적인 입론立論 방식이라기보다 기존 입장의 문제점을 드러내는 방식이 주될 것이다. 적극적인 입론을 세우기에는 나의 역량도 문제거니와, 보다 근본적인 것은 초기 불교사를 재구성할 수 있는 역사적·문헌적 자료가 부재하는 '역사의 침묵' 문제가 지금도 마찬가지이기 때문이다.

2. 유럽 근대 불교학의 초기 불교사 '재구성'에 대한 검토

근대 불교학은 원산지인 인도에서의 '불교의 부재'라는 상황에서 출발했다. '신화'를 역사로 복구해야 하는 상황에서 먼저 시급한 것은 방대한 불교 문헌에 대한 종합적인 이해와 다양한 문헌의 언어학적 관련성을 밝히는 일이었다. 팔리어 경전, 산스크리트어 사본, 그리고 한문 및 티베트어 대장경에 포함되어 있는 경전들 간의 언어학적 관련과 함께 사상사적 관련을 이해하는 것 또한 중요한 일이었다.

당시 발달했던 유럽의 문헌학은 이러한 상황을 헤쳐 나가는 데 아주 유용한 도구였다. 문헌 비평적 접근은 경전의 언어학적 계통을 구분하고, 상호 관련성은 물론 여러 이본異本에 대한 연구를 통해 경전 성립의 역사를 파악하는 데 매우 유효했다. 이러한 문헌학적 연구 성과들을 중심으로 당시 활발했던 비문헌 자료들에 대한 고고학적 연구 성과들을 활용하면서 700년 이상 원산지에서 '사라졌던'(또는 힌두교에 흡수되었던) 고대 인도 불교의 역사를 어느 정도 재구성할 수 있었다. 근대 불교학이 재구성한 불교사의 기본 골격은 다음 두 가지로 요약될 수 있다.

① 〔불교는 본래〕 하나의 교단에서 출발해 역사 과정 속에서 여러 교단으로 분열되었다.
② 현존하는 초기 경전(주로 팔리어 경전과 『아함경』) 간의 내용 차이는 본래의 동일성을 바탕으로 한 것이다.

이 두 가지는 근대 불교학이 도달한 결론이지만, 어쩌면 근대 불교학이 그 출발에서부터 이미 암묵적으로 전제했던 것일 수도 있다. 그런데 근대 불교학의 관점에서 이 두 전제는 동전의 양면과 같은 것이라고 할 수 있다. '하나의 교단'이라는 전제는 당연히 '본래 동일한' 텍스트, 즉 현존하는 경전들의 모본母本(Ur-text)의 존재를 상정하는 것이며, '본래 동일한' 텍스트가 존재하기 위해서는 '교단'이라고 하는 제도적 뒷받침이 있어야 하고, 그것도 여럿이 아닌 반드시 '하나'의 교단이어야만 하기 때문이다.

그러나 근대 불교학의 이러한 전제는 잘못된 것이라고 생각된다. 그 어느 것도 역사적 실체를 확인할 수 없는, 막연한 추측과 잘못된 가정에서 출발하는 것들이기 때문이다. 근대 불교학은 면밀한 검토나 구체적인 증거도 없이, 거의 무의식적으로 브라만교의 구전 전통이 초기 불교의 경우에도 그대로 '재현'되었을 것이라고 믿는다. 나는 두 가지 점을 들어 이러한 '믿음'에는 근거가 없다는 것을 밝히려고 한다. 하나는 브라만교의 구전 전통이 가능하기 위한 몇 가지 선결 조건이 초기 불교에는 없었다는 점이며, 다른 하나는 브라만의 구전 전통은 초기 불교에서 이미 직접적으로 비판할 만큼 비불교적일 뿐 아니라 불교 교리 측면에서도 받아들일 수 없었다는 점이다. 브라만 전통과 불교는 '텍스트'에 대한 관념이 전혀 달랐다. 브라만 전통에서 베다 문헌은 신성한sacred 기원과 신성한 힘을 가진 것이지만, 초기 불교 전통에서 텍스트는 그러한 성격의 것이 아니었기 때문이다.

먼저, 이른바 '구전 전승'의 선결 조건 문제를 살펴보자. 베다 문헌이나 다른 브라만 전통의 텍스트가 축어적으로 전승되기 위해서는 두 가지 조건이 필요하다. '언어적 배타성'과 제도화된 '사회적 시스템'이 그 두 가지 조건이라고 할 수 있다. 하지만 초기 불교 전통은 이 두 조건을 모두 결하고 있다.

『리그베다』의 경우 이미 빈테르니츠가 지적했듯이 당시 산스크리트어와는 많이 다른 'Vedic Sanskrit'였기 때문에 어떤 다른 언어가 '침투'하거나 대체되는 것을 막을 수 있었다.[31] 또한 브라만 전통의 텍스트 언어인 산스크리트어 자체가 특정 계급과 텍스트에서만 제한적으로 사용되었기 때문에 '구전'을 통해 비교적 변형 없이 전승될 중요한 조건들이 이미 마련되어 있었다.

그러나 불교의 경우 특정한 텍스트 언어*가 없었을 뿐 아니라, 불교는 산스크리트어 같은 '표준어' 사용을 거부했다. 붓다 자신이 특정한 언어의 권위를 빌려 자신의 가르침을 전달하는 것을 원치 않았기 때문이다. 오히려 그는 언어의 '소통 기능'이 지닌 중요성을 잘 알고, 제자들에게 해당 지역의 '속어'를 사용해서 법을 설할 것을 권했다. 따라서 불교는 그 시초부터 다양한 지방의 속어(프라크리트)들로 설해졌고, 붓다 자신도 산스크리트어가 아니라 마가다Magadha어의 한 종류인 아르다 마가디Ardha-Magadhi어를 사용한 것으로 알려졌다.** 그리고 현재까지 온전하게 전승되어 오는 스리랑카 상좌부 경전의 팔리어도 고대 인도의 지방 속어 가운데 하나였을 뿐 유일한 불교 '표준어'의 역할이나 기능을 했다고 볼 수는 없다.

붓다 당시에 이미 다양한 언어가 허용되고, 아니 오히려 권장되었다는 사실은 불멸 후 곧바로 일종의 '표준화' 작업(즉 표준 언어와 표준

* 여기서 '텍스트 언어'란 구전 전승을 위한 표준적인 언어를 말함.
** 학자들에 따라서는 아르다 마가디(Ardha-Magadhi)를 "반(ardha)은 마가다어로, 〔반은 다른 언어로〕설법했다"고 이해하는 경우도 있다.

텍스트)이 시작되었다는 것을 믿기 어렵게 한다. 이런 점에서 보더라도 이른바 1차 결집結集의 역사성은 신뢰하기 어렵다. 결집은 곧 '합송'合誦(saṅgīti)을 의미하며, 표준화가 선행되지 않은 경우 합송은 가능하지 않다. 또 붓다 사후에 그의 가르침이 훼손되거나 사라질 것을 염려했다는 것도 '결집'의 이유가 될 수는 있으나, 이 또한 초기 불교의 교리적·수행문화적 입장에 비추어 볼 때 신뢰하기 어렵다.*

붓다 당시부터 언어의 소통 기능을 강조하고 다양한 지방 속어 사용을 권장해 왔기 때문에, 초기 불교는 '텍스트 언어'적인 측면에서 일종의 '무정부적'인 상황이었다고 볼 수 있다. 그런 상황에서 강력한 중앙 통제 제도를 필요로 하는 '축어적 전승'verbatim transmission은 불교에서 그 필요성은 우선 차치하고, 가능하지 않았다고 보는 편이 보다 상식적일 것이다.

완전한 구전 전승이 이루어지기 위한 두 번째 조건은 제도화된 '사회적 시스템'이다. 브라만 전통에서 종교 문헌들이 세대를 이어가며 온전하게 구전되기 위해서는 많은 역사적 경험과 사회적 시스템이 필요했다는 것은 더 이상 논의의 여지가 없을 것이다. 브라만 전통의 이상적인 삶과 사회를 압축적으로 표현하는 '바르나-아슈라마'varṇa-āshramas(class-stages of life) 전통은 어떤 면에서는 신성한 텍스트의 온전한 전승을 위해 고안된 사회적 시스템이라고 해도 좋을 것이다.

---

* 이 점에 관해서는 다음의 '3. 법(法, dhamma)과 기억'에서 상세히 논의할 것이다.

근대 불교학은 이 두 가지 조건 가운데 적어도 제도적 시스템이 초기 불교 교단에 갖추어져 있었다고 보는 경우가 많다.[32] 그리고 기원전 2세기경(보다 정확하게는 기원전 100~기원전 50년 사이)의 산치나 바르후트에서 발견되는 명문銘文에 등장하는 'petakin'* 또는 'bhāṇaka'** 등을 그 증거로 제시한다. 그러나 이들 용어만으로는 당시 어떤 표준화된 텍스트가 있었고, 그것이 불교 교단을 통해 전승되었다는 것을 증명하기에 충분하지 않으며, 더구나 이것으로 200~300년 전(또는 400년 전) 붓다 입멸入滅 당시에 이미 일정한 표준 시스템에 의한 전승이 있었다는 것을 증명하기에는 그 시기의 거리가 너무 멀다. 한편 기원전 3세기경의 아소카 왕이 남긴 명문 가운데 불교 경전의 명칭이 일곱 개 정도 등장하는데, 이 모두가 현존하는 경전들과 정확하게 대응하지 않는다는 것은 이미 잘 알려진 사실이다.[33]

또한 붓다 사후의 초기 교단에 어떤 '시스템'이 존재했다는 것을 일단 인정한다 하더라도, 전승을 위해서는 어떤 표준 텍스트, 즉 정전正典(canon)이 붓다 당시 또는 그 후에라도 존재했어야 한다. 하지만 이러한 선행하는 텍스트의 존재를 인정할 만한 어떤 역사적 증거도 없다. 실제로 근대 불교학이 전제하는 '초기 교단', 그리고 '텍스트의 전승'을 뒷받침할 수 있는 역사적 자료는 없다. 유일한 것은 브

---

* 〔경을 담는〕 '바구니'를 의미하며, 나중에 경률론(經律論)의 삼장(三藏)이 확립되면서 트리 피타카(tri-pitaka, 세 바구니)가 된다.
** 음송자(吟誦者), 즉 경을 소리 내어 읽는 사람이라는 뜻.

라만 전통에서의 구전 전승이 같은 인도 문화의 산물인 초기 불교의 경우에도 어떤 다른 형태로 존재했을 것이라는 막연한 '믿음'뿐이라고 생각된다.

이러한 두 가지 '선결 조건' 문제 외에도 브라만교와 불교 전통은 텍스트에 대한 관념이 전적으로 달랐다. 브라만교의 구전 전통은 반드시 문자가 없기 때문이 아니었다. 기원전 3세기경 브라흐미 문자와 카로시티 문자가 만들어지고 아소카 왕의 비문 등에서도 사용되었지만, 브라만들은 받아들이지 않았다. 그들은 불교 전통이나 자이나교 전통에서 텍스트를 문자로 옮기는 것은 '불경'한 일이라고 생각했다. 브라만들은 텍스트는 반드시 소리로 전달되어야 하는 것이라고 생각했다. 왜냐하면 의미를 발생시키고 사물, 심지어 우주를 작용하게 하는 어떤 신성한 힘sacred power이 '소리' 또는 음성에 내재해 있다고 믿었기 때문이다. 브라만 전통에서 텍스트는 신성한 기원을 가지고 있을 뿐 아니라 그 자체가 신성한 것이었다. 실제적인 측면에서 보더라도 텍스트는 브라만 전통을 유지하고 브라만의 종교적 권위를 지키기 위해서는 꼭 필요한 것이었다. 베다veda와 관련하지 않는 브라만은 생각조차 할 수 없었다.* 그러나 불교 전통은, 적어도 초기 전통에서는 브라만적 의미의 텍스트에 대한 관념은 전혀 찾아볼 수 없으며, 브라만 전통이 전제하는 '음성'의 신성한 힘에 대해서도 전혀 인정하지 않았다. 베다 문헌의 신성한 기원과 암송에 대

---

* 그러나 불교의 경우 경전은 출가자의 필수품이 전혀 아니다.

한 자부심을 비판하는 내용들은 초기 불교 경전에서 아주 쉽게 찾을 수 있다.[34]

나의 과문 탓인지는 몰라도, 초기 불교에 관한 최근까지의 연구에서 나는 브라만교의 구전 전통이 초기 불교에서도 '재현'되었다는 것에 관한 확실한 역사적 증거나 설득력 있는 연구 결과는 보지 못했다. 라모트의 다음과 같은 언급은 비록 다른 결론을 의도하지만, 초기 교단과 모본母本 텍스트의 존재에 관한 구체적인 증거가 하나도 없는 가운데 초기 불교사가 어떤 전제 위에서 재구성되었는가를 잘 보여준다.

〔경전의〕성문화成文化가 늦게 이루어진 것은 사실이지만, 초기 불교의 〔역사적 실재성〕을 인정하기 위해 우리가 가지고 있는 유일한 증거, 또는 징표는 니카야Nikāya와 아가마Āgama 사이의 기본적인 일치가 있다는 사실이다. 이 증거 또는 단서는 2500년의 거리를 두고 세워진 학술적인 가설보다 더 큰 무게를 지닌다.[*]

* 위 인용문의 '성문화'(成文化)는 "la codification des écritures"(codification of writing)의 번역이다. 라모트의 『Histoire du Bouddhisme Indien』을 우리말로 번역 출판한 호진은 이를 '경전의 편찬'이라고 번역했는데, '편찬'이 곧 '성문화'를 의미하는 것이 아니기 때문에 다소 불명확하다고 생각한다. 또한 인용문 번역에서 괄호 속의 '역사적 실재'라는 표현은 라모트의 말은 아니다. "pour apprécier le bouddhisme primitif"(in order to appreciate Early Buddhism)란 표현을 번역하면서 문맥에 따라 내가 보충한 것이다. 위 인용문은 초기 불교의 역사적 실재, 즉 초기 경전과 교단의 존재를 부정하는 일부의 입장을 소개하고, 바로 이어서 이를 반박하기 위한 단락이다. 따라

라모트의 말대로 초기 불교의 역사성을 대변하는 증거는 "니카야와 아가마 사이의 기본적인 일치"라는 사실 외에 아무것도 없다. 그러나 그 '기본적인 일치'조차도 실은 정확히 무엇을 의미하는지 분명하지 않다. 두 전승 텍스트를 비교하면 전체 편집체제상의 일치가 어느 정도 있다는 것은 인정할 수 있지만, 팔리어 니카야의 한 텍스트와 아가마 텍스트를 구체적으로 비교해 보면 형식적인 '일치' 정도보다 내용상의 '불일치'가 훨씬 크다는 것을 금방 알 수 있다.** 더

서 '초기 불교를 평가하기 위하여'라는 호진의 번역은 다소 어색하며, 그 의미하는 바가 모호하기 때문에 '역사적 실재'라는 말을 보충했다. 한편 이 글의 논의와 관련해 중요한 단서가 되는 표현인 '기본적인 일치'를 호진은 '근본적인 일치'라고 해서 나보다 '일치'를 좀 더 강조한다는 느낌이다. Lamotte(1988), 639~640쪽; Lamotte(1958), 708쪽; 호진(2005), 2권 396쪽 등 참조.

** 한 예로 바라문 도나(드로나)가 붓다에게 "당신은 누구인가?"라고 묻는 텍스트 〔Aṅguttara-nikāya II.38〕에 해당하는 한역 아가마 텍스트 『증일아함경』 권31(대정장 vol. 2, p. 717c23)은 서사(敍事)의 모티프만 비슷할 뿐 전혀 다른 내용을 담고 있다. 두 텍스트의 해당 부분을 비교하면 다음과 같다.

〔Aṅguttara-nikāya II.38〕

〔브라만 도나(Doṇa)가 붓다는 어떠한 존재인가에 대해 묻자 붓다는 다음과 같이 대답한다.〕 나는 신이 아니다. 나는 인간도 아니다. 오 브라만이여, 알아야 한다. 나는 붓다이다. 그러니까 브라만이여, 〔나는〕 세상에 태어나고, 세상에서 자랐지만, 세상을 극복했으며, 세상에 의해 더럽혀지지 않는다. 나를 붓다라고 알아야 한다.

na kho ahaṃ brāhmaṇa devo bhavissāmīti…na…manusso bhavissāmīti buddho ti maṃ brāhmaṇa dhārehīti evam eva kho brāhmaṇa loke jāto loke saṃvaḍḍho lokaṃ abhibhuyya viharāmi anupalitto lokena. buddho ti maṃ brāhmaṇa dhā rehīti.

『증일아함경』 권31(대정장 2, p. 717c23)

"당신은 천(天)입니까?" 세존께서 답했다. "나는 천(天)이 아니다." (범지가 물었다.)

구나 라모트를 비롯한 유럽의 근대 불교학자들은 이 불완전한 '일치'를 사실로 전제해, 두 전승에 선행하는 모본母本 텍스트의 존재와 초기 교단의 존재를 역설하고 있다. 그러나 '기본적인 일치'가 일부 사실이라 하더라도 반드시 두 텍스트 전승에 선행하는 모본의 존재를 증명하는 것은 아니다. 각기 다른 계통을 통한 전승으로 볼 수도 있고, 이른바 두 텍스트 간에 어느 정도 '일치'하는 점들은 다른 역사적인 경우에서 흔히 보아 왔듯이 동일 기원을 증명하기보다 다른 계통의 두 텍스트가 서로를 '모방'copying하고 '베껴 온'subscribing 결과인 경우도 많다.

"당신은 건달바입니까?" 세존께서 답했다. "나는 건달바가 아니다." (그렇다면 당신은) "용입니까?" 세존께서 답했다. "나는 용이 아니다." (그럼 당신은) "야차입니까?" 부처님께서 범지에게 답했다. "나는 야차가 아니다." 범지가 물었다. "당신은 저의 조부님이십니까?" 세존께서 답했다. "나는 너의 조부가 아니다."
그리고 『Aṅguttara-nikāya』에서 '붓다'라는 존재의 '출세간적 의미'를 역설하는 대신 아가마에서는 다음과 같이 끝을 맺고 있다.
"지금 여기 있는 당신은 누구십니까?" 세존께서 답하셨다. "애(愛)가 있으면 수(受)가 생기고, 수(受)가 있으면 애(愛)가 존재한다. 인(因)과 연(緣)이 화합한 연후에 각각 서로 생겨남이 이와 같다. 이와 같이 다섯 가지 괴롭고 치열한 음(陰)이 끊어지지 않을 때 애(愛)를 알면 오욕(五欲)을 알게 되고, 여섯 가지 감각 대상과 여섯 가지 감각 기관도 알게 되니 곧 이 같은 치성한 오음의 근본과 지말을 알게 된다." (한글 번역은 해당 부분 『한글대장경』 참조)

이 한 가지 사례를 보더라도 팔리어 니카야의 텍스트와 『중일아함경』의 아가마 텍스트, 이 두 텍스트의 모본(母本) 텍스트를 상정하기보다 비슷한 모티프를 각기 다른 장소에서 다른 의도를 가지고 만들고 전승해 왔다고 보는 것이 더 사실에 가까울 것이다.

19세기 이래 '근대적 역사관'은 과거를 탐구함으로써 '있었던 그대로'를 복원할 수 있다고 믿었다. 역사란 곧 사실의 집적물이며, 사료상의 증거를 바탕으로 '객관적'으로 드러내는 작업이라고 생각했던 것이다. 근대 불교학이 대상으로 삼았던 고대 불교 문헌에 대해서도 마찬가지였다. '유사 역사'類似歷史(quasi-history)를 전하는 문헌 자료에 대해 적절한 문헌 비평과 정확한 분석을 한다면, '사실'과 '사실 아닌 것'을 가려낼 수 있으며, 따라서 문헌 자료는 '사라져 버린' 역사에 대한 '증언'testimony과 '보고'report로 전환될 수 있다고 믿었다.

이러한 '자신감' 때문일까? 근대 불교학은 그들이 대상으로 한 문헌 자료들이 붓다의 입멸로부터 거의 500~1000년이라는 상당한 시기가 경과한 뒤에 만들어진, 부파 전통에서 전승하는 자료들이었는데도 이들 자료가 내재하고 있는 부파적 경향성을 너무 쉽게 간과하고, 이들 문헌 자료에서 언급하는 '유사 역사'를 너무 신뢰했던 것 같다. 현존하는 대부분의 문헌 자료가 제공하는 초기 불교사는 엄밀한 의미에서 '역사'라기보다 자신들의 부파 전통의 정당성을 역설하기 위한 일종의 서사敍事(narrative)적 구성물이라고 볼 수 있다. 그러나 현존 문헌 자료의 이러한 성격과 한계를 잘 인식하지 못했던 근대 불교학은 문헌 자료를 통해 초기 불교사를 재구성하는 일이 가능하다고 믿었다. 그리고 그러한 믿음은 부파 불교가 '그려 놓았던 길'을 실제의 '역사'로 오해하는 결과를 낳았던 것이다.

3. 법法(dhamma)과 기억

(1) 법法(dhamma)과 교敎(sāsana)

'자등명 법등명'自燈明 法燈明(atta-dīpa dhamma-dīpa: 스스로를 등불로 삼고 진리를 등불로 삼아라).* 불교의 특징을 가장 잘 보여주는 이 유명한 구절은 붓다 사후에 교단을 어떻게 할 것인지를 묻는 아난Ānanda의 질문에 대한 붓다의 대답이다. 이 일종의 유훈遺訓은 붓다의 개성을 드러낸다는 점에서 대단히 흥미로우며, 붓다 사후에 전개되었을 일련의 일을 이해하는 데 중요한 실마리를 제공해 준다.**

입멸入滅 즈음 이미 많은 제자들이 아라한阿羅漢이 되었고, 특히 마

---

* 사실 자등명 법등명(自燈明 法燈明)의 번역은 언어학적으로는 오역이다. 팔리어 'atta-dīpa dhamma dīpa'에 대한 정확한 번역은 '자주 법주'(自洲 法洲: 스스로를 섬으로 삼고, 법을 섬으로 삼아라)다. '섬'을 의미하는 dīpa를 '등'(燈) 또는 '등불'로 잘못 번역한 것이다. 한역 경전 가운데도 '주'(洲)라고 정확한 번역을 한 역본이 없지는 않다. 자등명 법등명의 불교 고전어 및 현대어 번역에 대한 상세한 고찰은 이수창(摩聖), 「自燈明 法燈明의 번역에 대한 고찰」,《불교학연구》제6호(2003. 6), 157~182쪽 참조. 한편 팔리어 dīpa에 대응하는 산스크리트어는 '등불'을 뜻하는 dīpa와 '섬'을 뜻하는 dvipa 두 가지다.

** 또 다른 한편으로 붓다의 '대열반'을 전하는 여러 부파 전승의『열반경』이본(異本)들이 한결같이 이 구절을 붓다가 남긴 여러 유훈 가운데 가장 중요한 것으로 배치하는 점에 주목할 필요가 있다. 이것은 이 유훈이 '실제로' 붓다의 중요한 유훈이었다는 점에서가 아니라, '자등명 법등명'의 의미가 불교의 정체성과 관련해 초기 불교사에서 중요한 역할을 해 왔다는 의미가 있기 때문이다. 그런 점에서 보더라도 '자등명 법등명'은 붓다 사후에 전개되는 불교사의 중요한 한 '지침' 역할을 했다고 생각한다.

하가섭摩訶迦葉 같은 경우는 제자들 가운데 가장 연장자로서 붓다가 생존하던 당시에도 교단에서 중요한 역할을 하고 있었다. 그렇지만 붓다는 후계자라든지 교단 운영에 관한 일체의 언급도 하지 않고, 다만 '자등명 법등명'이라는 말로 아난의 질문에 답했다. 왜 붓다는 교단의 '미래'에 대해서는 일체의 구체적인 언급을 하지 않고 '동문서답'을 했을까?

나는 붓다가 아난의 질문에 '동문서답'을 한 것이 아니라, 사실은 정확하게 자신의 생각을 밝힌 것이라고 생각한다. 붓다는 자신이 이끌었던 상가saṃgha(교단)를 '조직'으로 생각하지 않았다. 더 정확하게 말하면, 붓다 자신이 '상가'라고 불렀던 그것은 오늘날 우리가 생각하는 조직, 다시 말해서 어떤 체계와 위계를 갖춘 조직이 아니라 대단히 느슨한 형태의 '공동체'였다고 생각된다. 따라서 그 공동체는 지도자의 강력한 리더십을 필요로 하는 조직이 아니라 수행 공동체였다. 매우 느슨한, 이를테면 '사방승가'四方僧伽 같은 정신적 연대감을 바탕으로 한 것이 붓다 당시와 그 후 얼마간의 '불교 상가'였을 것이다.

따라서 붓다는 자신이 '발견'한 법法(dhamma)을 자신의 사후에도 계속 이어 가는 것이 중요하다고 생각했지만, 그것이 어떤 제도나 조직적인 체계에 의해 이루어지는 것이라고 생각하지는 않았던 것이다. 그런 점에서 볼 때 '자등명 법등명'은 붓다 사후 그 '법'을 이어 가기 위한 가장 '불교적'인, 그리고 당시로서는 가장 적확한 '현실적'인 충고였다고 볼 수 있다. 아난에게 주었던 마지막 유훈 "열심히 정진하라"는 말 또한 이런 연장 선상에서 이해할 수 있다.

한편, 불교에서 '법'이란 용어가 여러 의미로 사용되기 때문에 '법등명'을 흔히 "…… 〔나의〕 가르침을 등불로 삼아라"라고 번역하는 경우가 많다. 하지만 문맥에 비추어 볼 때 '법등명'은 '진리'로 이해하는 것이 옳다고 생각된다. 붓다는 자신이 '발견한' 진리는 누구에 의해 '만들어지거나' '선포'되는 것이 아니며, 인식되거나 되지 않거나에 상관없이 그 자체로 존재하는 것이라고 생각했다. 그래서 붓다는 그 진리를 자신이 '최초'로 발견했다든지, 또는 자신만이 그 진리를 알 수 있다고 생각하지 않았다. 붓다는 자신의 가르침을 '교'敎(sāsana) 또는 교법敎法이라고 해서 이러한 '법'과 구별했다.

법은 그 자체가 진리로서 누가 알든 모르든 영원한 것이다. 그러나 붓다의 가르침인 '교'는 "모든 것은 무상하다"고 하는 데서 예외일 수 없는 유위법有爲法에 속한 것이었다. 그래서 고대 불교인들은 고타마 붓다를 '우리 시대'kalpa(劫: yuga)의 스승으로 알았고, 다음 시대에는 또 다른 붓다가 출현한다고 믿었던 것이다. 불교에서 정법正法의 쇠퇴와 소멸을 의미하는 상법像法과 말법末法 관념은 '우리 시대'의 스승인 고타마 붓다의 '가르침'의 쇠퇴와 소멸을 의미하는 것이지, '진리'로서의 법의 쇠퇴와 소멸을 의미하는 것이 아니었다고 보는 것이 정확할 것이다. 그런 점에서 삼법인三法印, 사성제四聖諦, 12연기十二緣起 등 불교 교리들은 '법'에 대한 '우리 시대' 붓다의 가르침〔敎法, sāsana〕으로서 그 자체가 '진리'가 아니라는 의미다. 다시 말해서 '연기법' 자체가 진리가 아니라 "연기를 '보는' 것", 즉 법에 대한 직접 체험(곧 현량)이 진리라는 의미다. 모든 불교의 교리가 궁극적으로 (법에 대한) 방편일 수 있는 것은 바로 이러한 이유에서다.

불교의 비도그마적인 성격은 법과 교법을 구별했던 이러한 전통에 기초하고 있다. 물론 후대에 불교 텍스트의 정전화canonization가 이루어지면서 이른바 '붓다의 설법'이 '법'으로 되고, 다양한 주석 전통이 이전 교법의 지위를 획득하는 것도 사실이다. 대표적인 예가 붓다고사(기원후 5세기)가 붓다의 가르침이 일미一味(eka rasa)임을 강조하면서 다양한 주석들을 소개하는 경우라고 할 수 있다. 그리고 붓다에 대한 역사적 경험이 없는 동아시아 불교는 그 처음부터 붓다의 가르침을 곧 '법'으로 이해했다. 그러나 이러한 경우들조차 그 '법'에 대한 다양한 해석은 늘 존재했으며, 허용되어 왔다. 이러한 '열린' 해석 전통은 자신의 가르침을 '법'과 구별했던 붓다의 태도에서 비롯된 것이다.

팔리어 율장 『마하박가』Mahavagga에 붓다가 최초로 제자들에게 전법傳法을 명하는 구절이 등장한다. 요약 번역하면 다음과 같다.

(그때 이 세상에는 61명의 깨달은 자, 아라한이 생겼다. 부처님께서는 비구들에게 다음과 같이 말씀하셨다.)

비구들이여, 가라! 많은 사람들의 안녕과 행복을 위해, 세상에 대한 자비심으로, 인간과 하늘에 있는 존재들의 안녕과 행복을 위해. 가서 법을 설하라. 한 길을 둘이 가지 말고, 처음도 좋고 중간도 좋고 마지막도 좋은 법을 설하라. ……

나도 역시 법을 널리 전하기 위해 지금부터 우루벨라의 세나니가마로 가야겠다.[35]

이 인용문에서 불교 최초의 전법 주체가 붓다를 포함한 61명의 '아라한'이라는 사실을 이해하는 것이 매우 중요하다. 다시 말해 비구들은 단순히 붓다의 '말씀'을 전하는 '전달자'가 아니다. 붓다와 동등한, 깨달음을 체험한 아라한으로서 자신의 '법' 체험을 "많은 사람들에게"bahū janāsya 전하는 것이다. 따라서 "한 길을 둘이 가지 말라"는 것은 단순히 많은 사람들에게 법을 전하기 위한 효율성 측면만을 의미하는 것은 아니다. 그 각자는 모두 깨달음을 얻은 아라한이었기 때문에 전법 내용에 대한 붓다의 '신뢰' 또한 암시하는 것이다. 그래서 '무엇'이라는 전법의 내용이 아니라 "많은 사람들의 안녕과 행복"이라는 전법의 목적만 분명히 하고 있다. 즉, 붓다는 아라한인 제자들에게 "가서, 삼법인을, 사성제를, 팔정도를 전하라"는 식의 이야기를 하고 있지 않다. 붓다가 여러 제자를 다양한 표현과 방법으로 가르쳤듯이, 이제 붓다와 같은 깨달음을 얻은 아라한들도 자신들의 표현과 방법으로 가르칠 수 있는 것이다. 그리고 '한 길을 둘이 가지' 못하도록 했기 때문에 '법'에 대한 가르침[敎法]이 '하나'가 아니라 '여럿'인 것은 당연한 결과였다. 붓다가 제자들에게 산스크리트어 같은 일종의 '표준어' 대신 해당 지역의 속어를 사용하게 한 것도 같은 맥락에서 이해할 수 있다. 따라서 이미 붓다 당시부터 일정한 범위의 여러 지역에서 제자들에 의한 다양한 '표현'과 다양한 '언어'의 교법들이 허용되었으며, 붓다의 입멸 즈음에는 이러한 현상이 상당히 정착되었다고 보는 것이 그리 무리는 아닐 것이다. 이런 점에서 보더라도 근대 불교학이 전제하는 '하나의 교단', 그리고 '하나의 텍스트'는 설득력이 떨어진다.

그럼에도 불구하고 약간 통일된 용어 사용과 일종의 수행 안내서 같은 아주 단순한 형태의 '표준 교법'이 붓다 당시에 존재했을 가능성은 충분하다고 본다. 이를테면 초기 불교 경전, 특히 『디가 니카야』Dīgha Nikāya의 여러 경전에서 반복적으로 등장하는 일종의 정형 구절이 있다. 가장 일반적인 형태는 다음과 같다.

〔세상에서 존경받는 고타마에게는 다음과 같은 좋은 명성이 널리 퍼져 있습니다.〕*
그분은 세상에서 존경받는 아라한이며, 완전히 깨달으신 분sammā-sambuddha이며, 지혜와 행vijjā-caraṇa을 다 갖춘 분이며, 행복한 분sugata이며, 세상을 잘 아시는 분이며, 사람을 이끌어 주는 최고의 '조련사'이며, 하늘의 존재와 인간의 스승이며, 깨달으신 분buddha이며, 세상의 존경을 받는 분bhagavan이십니다.
그분은 하늘의 존재들, 마라Mara 그리고 범천brahma를 포함하는 세상,

---

* 또는 『사문과경』(Sāmaññaphala Sutta)의 경우 "세상에 여래께서 출현하십니다"라는 내용으로 시작된다. 이하 한글 번역은 각묵의 『디가 니카야』 1권을 참조했으나, 만족스럽지 않은 부분은 원문과 대조해서 내가 직접 번역했다. 그 외 이 책에서 인용하는 『디가 니카야』의 다른 부분도 마찬가지다.

사문과 바라문의 세상을 그의 뛰어난 지혜로 알고 그것을 드러내고 있습니다. 그는 처음도 좋고, 중간도 좋고, 끝도 좋은 법을 그 의미와 표현을 갖추어서 설합니다. 그리고 그는 완전하고 더없이 청정한 범행(梵行, brahmacarya)을 보여주고 있습니다.

〔여기에 이어 계(戒, sīla)와 행(行, caraṇa)을 갖추고 선정 수행을 통해 단계적으로 지혜(知慧, vijjā)를 얻는 단계를 설합니다.〕

이보다 더 뛰어난 지혜와 행은 존재하지 않습니다.

이 구절은 동일한 내용으로 한 경전 안에서도 반복되고, 대부분의 경우 이 구절을 언급하기 위해 이야기의 진행과 상관없이 억지로 '상황'을 만들고 있다는 느낌을 준다. 그런 점에서 비추어 볼 때 이 정형 구절은 애초에 해당 경經과는 별도로 성립된, 독립적인 텍스트였다는 점이 분명해 보인다. 물론 『디가 니카야』 안의 여러 경전 간에도 그 표현 순서나 길이 등에서 약간의 차이를 보여,* 이 텍스트의 어떤 모본母本이 있었다면 지금의 것보다는 훨씬 소박하고 단순한 형태였을 것임을 짐작할 수 있다. 이러한 정도의 '최소한'의 통일된 교법이 붓다 당시 또는 붓다 사후에 존재했을 가능성은 충분히 인정할 수 있다. 그러나 1차와 2차의 결집 전승이 암시하는 상당한 규모

---

* 일부만 예시하면 다음과 같다. 『사문과경』(Sāmaññaphala Sutta)과 『소나단다경』(Soṇaḍaṇḍa Sutta)에서는 보다 확장된 형태로 되어 있으며, 『암바타경』(Ambaṭṭha Sutta)에서는 축약된 형태로 되어 있다.

의 경전 결집은 불멸佛滅 후 수백 년이 경과한 기원년 전후 지역별로 꽤 큰 규모의 중앙 집권적 교단이 등장한 뒤에 이루어졌을 것이다. 그 시기 동안 붓다에 대한 '기억'과 약간의 통일성을 가진 텍스트는 여러 지역에서 각 지역 언어를 바탕으로 세대를 이어 가며 전승되었다. 그리고 세대간의 전승 과정에서 변형과 왜곡, 새로운 내용 추가 등 지역별로 생겨난 교법과 붓다에 대한 '기억'의 변화는 불가피한 것이었다.

(2) 삼명三明(tevijjā)과 명행明行(vijjā-caraṇa)

앞에서 언급한 것처럼 브라만 전통에서의 축어적 전승은 많은 제도적 시스템을 필요로 한다. 베다 문헌은 일종의 계시서śruti로서 텍스트의 내용만이 아니라 텍스트 자체가 신성한 것이었다. 그리고 그 텍스트는 반드시 바라문의 암송을 통해 '음성'śabda으로 재현되어야 했다. 바라문이 주관하는 제사의 효능은 바로 이 '음성'이 가진 신성한 힘śabda(또는 śabdā)에서 비롯되는 것이었다. 따라서 적절한 암송자의 정확한 암송이 브라만 전통의 핵심 내용이었다. 그러므로 오늘날 일반적인 관례를 따라 베다 '문헌'이라고 부르지만, 그것은 기록된 문서나 서적을 의미하는 것이 아니라 머릿속에 기억으로 저장되어 있는 비가시적인 텍스트다. 브라만 전통의 교육 제도와 사회적 시스템은 이 텍스트를 정확하게, 세대를 이어서 전승할 수 있도록 고안된 것들이다.

한편 불교는 유형·무형의 많은 것들을 브라만 전통과 공유하는 것도 사실이지만, 또 많은 점에서 브라만 전통과 단절을 꾀하는 것도 사실이다. 그 가운데 가장 대표적인 것은 브라만 전통의 핵심 내용인 삼명三明(tevijjā, the three knowledges)*을 비판하고, 그에 상응하는 것으로 사문이 닦아야 할 '명'vijjā과 '행'caraṇa을 제시하는 점이다. 그리고 명과 행을 완전하게 갖추었다는 의미의 '명행족'明行足은 붓다의 덕德을 찬탄하는 중요한 호칭 가운데 하나였다.

초기 불교 경전들은 이 내용을 여러 경에서 똑같은 정형구로 반복적으로 언급하고 있다. 삼명은 브라만이 반드시 갖추어야 할 '지식'이며, 죽어서 범천梵天에 태어나기 위해서는 반드시 닦아야 할 수행 덕목이다. 그리고 핵심 내용은 만트라의 암송과 세 가지 베다에 능통한 지식이다. 붓다는 이러한 지식이 다만 전승에 기초한 것으로 스스로의 의식 변화**에 어떠한 도움도 주지 못한다는 점을 들어 비판한다. 『암바타경』에서 붓다는 자신을 시험하러 온 브라만 암바타에게, "어떤 사람이 왕의 흉내를 낸다고 그 자신이 왕이 되고 왕의 권위를 얻는 것은 아님"을 확인 한 뒤 다음과 같이 말한다.

암바타여, 바로 그렇다. 그대가 얘기하듯이 최초의 바라문들이 있었다.

---

* 삼명은 브라만이 반드시 갖추어야 할 세 가지 지식으로, ① 만트라와 세 가지 베다(리그베다, 사마베다, 야주르베다)에 대한 지식, ② 자연학과 언어와 문법에 대한 지식, ③ 대인상(大人相)에 관한 지식을 말한다.

** '의식 변화'는 불교의 핵심 내용이다. 붓다라는 말은 '깨달은 자'를 뜻하며, 곧 의식의 변화를 의미한다.

그들은 만트라를 만들고 만트라를 설하는 선인仙人(ishi, rishi)들이었다. 지금의 바라문들은 그 선조들이 만들고 설한 만트라 구절들을 노래하고, 설하고, 모아 왔다. 그들은……. 이제 너와 너의 스승은 그 [선조]들의 만트라를 전해 받았다고 말한다. 그러나 이렇게 해서 그대가 선인이라든가, 그대가 선인이 되는 길을 수행했다든가 하는 것은 가능하지 않다.*

이어서 붓다는 "암바타여, 이와 같이 그대와 그대의 스승인 포카리사티 프라만은 선인도 아니며 선인이 되기 위한 수행을 한 것도 아니다"라고 단언한다. 즉 수행의 핵심은 스스로의 '의식 변화'라는 점을 지적한 것이다. 왜냐하면 브라만의 수행 목표는 전승의 계승을 통해 범천梵天에 태어나는 것일 뿐 스스로 선인仙人이 되는 데 있지 않기 때문이다. 그리고 설령 선인이 되는 것을 목표로 한다 하더라도 선인이 전한 것을 암송하는 것으로는 그 목표를 이룰 수 없다는 것이다.

한편 붓다가 그 대안으로 제시하는 것은 '명'과 '행'의 실천이다. 초기 경전군에서는 약간의 차이가 있지만 그 핵심 내용은 '행'이란 계행과 선정 수행이며, '명'은 선정 수행에서 나오는 여덟 가지의 지혜로 그 정점은 곧 해탈의 경험이다.**

* 『암바타경』(Ambaṭṭha Sutta)[2.8; 2.10]의 의역(意譯).
** 『암바타경』에서는 '행'은 사선(四禪)까지의 선정(禪定)을 닦는 것이며, '명'(明)이란 선정에서 나오는 '지혜'를 말한다. 한편 『소나단다경』에서는 이를 계와 반야로 나누는데, 그 내용은 대동소이하다. 한 가지 흥미로운 것은 붓다는 숙명통, 천안통, 누진통이

‘삼명’과 ‘명행’의 차이는 곧 브라만 전통과 (초기) 불교의 차이다. 다시 말해서 브라만 전통의 요체는 전승 텍스트의 신성함에 대한 믿음과 그 텍스트에 대한 반복 학습이며, 불교는 계행과 선정 수행을 통해 스스로의 의식 변화를 목표로 하는 것이다. 이 차이점은 불교가 당시 강력한 전통이었던 브라만교와 스스로를 구별하는 불교의 정체성이며, 경전 곳곳에서 드러나는 자신감의 근본이었다. 붓다 사후, 적어도 붓다의 직접 제자들 세대까지는 브라만 전통과 뚜렷이 구별되는 이 ‘불교의 정체성’을 훼손하는 일은 없었을 것이라고 생각된다.*** 이런 점에서 보더라도 표준 텍스트를 지향하는 ‘결집’

곧 ‘삼명’이라고 한다는 점이다. 이는 ‘브라만’이 되는 것은 혈통에 의해서가 아니라 그 행위에 있음을 역설하면서 ‘브라만’이라는 용어를 유지하고 있는 점과 같은 것이다. 붓다는 브라만의 삼명을 비판하면서도 그 용어를 자신의 용어로 다시 정의한 것이다. 초기 불교의 이런 ‘새 술을 새 병이 아니라 오래된 병에 붓는’ 방식이 의미하는 바에 대한 연구는 흥미로운 주제들 가운데 하나다. [T. W. Rhys Davids(1977, Reprinted edition) 141쪽 참조]

*** 그런 점에서 붓다가 소소계 폐지를 허락했다는 유훈을 아난다가 대중에게 전했음에도 불구하고 마하가섭은 폐지의 정확한 내용을 모를 뿐 아니라 장례식에 오던 중에 만난 ‘붓다의 죽음을 기뻐하던’ 한 비구의 경우를 예로 들면서 계율을 그대로 유지하게 했다고 한다. 이러한 마하가섭의 태도는 부자연스러울 만큼 개연성이 없으며, 어떤 ‘음모’를 느끼게 한다. 그의 이런 모습은 스승을 존경하는 한 충실한 제자도 아니고, 동료의 말을 심각하게 받아들이는 성실한 모습도 아니다. 오히려 이러한 독단적인 결정을 통해 붓다 사후의 교단을 이끌 수 있는 ‘카리스마’를 부각시킨다는 느낌이다. 마하가섭의 이 같은 카리스마는 마하가섭의 실제 모습이라기보다, 붓다 사후 400~500년이 지나 이른바 부파 불교라고 하는 강력한 중앙 집권적 불교 교단이 만들어질 당시 교단의 권위와 계율의 권위를 강조하기 위해 만들어진 모습이 아닐까 생각된다.

saṃgīti(합송)의 역사성 또한 의심스러운 것이다. '결집' 비슷한 그 무엇이 실제로 있었다 하더라도 지금 우리가 생각하고 상상하는 그런 텍스트가 아니라 출가자의 계율을 요약하는 '바라제목차'pratimokṣa (계율), 그리고 앞서 언급했던 "세상에서 존경받는 고타마에게는 다음과 같은 좋은 명성이 널리 퍼져 있습니다(또는 여래께서 이 세상에 출현하신다)"로 시작해 戒을 갖추고 선정 수행의 과정과 그 최종 해탈의 경험을 언급하는 구절 같은 단순한, 일종의 표준 수행 안내서 정도였을 것이다.

4. 기억의 문제

최근 역사에서 기억의 문제, 그리고 기억에 대한 심리학적·문화사적 고찰을 시도하는 알라이다 아스만Aleida Assmann의 연구는 초기불교를 새로운 관점에서 바라볼 수 있는 여러 가능성을 제공한다고 생각된다.[36] 아스만의 연구 내용이 나에게 아직은 다소 생소하기 때문에 얼마나 정확하게, 아니 적어도 전혀 엉뚱하지는 않게 이 '가능성'을 불교 연구에 적용할 수 있을지는 의문이다. 그러나 시론적인 차원에서 '기억'에 관한 아스만의 연구를 이 글의 주제에 한정해서 적용해 보려고 한다.

먼저 불교 전통에서 '기억'을 어떻게 이해해 왔는지 살펴보기로 하자.[37] 사실 '기억'[念, smṛti]은 불교 전통에서 대단히 중요한 개념이다. 우선 아비달마 불교에서는 '기억'을 우리 마음을 구성하는 기본

'요소'〔法〕 중의 하나로 분류하고, 그 인식론적 기능과 작용 메커니즘에 관해 많은 논의를 하고 있다. 초기 아비달마(설일체유부)에서는 '기억'을 '명상'에서 경험하는 '집중적 인식'으로 보고 선법善法의 하나로 분류했으나, 북방 아비달마Vaibhāṣika 전통에서는 모든 마음의 상태에서 작용하는 일종의 무기無記로 보고 대지법大地法(mahābhūmika)의 하나로 분류했다. 즉 마음의 기본 작용/기능의 하나로 본 것이다. 다시 말해서 우리의 기억은 한 찰나 전의 대상에 관한 인식이라고 보았고, 그런 점에서 인식이란 곧 '기억'된 것에 대한 인식이라고 보았던 것이다.

한편 '신통력'의 하나로 언급되는 무한한 과거 전생에 대한 '기억' 또한 불교 전통에서 중요한 주제일 수 있다. 그러나 아비달마 전통에서 이 문제는 거의 논의하지 않거나 중요하지 않게 다룬다. 이점에 대해 현대 학자들은 다양한 의견을 제시하는데, 그 대표적인 것은 '전생의 기억' 문제는 자칫하면 불교의 핵심 교리인 '무아' 문제와 상충될 수 있기 때문이라고 한다.[38] 한편 중현衆賢(Saṅghabhadra)은 아비달마 논사로서는 드물게 이 문제를 다루고 있다. 그러나 이 경우에도 논의의 중심은 '전생의 기억' 문제가 아니라 선정 수행의 핵심인 '기억'(이 경우 기억은 일반적인 의미의 'memory'가 아니라 '현재의 대상에 집중하는 마음의 상태 또는 능력'을 뜻함. 즉 정념正念을 의미한다)과 '과거'에 대한 기억이 동일한 심리적 기능인가에 관한 것이다.

사실 불교에서 기억이 핵심적인 문제가 되는 것은 바로 이 수행에서 '기억'의 문제 때문이다. 불교 전통에서는 선정 수행에서 가장 중요한 '정념'正念, 즉 마음의 현재적 집중을 '기억'이라고 보았다. 일반적으로 기억이란 '과거'에 대한 인출과 회상을 뜻하는데, 불교에서는 이러한 일반적인 의미의 기억과 정념에서의 기억, 즉 '마음의 현재적 집중'을 본질적으로 동일한 마음의 기능으로 보고 있다. 한편, 대승불교 전통의 염불念佛(buddha-anusmrti) 수행 또한 '붓다'에 대한 기억을 본질로 하는 수행이다.

정리하면, 불교 전통에서 기억의 의미와 용례는 우리의 인식을 가능케 하는 마음의 기능을 의미하는 것부터 과거 전생을 기억하는 신통력의 하나로서의 '기억', '붓다의 덕德'을 회상하는 수행, 그리고 선정 수행에서 마음의 집중 상태를 의미하는 정념 수행에 이르기까지 매우 다양하다. 이처럼 다양한 불교의 용례는 일반적으로 과거에 대한 회상을 뜻하는 기억의 의미와 많이 달라 보인다. 그러나 불교 전통에서는 이 다양한 용례들은 본질적으로 같은 마음의 기능이라고 보고 있다.[39] 한편 흥미로운 것은 '암기'를 의미하는 기억에 관한 논의는 불교에서 별로 찾아볼 수 없다는 점이다. 나는 이 점 또한 브라만 전통의 구전 전승을 불교 전통에서 별로 의미 있는 일로 보지 않은 하나의 간접적인 예라고 생각한다. 이러한 기억에 관한 불교의 입장을 염두에 두고 아스만의 논의를 살펴보자.

아스만은 기억을 두 가지로 구분했다.[40] 기술技術(ars)로서의 기억과 '활력'活力(vis)으로서의 기억이다. 기술로서의 기억이란 다른 말로 '저장소'를 의미하며, '저장과 인출의 동일성'이 그 특징이라 할 수 있다. 일상적 의미의 '암기'가 여기에 해당한다고 볼 수 있다. 한편 '기술'과 '활력'의 차이는 '시간'이다. '기술'로서의 기억은 시간이 정지되어 있고 배제되어 있다. 시간이 활성화되어 기억에 개입할 경우, 그 기억은 활력으로서의 기억이다. 일상적 의미의 '회상' recollection이 바로 활력으로서의 기억에 해당한다고 볼 수 있다. 그러나 시간이 활성화된 활력으로서의 기억의 경우, 저장과 인출의 근본적인 불일치가 발생한다. 아스만에 따르면 회상은 "근본적으로 재구성된 것이며, 그것은 항상 현재에서 출발한다. 그렇기 때문에 기억을 회상할 시점에서 기억된 것이 치환, 변형, 왜곡, 가치 전도 내지는 복구되는 것이 불가피하다"고 했다.[41] 이 경우 기억은 '저장소'가 아니라, 그 자체 고유한 활동 방식과 법칙을 가지고 있는 일종의 에너지 같은 것이다.[42]

인도 고대사에서는 문자에 의한 기록과 전승은 거의 찾아볼 수 없다. 기원전 3세기경 아소카 왕의 칙령이 새겨진 명문銘文이 문자 기록의 시작이라고 할 수 있으나, 그 후에도 '돌'에 새겨진 역사적 기록 외에 다른 텍스트 자료는 찾아볼 수 없다. 그런 점에서 인도의 고대사는 '기억'에 의한 전승의 역사라고 할 수 있다. 특히 문자조차 만들어지지 않았던 기원전 3세기 전의 인도 사회에서는 지금 우리가 상상할 수 있는 모든 소통 행위가 필요한 분야들―이를테면 집단적 정체성, 전통과의 연속성, 문화적 창조 등―에서 유일한 매체는 '기억'이었다. 그 점은 불교의 경우도 마찬가지였다. 나는 여기서 아스만이 말하는 '활력으로서의 기억'에 주목하고자 한다. 불교 전통은 앞서 언급한 대로 베다 문헌의 온전한 전승 같은 브라만들의 '기술로서의 기억'에 대해서는 관심이 없었다. 그러나 '활력으로서의 기억'은 붓다 사후 불교 교단의 정체성을 확립하는 데 중요했을 뿐 아니라, 불교의 수행과 대단히 밀접한 관련을 맺고 있다고 본다.

먼저 불교의 정체성과 관련한 '기억'의 문제를 살펴보자. 아스만의 표현에 따르면, "기억은 그것이 관련하고 있는 경험이 완결되어 과거지사가 되었을 때 비로소 생긴다."[43] 이 발언의 요지를 불교에 적용한다면 다음과 같은 의미일 것이다. "직접 계를 받고 가르침을 받은 첫 제자들에게 붓다에 대한 기억은 붓다가 죽고 나서 비로소 시작된다." 이 점은 기억의 '상기적 특성'에 관한 것이기도 하지만, 이후 전개되는 불교사를 이해하는 데 매우 중요한 의미를 담고 있다.

어떤 의미에서 불교사는 붓다에 대한 기억의 역사라고 할 수 있다. 특히 대승불교에서 그 정점을 보이는 불교 교리에 대한 다양한 발견과 해석 이면에는 항상 붓다에 대한 새로운 이해가 함께 전개되기 때문이다. 붓다에 대한 기억 문제가 불교사의 핵심으로 떠오르는 것은 붓다와 직접적인 인연을 맺은 첫 제자들이 죽고 난 뒤부터다. 이때부터 붓다에 대한 기억은 교단의 정체성에 관한 핵심 문제가 될 수 있다. 이는 마치 할아버지가 돌아가신 뒤에 태어난 손자, 손녀가 그들의 아버지로부터 들은 할아버지를 기억하는 것과 같은 경우라고 보면 된다. 할아버지를 기억하는 한 손자, 손녀들은 '사촌'의 유대감을 가질 수 있다. 또는 반대로 '사촌'의 유대감을 유지하는 한 할아버지는 기억된다. 이처럼 '할아버지'라는 기억은 그들이 서로 '사촌'이라는 정체성의 핵심 요소다. 이렇게 그 기억은, 적어도 이론적으로는 4촌, 6촌, 8촌, 10촌 등으로 세대를 이어 전승된다.

그렇다면 붓다의 경우 어떻게 세대를 이어 가는 기억으로 전승되었을까? 이미 언급한 대로 '법'과 출가자들의 규범이라 할 수 있는 바라제목차를 중심으로 한 아주 기본적인 '계율' 외에, 붓다의 인격과 행적에 관한 일화들이 세대를 이어 가며 전승되었을 것이다. 그리고 거기에 사용되는 기억은 브라만 전통에서와 같은 기술로서의 '저장 기억'이 아니라, 시간이 활성화된 '활력으로서의 기억'이다. 이렇게 단언할 수 있는 것은 앞서 언급했던 '불교 전통과 브라만 전통과의 차이' 외에 불교 수행의 특징과도 관련이 있다. 브라만 전통에서 기억은 시간과 망각의 장애 없이 저장되었던 기억을 제사 과정에서 정확하게 인출하는 기능이 매우 중요하다. 그러나 불교의 경우 기억은 단순한 저장 기억의 인출을 의미하는 것이 아니라, 기억 과정에 능동적으로 참여하는 '수행'을 통해 일어나는 사건이다. 그래서 기억은 단순히 재생적인 것이 아니라 독창적인 생산을 일으키는 힘이다. 이러한 활력적 기억의 사용은 수행에서만이 아니라, 붓다의 인격과 행적에 관한 회상의 경우에도 마찬가지로 적용된다. 회상은 시간이 활성화되어 있는 가장 대표적인 활력적 기억이다.

불교 전통에서 붓다에 대한 기억 또는 회상은 '정확한' 전승을 위한 것이 아니다. 회상을 통해 붓다를 체험하는 것이 무엇보다 중요했다. 이러한 체험을 통해 불교 수행자들은 한편으로 붓다와, 다른 한편으로는 집단 구성원 간에 공동체적인 결속과 유대감을 고양시킬 수 있었을 것이다. 따라서 초기 불교인들에게 있어 붓다의 인격과 행적에 관한 여러 이야기는 그들의 교주인 '고타마 붓다'에 대한 기억을 세대를 통해 '정확하게' 이어 가기 위해 만들어진 것들이라고 보기 어렵다. 현존하는 경전들 간에 보이는 불일치와 변용은 이러한 '회상'을 통한 재구성에서 비롯된 변형과 왜곡의 흔적들이라고 볼 수 있다. 애초부터 붓다에 관한 다양한 이야기들이 동시에 발생했고, 전승들 간의 불일치는 후대의 결과물이 아니라 처음부터 그렇게 시작되었던 것들이다. 다시 말해 여러 부파에서 전승하는 현존하는 불전佛傳(Buddha's biography)들은 '하나'의 기원에서 시작된 다양한 전개가 아니라, 애초에 여러 기원을 가진 다양한 '붓다에 관한 이야기'들을 각 부파의 입장에서 선별하고 윤색하고 재구성하는 과정을 거친 편집의 결과물edited version이라고 볼 수 있을 것이다.

'정확한 저장과 인출'이라는 기술적 기억이 아니라 '기억 과정에 능동적으로 참여'하는 활력적 기억에 대한 불교적인 선호는 불교의 수행 전통에서 두드러진다. 인도의 전통적인 명상과 구별되는 불교 명상의 특징은 '정념' 수행에 있다. 여기서 '염'念(smrti)이란 '기억' memory 또는 '억념'recollection의 의미로, 마음을 '현재'에 집중하는 것을 말한다. 즉 '저장된 과거'를 인출하는 의미로서의 기억이 아니라, 찰나생 찰나멸하는 '현재'의 순간에 마음을 고정시키는 것이다. 그 외에 수행과 관련한 '염'의 의미가 가장 잘 드러나는 것은 '염불' 수행과 그 한 특수 형태인 '반주삼매'라 할 수 있다. 둘 다 붓다에 대한 '기억'을 현재화하며, 그 과정에서 '염불'chanting과 '관'觀(visualization) 등의 기법이 일반적으로 쓰인다. 그것은 수행의 목적이 과거의 붓다를 기억 속에서 재현하는 데 있는 것이 아니라, '지금' '여기'에서 붓다를 체험하고자 하는 것이다. 그리고 지금 체험하는 붓다는 '역사' 속의 붓다가 아니라 초역사적인 영원한 붓다임이 분명하다. 불교가 역사에 대한 관심이 없다는 것은 여기서도 다시금 확인된다.

5. 결론

나는 불교가, 적어도 초기 불교 전통에서는 붓다의 가르침을 '보존'하는 것을 가장 중요시하는 '성전聖典의 종교'가 아니라, 붓다의 가르침에 따라 수행 실천하는 '체험의 종교'라고 생각한다. 초기 불교를 재구성하는 데 있어 불교의 이러한 특징은 결코 간과되어서는 안 되며, 이는 초기 불교의 성격을 이해하는 기본 전제라고 생각한다. 그런 점에서 불교 경전을 편찬, 전승하는 일은 초기 불교, 적어도 붓다 입멸 당시의 일차적인 관심이 아니었을 것이다.

그럼 현존하는 엄청난 분량의 불교 경전은 언제 만들어진 것들인가? 현존하는 대부분의 경전들은—초기 불교 경전이든 대승 경전이든—기원전 1세기에서 기원후 5세기 사이에 편찬된 것들이다. 앞서 언급한 대로 근대 불교학은 이 경전들의 모본母本 텍스트의 존재를 인정하고, 그 모본의 시기를 빠르게는 붓다 입멸 후 100년경을 기준으로 그 직전44에 성립된 것으로 추정하거나 또는 그즈음에—늦어도 2차 결집 당시에는—성립되었을 것이라고 추정한다. 그러나 이미 언급한 대로 우리에게는 모본 텍스트의 존재를 증명해 줄 역사적 자료도 없을 뿐 아니라, 그것을 간접적으로 인정할 만한 불교 내적 증거internal evidence나 정황 증거도 없다.

붓다는 80세로 입멸할 때까지 약 35년간 설법을 했다고 한다. 성도成道 직후의 전법과 붓다의 마지막 몇 달을 전하는 텍스트를 제외하면 나머지 어떤 경전들에서도, 심지어 대승 경전에서도 35년이라는 기간 안에서 시간의 경과를 전혀 감지할 수 없다. 과연 당시 붓다가 몇 세인지, 성도 후 얼마나 경과한 때인지 등을 전혀 느낄 수 없다. 모든 시간은 '한때'일 뿐 세월의 흐름에 따른 붓다의 설법 내용이나 어투의 변화 등을 전혀 읽을 수 없다. 물론 대승 경전과 초기 경전은 확실히 다르다. 그러나 그 다름은 내용과 서술 방식과 내러티브의 전개 방식에서 오는 차이일 뿐, 두 경전 간에 실제적인 시간의 경과―팔리경이나 『아함경』을 먼저 설한 뒤 나중에 설했다는―를 느낄 수 있는 것은 아니다. '불교 전통'에서는 이러한 것을 두고 붓다의 가르침의 '영원성' 또는 '초역사성'을 역설할지도 모르겠다. 그러나 불교 경전을 하나의 '텍스트'라는 입장에서 보면 불교 경전에서 '시간'은 멈춰 있고, 시간의 경과는 찾아볼 수 없다. 붓다가 이 모든 것을 어느 날 '하루'에 설법한 것이라면 모르되 그렇지 않다면 이 텍스트들이 비슷한 시기에 편찬되었기 때문이라는 추정도 전혀 무리는 아닐 것이다.

따라서 나는, 물론 더 많은 사료 분석과 텍스트들 간의 비교 연구가 필요하지만, 일단 현존하는 경전이 불교 최초의 경전 편찬에 따른 결과물과 그리 멀지 않은 시기의 것들이라고 가정하고자 한다. 다시 말해서 현존하는 여러 경전은 기원전 1세기와 기원후 5세기의 어느 시기에 비로소 편찬되기 시작했으며, 짧게는 1세기, 길게는 3~4세기를 거치면서 지금의 경전으로 '고정'된 것이라고 생각한다. 그리고 최초의 편찬은 유럽의 근대 불교학자들이 추정했던 구술에 의한 편찬이 아니라 '문자'에 의한 편찬이었을 가능성이 높다. 왜냐하면 당시 편찬의 자료가 되었던 '텍스트'들은 그 언어나 체계, 내용 등이 각 지역별로 워낙 다양해 '구술'에 의해 일관성 있는 '정전'正典 체계로 만드는 일이 가능했을 것 같지 않기 때문이다.*

만일 최초로 불교 경전이 편찬되기 시작한 것이 기원전 1세기경, 그리고 그 후라면 이 시기는 곧 대승 경전이 '만들어지는 시기'이기도 하다. 그렇다면 대승 경전이 만들어지는 시기와 초기 경전이 편찬되던 시기는 거의 동시대인 것이다.** 그리고 리처드 곰브리치 Richard Gombrich 등이 주장하듯이 불교 경전에서 '문자' 사용은 대승 경전의 등장과 밀접한 관련이 있는 것이 아니라, 초기 불교 경전의

---

* 문자 편찬이냐 구술 편찬이냐의 문제는 추후에 보다 면밀한 검토가 필요하다고 생각한다.
** 이 점에 관해 에리히 쥐르허(Erich Zürcher)가 그의 책 『Buddhist Conquest of China』에서 지적했듯이, "『아함경』 등 초기 경전의 번역이 기원후 4세기 전까지 없었다"고 하는 점은 시사하는 바가 크다.〔Zürcher(1952), 204쪽〕 지금까지 이 문제에 대해 불교학계에서는 초기 '서역승'들의 배경과 관련이 있을 것이라는 정도로 이해했다. 그러나 만일 대승 경전의 성립과 초기 불교의 '경전화' 시기가 거의 동시대이며, 이것이 경전의 '문자 전승'(writing)과 밀접한 관련이 있다면, 우리는 인도 불교의 중국 진출 문제에 관해 전면적으로 새롭게 이해해야 할 것이다.

편찬과도 밀접한 관련이 있다고 봐야 할 것이다.[45]

앞서 간략하게 언급했지만, 붓다 입멸 후 각 지역에서 전승된 붓다에 대한 다양한 '기억'들이 초기 불교 경전들을 편찬하는 기본 원천자료source materials들이었을 것이다. 세대를 걸친 전승 과정에서 그 기억의 내용과 순서는 물론 디테일에서도 많은 차이가 생겼음은 충분히 짐작할 수 있다. 더구나 각 지방 속어의 언어학적 차이도 간과할 수 없을 것이다. 따라서 편찬자의 입장에서 보면 이 기억들은 '단편적'이거나, 다른 기억들과 '불일치' 또는 '상충'되는 것이 다반사였을 것이다. 그래서 하나의 일관된 내러티브를 구성하기 위해서는 단편적인 이야기를 다른 자료를 통해 '보충'하거나, 때로는 '삭제' 또는 '창작'하는 등 이른바 '편집 재량권'editorial discretion을 발휘하는 일이 불가피했을 것이다.

근대 불교학은 현존하는 경전에서 발견되는 여러 '기억 장치' mnemonic device들, 즉 '정형구', '통일적인 체제', '반복' 등을 모본 텍스트로부터의 구전 전승의 흔적 또는 증거라고 생각한다. 그러나 '구전 전승'을 설득력 있게 입증할 만한 뚜렷한 증거나 단서가 없는 상황에서 '기억 장치'의 존재만을 가지고 곧 '모본의 구전'을 언급하는 것은 별 설득력이 없다. 나는 현존 텍스트의 '기억 장치'들은 '과거의 흔적'이 아니라 '미래를 위한' 장치들이라고 생각한다. 다시 말해서 불교인들은 '붓다의 가르침'과 '붓다의 기억'을 처음으로 편집, 편찬하는 경전화 과정에서 비로소 전승 문제를 고민하고, 이를 위해 베다 문헌 등에서 '정확한 저장 기억'을 위해 전통적으로 활용해 온 여러 '기억 장치'를 활용했던 것이라고 보는 편이 더 설득력 있는 관점이라고 생각한다.

　한편으로 이러한 경전화·정전화 작업은 '기억'의 관점에서 보면 '활력으로서의 기억'을 '저장 기억'으로 전환하는 작업이라는 의미가 있다. '활력적 기억'이 있는 한 붓다는 '과거'의 경험이 아니라 '현재'의 경험이지만, 저장 기억이 되는 순간 붓다는 과거의 경험이 된다. 이런 점에서 본다면 팔리어 경전 등 초기 경전 편찬자들의 태도와 대승 경전 편찬자/창작자들의 태도는 크게 대조된다. 초기 경전 편찬자들이 붓다를 '과거'의 기억으로 '저장'함으로써 붓다는 일정한 모습으로 '고정'되었다. 그러나 대승 경전 편찬자/창작자들은 여전히 붓다를 '활력적'으로 기억하고자 했으며, 따라서 붓다는 현재의 경험이 된다. '반주삼매'와 '염불삼매' 등은 그 대표적인 현재의 경험이라고 할 수 있다. 뿐만 아니라 붓다는 '활력적 기억'을 통해 '항상 현현顯現하는', 다시 말해서 '영원히' '상주'常主하는 존재로 인식될 수 있다. 불신佛身에 관한 이론적인 고찰 과정이 비록 없었다고 하더라도, 색신·응신·법신의 삼신三身은 이런 과정에서 자연스럽게 등장했을 것이다. 이와 같이 상좌부 불교와 대승불교의 등장을 교단사의 관점에서가 아니라 붓다에 대한 '기억' 방식의 차이, 즉 '저장 기억'이냐 '활력적 기억'이냐의 차이로도 이해할 수 있을 것이다. 그리고 이러한 이해 방식은 그레고리 쇼펜이 대승불교의 기원과 관련해서 이미 지적한 교단사와 사상사의 '불일치'에 대한 또 다른 해명이 될 수 있다고 생각한다.

3장 무불無佛 시대의 붓다들

1. 문제의 소재: '보살' 관념의 등장과 '보살 시대'의 전개

(1) '보살' 관념의 등장

고대 인도 불교에서 '보살'이란 용어가 언제 등장했는지에 관한 학계의 의견은 일정하지 않다. 그러나 대체로 동의하는 것은 이 용어가 등장한 것은 불전 문학佛傳文學의 발전 과정에서, 특히 '연등불燃燈佛(Dīpankara Buddha) 수기授記(vyākarana)'의 일화가 그 계기가 되었을 것이라는 점이다. 애초 출생, 성도, 전법, 열반 등 붓다의 '현생'現生 일화들을 중심으로 하던 불전 문학은 그 발전 과정에서 점차 붓다의 전생前生을 불전 서사敍事의 중요한 요소로 도입한다. 그런 한편 붓다의 전생을 단순히 '과거의 삶'이 아니라 '현재'에 이르는 일련의 연속적인 수행 과정으로 이해한다. 이에 따라 붓다의 전생 이야기들이 수행 단계에 맞게 재배치되고 윤색되기 시작한다. 가장 대표적인 것이 기원년 전후에 성립된 것으로 보는 『마하바스투』Mahā vastu(大事, 이하 Mv)다. Mv는 보살 이전의 예비 단계로, '자성행'自性行(prakrti-caryā)·'원성행'願性行(pranidhāna-caryā)·'순성행'順性行(anulomacaryā)의 세 단계를 새로 '창안' 하는 것이 특징이다. 이 세 단계를 거친 뒤 마침내 연등불로부터 수기를 받아 더 이상 퇴전退轉이 없는 단계인 '불퇴전행' 不退轉行(anivartana-caryā)을 성취한다는 것이다. Mv에서 새로 창안된 '예비적' 세 단계는 성도聖道를 이루는 직접적인 인연이 아니라 마지막 단계인 '불퇴전행'으로 나아가는 과정으로 이해된다.

보살이란 용어는 원래 '연등불 수기'의 경우처럼 미래에 '부처가 될 것이 확정된 존재'를 의미했다. 앞에서 살펴본 바와 같이 Mv에 이르러 '미래의 성불'에 대한 수기를 받기 전의 예비적 단계를 보살의 범위에 포함시킴으로써 보살의 의미가 좀 더 확장된 것이다. Mv에서의 이러한 확장은 나중에 등장하는 대승불교의 보살 개념 전개에 직간접적인 영향을 미쳤을 것이라고 생각된다. 왜냐하면 수기를 받아 '미래의 성불이 확정된 존재'라는 전통적인 보살 개념과, '미래의 성불을 위해 노력하는 자'를 뜻하는 대승불교의 '급진적인' 보살 개념을 이어 주는 매개 역할을 하고 있기 때문이다.*

한편, 대승불교에서 보살의 용례는 훨씬 다채롭고 복잡하다. 이제 보살은 단순히 붓다의 과거 전생의 존재를 의미하는 것만이 아니다. 중생 구제를 위해 스스로의 '깨달음을 미룬' 보살들이 나타난다. 이 보살들은 저마다 자신만의 고유한 분야와 영역을 가지고 있으며, 신

---

* 뿐만 아니라 대승불교의 보살도와 관련해 중요한 두 개념인 서원(pranidhāna)과 불퇴전(anivartana)이 등장하는 최초의 문헌도 바로 『마하바스투』(Mv)다.

앙의 대상이 되기도 하고, 또 어려움에 빠진 중생을 구제하는 구원자이기도 한다. 이때 우리의 논의와 관련해 가장 관심을 끄는 것은 흔히 '범부 보살'이라고 일컬어지는 보살의 등장이다. 이들은 '보통 사람'〔凡夫〕이다. 이 말은 보살이 재가자일 수도, 또는 출가자일 수도 있다는 것을 함의한다. '보살'이란 용어 자체는 출가-재가의 범주와 관련이 없기 때문이다. 범부 보살의 등장과 함께 이제 '보살'의 기준은 다만 '붓다가 되기로 원願을 세웠느냐' 하는 점뿐이다.

Mv에서 '불퇴전행' 이전의 세 단계를 설정함으로써 전통적인 보살 개념이 '수기' 이전의 단계로 확대되었고, 따라서 대승불교의 범부 보살 개념이 등장할 수 있는 어떤 이론적 입지가 제공되는 것은 사실이다. 그러나 여전히 풀리지 않는 것은 붓다의 전생의 존재를 뜻하던 '보살'이 어떤 과정을 통해 '모든 사람'에게 열려 있는 '가능성'이 되었냐 하는 점이다. 다시 말해 붓다의 전생에서의 수행이 '모든 사람'을 위한 현생現生에서의 수행 모델이 되는 과정에 대해서는 여전히 의문이 많다.

1장 '붓다란 누구인가, 그리고 불교란 무엇인가: 유럽 근대 불교학 비판 1'에서 이미 언급한 대로, 초기 불교에서 붓다는 '스승'으로 또는 '초인격적인' 카리스마로 존경되고 숭배되었다. 붓다의 전생 이야기인 본생담의 영웅적·신화적 서사 구조는 붓다의 위대함을 표현하기 위한 것들이었다. Mv 등 붓다에 관한 여러 '독립적인 전기傳記'에서 붓다의 전생을 수행의 발전 단계로 설정하는 것 또한 결국 붓다라는 존재의 위대성과 성불成佛의 어려움을 보다 실감 있게 표현하기 위해 고안된 것들이라 할 수 있다. 한편, 범부 보살의 등장은 붓다의 영웅적인 과거 전생이 보통 사람들을 위한 수행의 모범과 모델로 전환되었다는 것을 의미한다. 이제 붓다는 숭배와 존경의 대상일 뿐 아니라 수행의 이상적인 '모델'이 된 것이다. 그러나 어떤 문헌적 또는 사상적 과정을 통해 붓다의 전생이 '보통 사람들'의 현생을 위한 수행 모델이 되었는가 하는 점은 여전히 의문이다. 앞서 언급했던 대로 Mv에서의 '확대된 보살' 개념이 어느 정도 이론적인 입지를 제공하는 것은 사실이지만, 결정적인 '연결 고리'가 빠져 있는 것 또한 사실이다.

(2) 대승의 전사前史로서 '보살 시대'

대승불교의 기원에 관해서는 정설이 없다. 대체로 지금까지의 학설은 주로 신앙 형태나 사상의 관련성을 중심으로 대승의 기원을 고찰해 왔다. 그러나 최근 20여 년 전부터 대승과 관련한 여러 비문의 명문銘文을 새롭게 검토함에 따라 기존 학설들의 근거가 흔들리면서 대승의 기원에 관한 전면적인 재검토가 이루어져야 하는 시점이다. 현 시점에서 가장 대답하기 곤란한 문제 가운데 하나는 사상으로서의 대승의 시작과 교단 또는 집단적 '정체성'으로서의 대승의 출현 간에 벌어지는 400년 정도의 시간 차를 어떻게 설명할 것인가 하는 문제다. 그레고리 쇼펜은 이 문제와 관련해 "대승 경전의 역사와 〔대승이라는〕 종교 운동의 역사는 '대승'이라는 같은 이름을 가지고 있지만 반드시 같은 것이라고는 할 수 없다"[46]고 해서 사상사와 교단사를 구별하고 있다. 이와 같은 '단일 교단'으로서의 대승의 기원을 반박하는 연구에 힘입어 폴 윌리엄스Paul Williams는 대승불교의 정체성에 관해 다음과 같이 결론을 내린다.

대승은 지금도, 그리고 과거에도 결코 하나의 단일한 현상이 아니었다. 그것은 학파도 종파도 아니며 오히려 하나의 '정신적 운동'으로, 자기 규정을 통해 정체성을 획득하는 것이 아니라 스스로를 다른 정신적 운동들과 구별함으로써 자신의 정체성을 획득하는 그러한 것이다.[47]

윌리엄스의 이러한 주장은 인도에서의 대승의 시작을 "전통적인 불교에 도전하는, 다양한 경전을 중심으로 한 여러 그룹의 느슨한 연대"[48]라고 했던 쇼펜의 주장과 그 맥을 같이한다.

여기에서는 이러한 최근의 연구 성과를 기반으로 하되, 대승의 기원 문제를 좀 더 다른 측면에서 살펴보려고 한다. 다름 아닌 '종교성'religiosity의 문제다. 종교성이란 특정한 교리나 사상 또는 이념 근저에 있는 보다 근원적인 '추구' 혹은 문제의식을 의미한다. 이를테면 공空 사상은 철학적인 개념이지만, 그 개념의 근저에 있는 어떤 문제의식의 추구를 공 사상의 '종교성'이라 하는 것이다. 그런 점에서 공 사상의 종교성은 공 사상 자체보다도 더 본원적인 것이라고 할 수 있다.

지금까지 대승불교에 관한 대부분의 연구들은 이를테면 공空, 반야般若 또는 보살 사상 등 주로 그 사상의 내용에 초점을 맞추었다.

그러나 나는 '대승'이라고 하는 새로운 운동에 내재하는 '종교성이 무엇이었을까'라는 질문의 관점에서 대승 기원의 문제를 살펴보려고 한다. 간단히 말하면 대승 운동의 내적·종교적 동인이 무엇이었을까 하는 것이다. 그런 점에서 나는 대승을 수행 주체의 관점에서 바라보는 것이 대단히 중요하다고 생각하며, 수행 주체의 문제와 관련해 가장 주목하고자 하는 것은 바로 범부 보살의 등장이다.

대승불교의 사상적인 내용을 실천하는 주체가 곧 범부 보살이라는 점에서 대승은 '보살 시대'라고 할 수 있다. 그러나 논의의 정확성을 위해 대승과 '보살 시대'는 좀 구별할 필요가 있다. 앞서 쇼펜이 주장했듯이 '대승'이라고 하는 집단적 정체성은 대승 사상을 표방하는 경전들이 등장한 뒤 400~500년이 지나서야 비로소 시작된다. 따라서 '보살 시대'란 대승을 지향하면서 '대승'이란 용어를 아직 발견하지 못했던 시기를 가리킨다. 윌리엄스가 말하는 새로운 '정신적 운동'spiritual movement의 다양한 주체들, 그러나 아직 그 지향점이 무엇인지를 모색하던 다양한 실험과 운동의 시기를 특별히 '보살 시대'라 해서 일반적인 의미의 대승 보살의 시대와 구별하고자 한다.

지금까지 학계에서는 범부 보살의 등장을 대승불교의 한 특징으로만 언급하고, 그 배경이나 기원에 대해서는 별다른 연구를 하지 않았다. 아마도 보살 사상의 큰 틀 속에서 자연스럽게 형성된 것이라고 보기 때문일 것이다. 그러나 범부 보살이란 존재를 그 기원의 관점에서 본다면 결코 가볍게 다룰 문제가 아니다. 애초 붓다의 전생의 존재를 가리키기 위해 고안된 용어가 보통 사람에게 사용된 데는 반드시 어떤 역사적 계기와 과정이 있을 것이며, 중요한 사건임에 틀림없다.

나는 대승의 전사前史로서 '보살 시대'를 관통해서 살아가는 한 인물의 '진화 과정'을 통해 '대승'이라는 집단적 정체성이 형성되는 역사 과정의 단면을 살펴보려고 한다. 이 인물은 여러 측면에서 흥미롭다. 먼저 기원년 전후 무렵에 등장하기 시작해, 기원후 4~5세기까지 살아가면서 계속 '진화'해 가는 인물이다. 바로 '보살 시대'에 태어나 '보살 시대'의 정점인 '대승'을 완성한 시기까지 살아간 인물이다. 그리고 이 인물이 진화해 온 역사가 곧 범부 보살의 기원과 발전의 역사라고 보아도 좋을 것이다.

상제보살常啼菩薩(Sadāprarudita)이 바로 이 인물이다. 상제보살은 무불無佛 시대에 붓다를 찾아서 '늘 울고 다니던' 보살이다. 상제常啼 또는 상비常悲라는 이름은 바로 이 때문이다. 상제 보살은 '울음'의 은유 이상으로 의미심장한 캐릭터다. 그러나 무엇보다 중요한 점은 불교 경전에 '일정한' 모습으로 등장하는 다른 인물들과는 달리 이 상제보살은 기원년 전후로부터 약 4~5세기에 걸쳐 여러 다른 문헌에 등장하면서 계속 '진화'하는 모습을 보인다는 점이다. 그런 점에서 상제보살에 관한 내러티브의 변천 과정은 곧 이 시기 동안의 불교사의 변천을 상당 부분 반영하는 것으로 보아도 좋을 것이다.

2. 상제보살 常啼菩薩(Sadaprarudita) 내러티브의 역사적 전개

상제보살에 관해서는 두 종류의 문헌 자료가 있다. 하나는 『육도집경』六度集經[49]에 제81번째 일화로 소개되어 있는 것이며, 다른 하나는 '팔천송반야' 八千頌般若 계통의 '소품반야' 경전류(이하 AsP)에 포함되어 있는 것들이다. 상제보살 이야기를 포함하는 AsP의 현존하는 이본異本은 각각 2세기, 3세기, 5세기에 번역된 『도행반야경』(T224, 지루가참 역, 179년), 『대명도경』(T225, 지겸 역, 223~253년), 그리고 『소품반야바라밀경』(T227, 쿠마라지바 역, 408년) 등이며, 가장 늦게 성립된 것으로는 산스크리트어 본이 있다.* 상세히 정리하면 다음과 같다.

    (1) 『육도집경』六度集經(T152), 43a13~c20, 강승회康僧會 역, 251년

    (2) '소품반야' 경전류(이하 AsP)

        ① 『도행반야경』(薩陀波倫菩薩品 第二十八; 無竭菩薩品 第二十九, T224), 470c19~477b21, 지루가참 支婁迦讖(Lokaksema) 역, 179년

        ② 『대명도경』(普慈闓士品 第二十八; 法來闓士品 第二十九, T225), 503c19~507c23, 지겸支謙 역, 223~253년

        ③ 『소품반야바라밀경』(薩陀波崙品 第二十七; 曇無竭品 第二十八, T227), 580a2~586b05, 쿠마라지마Kumārajīva(鳩摩羅什) 역,

---

* 그 외에 시호(施護)가 번역한 『불설불모출생삼법장반야바라밀다경』이 있으나, 11세기 번역이어서 논의 대상에서 제외했다.

408년

『육도집경』(이하 T152)은 '경'經(sutra)이라는 명칭을 가지고 있지만 실은 장르로는 불전佛傳 문학에 속한다. 이 경전은 샤캬무니 붓다의 여러 '영웅적' 전생담을 여섯 개의 바라밀(완성)에 따라 분류, 재배치하고 있다. 상제보살(이 경에서는 상비보살로 번역) 이야기는 '선 바라밀'[50](선정禪定의 완성)에 속한 것이다.

이 이야기의 주인공 상비보살은 AsP에서 등장하는 '무불無佛 시대에 정법正法을 찾아 헤매는 대승의 '범부 보살'이 아니라, 샤캬무니 붓다의 한 전생의 삶이다. 같은 인물이 한 곳에서는 '붓다의 전생'으로 등장하고 다른 곳에서는 '범부'로 등장하는 예는 거의 없을 뿐 아니라, 한 인물이 약 100년 또는 200년 정도의 간격을 두고 같은 계열의 내러티브에서 '진화'하는 모습으로 등장하는 예도 없다. 그런 점에서 우선 이 상비/상제 보살의 내러티브가 우리의 흥미를 끈다.

붓다의 전생이었던 상비보살이 나중에 대승의 핵심 경전 가운데 하나인 『반야경』에서 범부 보살로 전환되어 나타난다는 것은 이 글의 주제와 관련해 의미심장하다. 다시 말해서 붓다의 '전생 보살'이 범부 보살의 원형原形이었다는 가설을 세울 수 있다는 것이다. 만일 그렇다면 대승 보살의 등장 배경을 설명하는 여러 학설, 그중에서도 특히 '아라한의 이기적인 수행'에 반대해서 등장한 집단이라는 설명은 설득력을 잃는다. 그리고 이러한 가설 아래서는 범부 보살의 등장은 '아라한'으로부터 '붓다'라고 하는 종교적 이상宗教的 理想

(religious ideal)의 변화에서 그 계기가 만들어졌다고 보는 것이 당연할 것이다. 또한 그 변화는 한편으로 수행이 완성되는 시간이 연장되는 것을 의미한다. 현생現生에 아라한이 되겠다는 것이 아니라 붓다의 전생을 모델로 함으로써 그 수행의 완성은 현생이 아니라 다음 생 또는 '먼 훗날'로 미루어지는 것이다. 이러한 종교적 이상의 변화, 그리고 그 완성 시기의 연장이 의미하는 바에 대해서는 나중에 더 언급할 기회가 있겠지만, 여기서 중요한 것은 T152에서 시작해 T224(『도행반야경』), T225(『대명도경』)를 거쳐 T227(『소품반야바라밀경』)에 이르는 수세기 동안 상비보살 이야기가 이러한 변화 과정을 잘 반영했다는 점이다. 그리고 그 과정은 계속 변화되는 종교 환경 가운데서 수행의 주체가 스스로 새로운 자기 정체성을 찾아가는 과정이기도 할 것이다.

한편, 어떤 학자들은 T152 내러티브에서 '명도무극'明度無極(즉 '반야바라밀'을 뜻함)을 경전 이름으로 언급하기 때문에 이 내러티브가 『반야경』 이후에 성립된 것이라고 주장하기도 한다.[51] 그러나 나중에 자세히 언급하겠지만, T152 내러티브는 AsP 가운데 가장 먼저 성립된 T224보다 더 오랜 고층古層을 가지고 있다. T152에서 사용되는 불교 용어들이나 그 사상의 발전 정도로 볼 때, T152 텍스트의 기본 골격은 대승 경전 이전이며, '반야 경전'에 대한 언급은 최고最古의 대승 경전들이 등장한 뒤 T152의 편찬 과정에서 추가된 것으로 봐야 할 것이다. T152에 '반야바라밀'prajñāpāramitā에 해당하는 '명도무극'이라는 용어가 몇 번 등장하지만, 이것이 경經, 즉 텍스트를 의미하는 경우는 두 번뿐이다.[52] 나머지는 '부처가 되고자 원을 세운 사람들'을 위한 수행으로, 지혜의 완성인 '반야바라밀'을 언급하는 경우들이다. 예를 들어 "佛有大法. 名明度無極之明"(부처님께서는 큰 법이 있으니, 그 이름을 '지혜바라밀의 지혜'明度無極之明라고 한다)이라는 구절에서 '명도무극'明度無極은 육바라밀의 하나지 경전을 의미하는 것은 아니다. 용어 문제보다 더 핵심적인 것은 T152 서사敍事의 기본 골격과 모티프다. 상비보살은 '반야바라밀'이라는 어떤 경전을 찾는 것이 아니라 시종일관 무불無佛 시대에 붓다를 찾고 있다. 그런 점에서 T152는 육바라밀의 하나인 '반야바라밀'의 개념이 이미 성립되었던 시기에 등장한 것이 분명하지만, 단순히 '반야 경전'을 언급하는 구절이 있다고 해서 『반야경』 이후에 성립되었다고 하는 것은 인정하기 어렵다. 이 문제는 T152와 AsP의 텍스트를 비교해 가면서 더욱더 분명해질 것이다.

상제보살 서사의 개요

상제보살 내러티브 가운데 가장 오래된 것은 『육도집경』에 편찬, 수록되어 있다. 길지 않은 내용이기 때문에 스토리 라인에 따라 그 전체를 요약해서 소개한다. T152는 다음과 같은 구절로 시작한다.

〔"이것은 '중우자설'衆祐自說(Buddha-avadāna)이다."*〕

---

* 즉 자신이 전생에 '보살'이었을 때에 관한 붓다 본인의 이야기라는 의미다. 이 점은 AsP의 세 한역본이 "빨리 성불하기를 원하는 사람들은 마땅히 상제보살이 수행했던 바

① 〔T152 43a13~19〕

내가** 보살이었을 때 이름이 상비常悲(Sadāpararudita)***였다.

상비보살은 늘 울고 다녔다. 그때는 무불無佛의 시대였으며, 경전은 다 없어지고, 사문도 성인도 찾아볼 수 없었기 때문에 보살은 부처님을 뵙고 오묘한 가르침을 듣는 것만을 늘 생각했다. 그러나 그 시대는 더럽고 탁했으며, 〔사람들은〕 옳은 것을 거슬러 악한 것만을 추구했다. 그래서 보살은 근심이 되어 슬피 울며 다니는 것이었다.

② 〔T152 43a19~24〕

그 전 옛날에 한 부처님이 계셨는데, 그 명호가 '영법무예여래왕'이었다. 이 부처님이 열반한 지 오래되었기 때문에 그 가르침과 경전이 모두 없어졌다. 그러나 어느 날 꿈에서 그 부처님을 뵙고 다음과 같은 가르침을 받았다.

> 여섯 가지 감각기관〔六情〕에서 일어나는 사소한 일들에 집착하지 말아야 한다. …… 모든 '생각'이 '멈추고 사라지는'〔寂滅〕 것, 그것이 바로 열반〔無爲〕이다.

와 같이 반야바라밀을 수행해야 한다"고 시작되는 것과 크게 대조된다. T152에서 상비보살은 석가의 전생 보살이지만, 세 한역본에서 상제보살은 성불의 길을 향해 나아가는 '범부 보살'이다.

** 붓다 자신의 전생을 가리킴.

*** 다른 이역본에서는 상제(常啼)로 번역.

③〔T152 43a25~26〕

꿈에 부처님의 설법을 들은 보살은 기쁘기가 한량이 없었다. 보살은 마음의 번뇌들을 없애고 '청정삼매'〔淨定〕에 들었다. 곧, 집을 버리고 가족을 떠나 깊은 산으로 들어가서 조용하고 외딴곳에 머물렀다.

④〔T152 43a26~43b1〕

산에 머물던 어느 날 보살은 가슴을 치면서 울부짖었다. "내가 이런〔무불無佛의〕시대에 태어난 것이 원망스럽습니다. 부처님이 안 계신 세상에 살고 있으니, 부처님의 가르침〔佛經〕을 들을 수 없습니다. 현재 시방十方에 계신 세존들이시여, 저를 굽어살피고 제 말씀을 들어주소서. 제발 세존께서 존령尊靈을 나타내시어, 저로 하여금 부처님을 뵙고 그 지극한 이치의 가르침을 듣게 해 주십시오."

⑤〔T152 43b2~8〕

그때 하늘에서 제석帝釋(Śakra)이 내려와 "슬퍼하지 마라. 부처님께서는 큰 법이 있으니, 그 이름을 '지혜바라밀의 지혜'明度無極之明(prajñā of prajñāpāramitā)라고 한다. 과거·현재·미래의 모든 부처님이 모두 이 법으로 성도成道했다. 반드시 그것을 찾아 그 글을 외우고 익힌다면, ……〔부처님과 같은〕'공덕'(사무소외四無所畏, 십종력十種力, 십팔불공十八不共)을 갖추고, 자금색紫金色의 몸을 얻어 천상과 인간의 스승이 될 것이다〔즉 부처가 될 것이다〕.

⑥ 〔T152 43b8~10〕

상비보살은 제석에게 물었다. "누구에게서 그 귀한 법을 들을 수 있습니까? 어떻게, 어느 나라로 가야 하며, 그 스승의 이름이 무엇입니까?"

⑦ 〔T152 43b10~17〕

제석은 말했다. "여기로부터 동쪽으로 곧장 가라. 오온五蘊*을 생각하지도 말고, '즐거움'〔樂〕도 '고통'〔苦〕도 '선'善도 '악'惡도 생각하지 말고, …… 〔심지어〕 '유불'有佛(붓다가 존재함)에 대해서도 '무불'無佛에 대해서도, 경전의 '있고' '없음'에 대해서도, 성현聖賢(성인과 현성)이 '있고' '없음'에 대해서도 생각하지 마라. 네 의도를 비우고, 원하는 바를 끊어라. 이렇게 마음을 다잡고, 나의 가르침에 어김이 없다면, 머지않아 '지혜바라밀의 성전'明度無極聖典(지혜의 '완성'에 관한 성스러운 경전)을 볼 수 있을 것이다.

⑧ 〔T152 43b17~23〕

제석의 말대로 보살은 마음을 바르게 하고 깨끗이 한 다음 동쪽으로 성전을 찾으러 나섰다. 수일 동안을 가다 어느 날 걸음을 멈추고 생각하기를 '내가 숙세의 공덕이 없어, 부처님을 만나지 못하고, 세상에 〔진정한〕 사문도 없고, 왕과 신하 간에 다툼이 끊임없고, 지혜바라밀을 아는 사람이 없는 시대에 살고 있구나. 얼마를 더 가야 이 어둠을 제거해 줄 스승님을

---

* 원문에서 오온의 항목 가운데 '수'(受)를 '통'(痛)으로 번역한 점이 특이하다.

만날 수 있을지 알 수가 없구나' 하고 상비보살은 다시 울기 시작했다.

⑨ 〔T152 43b23~27〕
정성의 지극함에 모든 부처님께서 감동하셨다. 한 부처님께서 위에서 내려와 보살 앞에서 공중에 머무셨다. 몸이 자금색이며, 그 상호가 뛰어나고 얼굴은 보름달과 같고 목에는 햇빛과 같은 광명이 있었다. 부처님은 보살을 칭찬해 "착하도다, 착하도다, 너의 꿋꿋함은 세상에 보기 드물도다."

⑩ 〔T152 43b27~43c1〕
부처님을 뵙고 보살은 한편으로 기쁘고, 또 한편으로는 슬퍼하면서 머리를 조아리고 부처님께 말했다. "부디 저를 불쌍히 여기셔서, 저의 '얽매임'〔계繫, kāyagantha〕을 끊어 주시고, 저의 속박〔결結, samyojana〕을 풀어 주시고, 저의 '어둠'을 열어 주시고, 저의 병을 고쳐 주시고, 저를 위해 경을 설해 주십시오."

⑪ 〔T152 43c1~12〕
부처님은 말씀하셨다. "삼계가 다 공한 것이다. '나타난 것'은 실제로는 존재하지 않는 것이다. 모든 것이 다 환幻과 같은 것이다. 한 번 나타나고 한 번 멸滅하는 것이 마치 물거품과 같다. 세상의 모든 것을 그와 같이 보아라. 내가 너를 위해 경을 설할 테니 마음을 단정히 하여 잘 들어라. 여기로부터 동쪽으로 2만리二萬里를 가면 간다바티擅陀越(Gandhavatī)라는 나라가 있는데, 모든 보살의 성城이다. 여러 보살 가운데 가장 귀하고 덕

이 높은 보살이 있는데, 그 이름이 법래法來(Dharamāgata)보살*이다. 그 보살은 모든 경전을 다 품어서 그 지혜가 무한한데, '반야바라밀의 경전'을 펴서 여러 사람에게 계속 가르치고 있다. 그리고 거기에 여러 보살이 있는데, 〔각기〕 그 경을 '받는 자', '독송하는 자', '쓰는 자', 그리고 '경의 근원을 정하는 자'들이다. 가 보아라. 반드시 너의 스승이 되어 네게 부처를 찾도록 권할 것이니 빨리 달려가라. 너를 위해 '내외'內外의 '지혜바라밀'의 밝은 덕을 설할 것이다.

⑫ 〔T152 43c12∼18〕

보살은 저 '법래'法來라는 이름과 그 공덕을 듣고 마음이 '법에 대한 희열'〔法喜〕로 가득 찼다. 보살은 이내 '현재정'現在定(Samādhi of Presence)의 삼매三昧에 들었다. 〔삼매에 들어〕 여러 생각이 고요해지고, 모든 부처님께서 자신을 위해 지혜바라밀의 공덕을 설해 주시는 것을 볼 수 있었다. 부처님께서는 부처를 찾는 보살의 정진을 칭찬하면서 말씀하셨다. "착하도다. 부처를 찾는 네 뜻을 이루었다. 나 역시 옛날 '처음 뜻을 내었을 때' 그러했다. 과거, 현재, 미래의 모든 부처님도 너와 같이 그렇게 부처를 찾았다. 너는 반드시 부처가 되어 모든 생명을 구제할 것이다."

---

* 흥미로운 것은 이 보살의 이름이 AsP 등 이본(異本)에는 Dharmodgata(담무갈 또는 법용보살)로 되어 있다는 점이다. 이는 서로 다른 보살이라기보다 본래 이름인 'Dharamāgata'(法來)가 옮겨 베끼는 과정에서 Dharmodgata로 잘못 정착된 것이 아닐까 생각한다.

⑬〔T152 43c18∼20〕

보살은 선정에서 깨어 주위를 살폈으나 부처님들은 다시 보이지 않았다. 보살은 다시 슬퍼져서 눈물을 흘리면서 말했다. "모든 부처님의 신령스러운 빛은 어디서 왔으며, 어디로 간 것인가?"

그리고 이야기는 다음과 같은 구절로 끝을 맺는다.

"〔전생에 부처님께서 상비보살이었을 때〕보살의 '삼매의 완성'(삼매바라밀)을 위한 일심一心은 이와 같았다."

3. 내러티브의 비교 분석

AsP의 세 한역 이본異本은 T152 텍스트와 비교할 때 상당히 확장된 이야기 전개와 풍부한 부가적인 내용들을 담고 있지만, 앞에서 요약한 이야기의 기본 골격은 그대로 유지된다. 따라서 이 기본 구조를 중심으로 각 이본들이 어떻게 다르고, 이야기의 모티프들이 어떤 변형 과정을 겪는지 살펴볼 수 있다.

먼저 가장 눈에 띄는 점은 AsP에서 상제보살은 샤캬무니 붓다의 전생이 아니라는 점이다. 상제보살은 아직 '보살'이 아니며, 단지 '선남자'善男子로 언급되고 있다. 이 점은 매우 중요한 변화다. 붓다의 전생 이야기가 이제 AsP에서는 '보통 사람'의 이야기로 전환된 것이다.

이러한 '정체성'의 전환은 '붓다'를 '보통 사람'으로 퇴화시킨 것도 아니며, 또는 스스로 붓다를 자처하고 싶은 사람들에 의한 것도 아닐 것이다. 이러한 전환은 붓다가 '스승' 또는 '초인격적' 숭배 대상에서 이제 종교적 이상理想 혹은 수행의 모델이 된 것을 의미한다. 그리고 그것은 '보살'이라는 존재가 붓다의 전생前生 삶을 의미하던 것에서, 이제는 미래의 성불을 지향하는 보통 사람들의 현생現生이 된 것을 의미한다.

이러한 근본적인 전환을 염두에 두고 몇 가지 주요 모티프를 중심으로 내러티브의 변화 과정을 살펴보기로 하자.

(1) 시대 인식과 불타관의 변화

T152(『육도집경』)의 내러티브에서 우리는 샤캬무니 붓다의 반열반 이후 그 시기를 특정할 수는 없지만 당시 인도의 불교인들이 겪었던 위기 상황을 짐작해 볼 수 있다. 상비보살은 자신이 붓다가 없는 무불無佛 시대에 살고 있다는 것을 한탄한다. 무불의 시대였기 때문에 성인도, 진정한 사문도, 경전도, 그리고 정의도 없었다. 상비보살이 꿈에 만났던 붓다는 과거불이었다. 꿈에서 과거불을 만난다는 모티프는 '무불의 시대'라는 상황과 일치하는 것이다. 그러나 이야기의 후반부에 가면 상제보살은 그의 지극한 정성으로 마침내 현재불을 만나 가르침을 받는다. '무불 시대'에 등장한 이 현재불이 '이 세계'의 붓다인지 또는 타방他方 세계의 붓다인지에 대한 어떠한 명시적인 언급도 없다. 그러나 이러한 '모순'에도 불구하고 이 이야기의 편찬자가 의도하는 바는 '반열반' 이후에도 붓다가 계속 살아 있다

는 점을 확인하고자 한다는 것은 분명하다.

　이러한 '모순'은 2세기경 지루가참이 번역한 T224(『도행반야경』), 그리고 3세기에 지겸이 번역한 T225(『대명도경』)에서도 이어진다. T224의 한 구절에 "是時世有佛. 名曇無竭阿祝竭羅佛"[53](이때 세상에는 담무갈아축갈라라는 부처님이 계셨다)이라고 되어 있는데, 이는 명백하게 '선'先또는 '전'前이라는 글자가 빠진 것이다. 왜냐하면 바로 이어 도리천인이 상제보살에게 말하는 구절에서는 "前世有佛. 名曇無竭阿祝竭羅"[54]라고 되어 있으며, T225의 해당 구절에도 "先是時世有佛. 名景法自穢來王"[55]이라고 되어 있기 때문이다. 그러나 5세기 쿠마라지바가 번역한 T227(『소품반야바라밀경』)에서는 '무불'이라는 말이 전혀 등장하지 않는다. 이것은 두 가지로 설명할 수 있다. 하나는 T227의 편찬자가 이역본異譯本에서의 '모순'을 의식하고 의도적으로 삭제했다는 것이다. 또 다른 하나는 T227이 편찬될 당시에는 더 이상 '무불'이라는 시대 인식을 갖지 않았다는 것이다. 다시 말해서 T227이 편찬될 당시에는 이미 '반열반' 이후에도 '계속 살아 있는 붓다' 또는 '붓다의 무한한 수명'prolonged life of the Buddha에 대한 믿음이 완전히 정착되었기 때문이라는 것이다.

　붓다의 반열반 이후 한동안 불교인들은 '붓다의 부재'라는 상황을 당연한 것으로 받아들였다. 스승의 죽음은 애통하지만 그것 또한 법法의 이치로 받아들이고 스승에 대한 '기억'과 '가르침'으로 그 부재를 대신했던 것이다. 기원전 3세기경부터 1~2세기에 걸쳐 조성된 산치Sanchi나 바르후트Bhārhut의 불교 조각에 '불상'佛像을 대신한 '보리수', '법륜', 그리고 '스투파' 등의 상징象徵은 당시 인도인들이 붓다의 부재를 사실로 받아들였음을 시사해 주는 것들이다. 비록 붓다는 없지만 그가 발견한 '법'의 영원성에 대한 믿음이 붓다의 부재라는 상황을 자연스럽게 받아들이게 했던 것이다.

그러나 T152와 T224, T225에서의 '무불'에 대한 언급은 단순히 반열반 후 붓다가 부재한 상황을 지적하는 것은 아니다. 일종의 '위기 상황'을 암시한다. "경전도 파괴되고 성현도 없고 사문도 없는" 위기 상황의 배경으로 '무불'이라는 시대가 설정된 것이다. 그리고 '늘 울고 다니는'(常悲 또는 常啼) 보살이라는 인물 설정도 그러하거니와 내러티브 전체를 관통하는 모티프는 '무불 시대에 붓다 찾기'다.

우리의 의문은 두 가지다. 하나는 자연스럽게 받아들였던 '붓다의 부재'를 '무불'이라는 위기 상황으로 인식하게 된 이유와 배경은 무엇인가? 다른 하나는 T152, T224, T225에서 무불 시대에 붓다를 만나는 '모순'의 의미는 무엇인가 하는 점이다.

T152는 이본異本인 AsP의 다른 텍스트들과 비교할 때 그 분량이 현저하게 짧은데도 이야기의 배경이 되는 당시 현실에 대한 언급이 무척 많다. 또한 그 언급이 거듭 반복되는 경우들이 많아 단순한 수사적 표현이 아니라 당시 불교인들이 실제로 느끼던 어떤 '위기감'을 반영했다는 인상을 준다. 무불에 대한 원망은 거의 모든 대목에서 반복되며, 이를테면 "경전은 다 없어지고, 사문도 성인도 찾아볼 수 없었다"라는 내용이나 "왕과 신하 간에 다툼이 끊임없고……" 같은 내용들은 당시 인도 북부 지방의 역사를 구체적으로 반영하는 것

으로 이해해도 좋을 것 같다.

장 프루즐스키Jean Przylusky는 『아육왕경』阿育王經(Aśokasūtra) 및 『아육왕전』阿育王傳(Aśoka-avadāna)의 여러 이본을 분석한 결과, 아소카왕 이후 불교가 처했던 역사적인 상황에 관해 다음과 같이 결론을 내렸다.[56]

> 『아육왕경』은 이 왕자(푸샤미트라)*의 치세 아래 불교도들이 무자비하게 처형당했고, 스투파와 사원들이 파괴되었으며, 심지어 승려의 목에 현상금까지 걸었다는 사실들을 전해 준다. …… 이 '전승'은 〔단순한 전설이 아니라〕 의심할 바 없이 어떤 진실에 기초하고 있다.

한편 『아육왕전』에서 붓다는 자신의 사후에 등장할 세 왕조를 언급하면서 그들이 사람들을 처형하고 붓다의 법을 파괴할 것이라고 예언하는데, 이는 붓다의 '예언'이 아니라 실제로 있었던 역사에 대한 '기록'이라고 봐야 할 것이다. 여기서 언급하는 세 왕조는 샤카, 야바나, 그리고 팔라바이며, 이는 실제 역사적인 사실과 일치하기 때문이다.**

기원전 3세기 아소카 왕 이후 인도는 정치적으로 불안정한 시기로

---

* 푸샤미트라(Puṣyamitra)는 마우리아 왕조를 멸망시킨 숭가 왕조의 창시자다.(역자 주)
** 샤카는 기원전 2세기경 북부 인도를 침입한 스키티안이며, 야바나는 그리스 계통이고, 팔라바는 파르티아(安息國)를 가리킨다.

접어든다. 샤카족의 침입을 시작으로 외적의 침입으로 고통을 겪는 시기이기도 하다. 이러한 전쟁과 정치적인 혼란이 불교 교단과 승려들의 삶에 심각한 영향을 미쳤을 것임은 말할 나위도 없다. 더구나 바라문교를 숭상하는 푸샤미트라Puṣyamitra에 의한 숭가Sunga 왕조(기원전 180~기원전 68년경)의 등장은 아마도 그 고난의 절정이었을 것이다.

이때 정법正法의 '쇠퇴'와 '소멸'이라는 사상이 등장하고, 또 다른 한편으로 '아라한의 수명 연장'prolonged life of arhat에 관한 관념이 등장한다. '아라한의 수명 연장'이란, 예를 들어 마하가섭이 미래불인 미륵에게 붓다의 가사袈裟를 전하기 위해 반열반에 들지 않고 땅속에서 세월을 기다리고 있다는 것을 말한다. 마하가섭 외에도 많은 다른 아라한들이 법을 수호하는 특정한 임무를 수행하기 위해 반열반에 들지 않고 계속 살아 있다는 관념들이 이 시기에 등장하기 시작한다.

T152 상비보살 이야기의 중심 모티프는 무불 시대의 좌절 가운데서 붓다를 만나는 것이다. 이 '모순'은 위기 상황에서 다시 붓다를 살려 내고자 하는 간절함에서 빚어지는 것이다. 육신의 소멸과 함께 영원히 사라진 붓다를 다시 살려 내고자 하는 것은 앞서 언급했던 아라한의 수명 연장과 같은 맥락이다. 다만 아라한의 수명 연장이 '법의 쇠퇴' 관념과 관련하는 다소 소극적인 대응이었다면, '붓다의 수명 연장'은 좀 더 적극적인 대응이었다고 할 수 있을 것이다. T152, 그리고 T224와 T225의 내러티브 안에서 보이는 모순, 즉 '무불 시대에 붓다를 만나겠다'는 모순은 마침내 T225에서 해소된다. 이제

무불의 시대는 아닌 것이다.

여기서 우리가 한 가지 확인할 수 있는 것은 대승불교의 점진적인 전개 과정에서 '붓다의 수명 연장'이 한 중요한 문제의식이었다는 사실과 함께, 그 이면에는 아소카 왕 이후 당시 불교인들이 직면했던 위기적 시대 상황이 자리 잡고 있었다는 사실이다. T152의 마지막 대목에서 상비보살이 울면서 질문을 던진다. "모든 부처님의 신령스러운 빛은 어디서 왔으며, 어디로 간 것인가?" 이 질문은 바로 '무불 시대'에 어려움을 겪던 당시 많은 불교인들이 던졌던 바로 그 질문일 것이다.

(2) 붓다의 현현顯現

상제보살 내러티브의 주된 모티프는 무불 시대에 붓다를 만나는 것이다. 그래서 붓다가 어떤 방식으로 자신의 모습을 드러내는가 하는 점은 흥미롭다. 붓다는 '목소리' 또는 '형태'로 자신의 모습을 드러내는데, 그 디테일은 텍스트마다 서로 다르기 때문에 여기에도 대승의 전개와 관련한 어떤 시사점이 있을 것 같다.

T152와 AsP의 모든 텍스트에서 공통으로 상제보살은 하늘로부터 붓다의 '목소리'를 듣는다. 제석천조차도 눈에 보이는 형태가 아닌, '목소리'로서 그 존재를 드러낸다. 이 점은 최초의 대승 불교인 또는 '보살 시대'의 '미래 대승인'들이 전통적인 불교 수행의 경험과는 다른 어떤 '수행 경험'에 관련하고 있었다는 것을 시사한다. 초기 불교의 명상에서 붓다를 시각적으로 경험하는 경우는 흔히 볼 수 있지

만 목소리를 듣는 경우는 거의 없다. 그러나 대승불교에서는 명상을 통해 붓다의 목소리뿐만 아니라 그의 설법을 듣기도 하고, 가장 결정적인 것은 바로 붓다만이 할 수 있는 언어 행위인 수기授記를 받기도 한다. 따라서 상제보살 내러티브에서 붓다의 목소리가 등장하는 것은 한편으로 불전 문학 등에서 자주 등장하는 석가보살이 연등불로부터 수기를 받는 것에 착안하고, 다른 한편으로는 염불삼매 등을 통해 '성문聲聞 효과'를 체험하는 대승의 수행 경험에서 나온 것이라고 볼 수 있다. T152로부터 T227에 이르기까지 '목소리'를 통해 붓다를 만나는 모티프가 유지되는 것은 대승의 수행인들이 '성문 효과'를 매우 중요하게 생각했다는 한 증거일 것이다.

한편 내러티브가 전개되는 가운데 상제보살에게 붓다가 수차례 등장하는데, 이 등장 모습이 각 텍스트에서 다르게 나타난다. 먼저 T152에서는 붓다의 육신에 대한 묘사가 단지 '자금색'紫金色이라는 색깔로만 언급되다가 AsP 텍스트들에서는 32상相과 80종호種好 등 붓다의 육신에 관한 자세한 표현들이 언급되어 있다. 이러한 붓다의 육신에 대한 표현의 발전은 불교 전통에서 불상佛像의 등장이라는 역사적 사실과 무관하지 않을 것이다.

T152에서는 '무불상無佛像 전통'aniconic tradition의 연장선에서 여전히 붓다의 상相을 구체적으로 표현하는 데 주저하는 것 같다. 붓다는 영靈 또는 실제 모습으로 등장하는데, 실제 모습이 등장하는 한 번의 경우에도 그 묘사는 지극히 추상적이며 간략하다. "몸빛이 자금색이며 상호가 뛰어나고 성스러우며, 얼굴은 보름달과 같고 목에는

햇빛과 같은 광명이 있었다."

한편 T224와 T225에서 붓다는 화작불化作佛, 시화불視化佛, 화불化佛 등 일종의 환영幻影이나 신통 변화로 등장하며, 그 모습에 대한 묘사도 T152에 비해 훨씬 세부적이고, 32상相 등에 대한 언급도 있다. 그리고 마침내 T227에서 상제보살 앞에 등장하는 것은 붓다의 실제 모습도 환영도 아닌 불상佛像이다. 이 불상이 등장해서 상제보살에게 말을 건네는 것이다.[57]

인도 불교사에서 최초로 불상이 등장한 시기를 염두에 둔다면, T224와 T225가 편찬될 당시에는 이미 불상에 관해 알고 있었음이 틀림없다. 더구나 이 두 텍스트에서는 이미 32상 등 붓다의 고유한 상호相好를 언급했으며, 이것들은 불상의 등장과 함께 발전한 것들이다. 따라서 조심스럽게 추측할 수 있는 것은 반야경에 관련한 그룹들은 T224와 T225가 편찬될 당시 이미 불상에 관해 알고 있었지만, T227이 편찬되기 전까지는 아직 수행과 신앙을 위해 불상을 사용하지 않았을 것이라는 점이다. 이것은 당시 대승불교가 일반적으로 불상을 수행에 사용하는 데 주저했다는 사실을 의미하는 것은 아니다. 반대로 대승불교는 전통 불교에 비해 불상을 수행에 활용하는 데 보다 적극적이었던 것이 분명하다. 다만, 그것을 받아들이는 데 빠른 그룹도 있었을 것이고 늦은 그룹도 있었을 것이다. 그리고 반야경 그룹이 그 가장 늦은 그룹 가운데 하나였을 것이다.

(3) 수행 장소의 변화와 경권신앙: 산속에서 도시로

T152 그리고 T224와 T225에서 상제보살은 꿈속에서 붓다를 만나설법을 듣고 수행을 하기 위해 한적한 산으로 들어간다. 각각의 해당 구절들을 살펴보면 다음과 같다.

- T152: 바로 집과 처자를 버리고 깊은 산에 들어가 한적한 곳에 머물면서 산의 물과 과실로써 스스로 공양을 했다.〔卽棄家捐妻子. 入深山處閑寂. 以山水果蓏自供(43a26)〕

- T224: 바로 집을 떠나 깊은 산속 아무도 살지 않는 곳으로 들어갔다.〔卽棄捐家 入深山中無人之處(471a14)〕

- T225: 바로 집을 떠나 산으로 들어가 목숨을 버리고 몸을 던져 더 이상 탐하는 바가 없이⋯⋯.〔則捐家入山 投命棄身無所貪慕(504a09)〕

- T227: 빈 숲의 허공에서 울리는 소리를 들었다.〔於空林中 聞空中聲言(580a28)〕

T152에서는 '집과 처자를 버리고', T224와 T225에서는 처자에 대한 언급은 없고 다만 '집을 떠나' 산으로 들어간다. T224와 T225의 경우 상제보살은 산속에서 수행을 하던 중 제석천으로부터 반야바라밀에 관해 듣고 그 경을 찾아 떠난다. 그들이 그 경전을 찾은 것은 네거리가 교차하는 큰 도시에서다. 한편 T227의 경우 아무런 전후 맥락 없이 상제보살은 '인적이 없는 숲 속의 공중에서 나는 소

리'를 듣고 곧바로 경전을 찾으러 떠난다. AsP의 세 텍스트 모두에서 상제보살은 담무갈보살에게 자신을 소개하면서 '숲'에서 왔다는 것을 언급한다. 하지만 T227에서 언급되는 산은 상제보살이 도시로 오기 전까지 머물렀던 곳 이상의 의미가 아니다. 그러나 AsP 나머지 두 텍스트인 T224와 T225에서 산은 상제보살이 집을 버리고 찾아간 수행의 장소이며, 붓다를 만나 설법을 듣는 곳이고, 도시로 경전을 찾아 떠나기 전까지 오랫동안 머물렀던 곳이다. 특히 T152의 경우 산의 의미는 AsP의 경우보다 더욱 각별하다. 집과 가족을 다 버리고 산으로 갔을 뿐 아니라, "깊은 산에 들어가 한적한 곳에 머물면서 산의 물과 과실로써 스스로 공양을 했다"[58]고 하여 산에서의 생활을 구체적으로 묘사했다. 반면 T224와 T225에서는 T152에 비해 산의 의미가 상대적으로 약화되었으며, 마침내 T227에서 산은 수행의 장소도 아닐 뿐더러 내러티브 전체에서 큰 의미가 없는 장소가 되고 만다.

상제보살 내러티브에서 산 또는 숲에 대한 이러한 의미 변화는 대승의 기원과 관련한 최근의 연구들과도 일치한다. 대승의 기원에 관한 일련의 연구들에 따르면, 대승은 도시에 기반을 둔 재가자들을 중심으로 출발한 것이 아니라 위험하고 외진 곳에서 엄격한 '고행 수행'을 추구하던 수행자들의 운동에서 출발했다는 것이다.[59] 만일 그렇다면 T152에서 T227에 이르는 '산에서 도시'로의 중심 이동은 대승의 시작과 그 후 전개에 따른 변화를 잘 반영하는 것이라고 보아도 좋을 것이다. 따라서 T227이 성립될 당시에는 이미 대승, 특히 반야경 그룹들은 그들의 중심을 도시와 그 주변으로 옮긴 뒤라고 봐도 좋을 것이다.

한편 산속에서 도시로의 중심 변화는 그들이 점차 재가자들의 지원을 얻기 시작했으며, 산속에서의 명상을 중심한 수행에서 반야 경전에 대한 '경권신앙'經卷信仰(book cult)을 중심한 수행으로 변화했다는 의미이기도 하다. 지금까지 반야 경전을 중심으로 한 '경권신앙'에 관한 본격적인 연구가 없었다. 그러나 5세기 인도를 여행한 법현法顯은 다음과 같은 기록을 남겼다.

> 승려들이 머무는 곳에는 사리불탑舍利弗塔·목련탑目連塔·아난탑阿難塔·아비담탑阿毘曇塔, 그리고 율탑律塔과 경탑經塔이 세워져 있었다. …… 설법이 끝나면 사리불탑에 공양을 하고……
> 비구니는 아난탑에 공양을 하고 …… 사미沙彌는 라훌라탑羅云塔에 공양한다. …… 아비담 논사들은 아비담탑에, 율사들은 율탑에 공양한다. 대승摩訶衍人의 사람들은 **반야바라밀般若波羅蜜**·문수사리·관세음에 공양한다.[60]

법현이 관찰한 '반야바라밀 공양'이 어떠한 형태인지는 분명하지 않지만, 일종의 '경권신앙'적인 형태인 것은 분명해 보인다. 그런데 상제보살 내러티브에 등장하는 경권신앙은 법현이 관찰한 것과는 다른, 어쩌면 더 오랜 형태로 다른 대승 경전에서는 발견되지 않는 것이다. AsP에서 이 경권신앙의 장소가 도시인 것으로 보아 아마도 이것은 반야경 편찬자들이 도시로 이동한 뒤에 본격적으로 시작된 것으로 보아도 좋을 듯하다.

T227에서 상제보살은 마침내 담무갈보살이 『반야경』을 설하는 도시에 도착했을 때를 다음과 같이 묘사한다.[61]

담무갈보살이 있는 곳에는 일곱 가지 보배로 만든 대臺가 있었는데, 붉은 전단향 나무로 꾸몄고 진주를 꿰어 만든 발과 보배로 장식한 종으로 문을 달았으며 네 구석에는 빛을 내는 보석을 매달아 등불을 대신했다. 그리고 백은으로 만든 네 개의 향로에는 침향을 태워 반야바라밀을 공양하고 있었다.

대臺 안에는 일곱 가지 보배로 만든 큰 상이 있었고 그 위에는 네 가지 보배로 만든 상자가 놓여 있었다. 그 안에는 반야바라밀을 써 넣은 황금책이 모셔져 있었다. 대臺의 네 모서리에는 깃발이 가득 드리워져 있었다.*

이 구절은 반야 경전에 대한 경권신앙이 행해지던 어떤 '인공적인 구조물'을 묘사한다. 원래 대臺란 높고 평평한 곳을 가리키는 용어인데, 여기서는 나무로 장식을 하고 문과 네 귀퉁이가 있는 것으로 묘사하는 것으로 볼 때 지금의 '누각'과 비슷한 형태라고 짐작할 수는

* 한글 번역은 동국대학교 역경원에서 출판한 한글대장경 참조. 그런데 한글대장경에서는 대(臺)를 '누각'으로 번역했으나, 나는 그것이 누각인지 분명하지 않다고 판단해 그대로 '대'(臺)라고 번역했음.

있지만 분명하지 않다.

　지금 우리로서는 이 대臺에 대해 아는 바가 거의 없다. 그런데 649년에 편찬된 『광홍명집』廣弘明集에는 여산廬山* 혜원慧遠(334~416)이 지은 살타파륜찬薩陀波倫讚('상제보살을 찬함')이 수록되어 있어, 여기서 우리는 AsP에서 언급하는 '반야대'가 실제로 존재했으며, 어쩌면 AsP에서 언급하는 반야경의 신앙 형태와 비슷한 그 무엇이 실제로 행해졌을 것이라고 짐작할 만한 단서를 찾을 수 있다. 이 제목 '살타파륜찬'에 일종의 주석 같은 것이 부기附記되어 있는데, 이 부기가 혜원 자신이 붙인 것인지 아니면 후대에 편찬자가 붙인 것인지는 분명하지 않지만, 그 내용은 AsP에서 언급하는 그 대臺에 대한 중요한 역사적 정보를 제공하는 것임에 틀림없다.

　제목 '살타파륜찬'에 이어 "因畫波若臺 隨變立贊等"(반야대波若臺 그림을 그리는 계기로 각 장면[變]에 따라 상제보살을 위한 찬을 짓다)이라는 구절이 부기되어 있다. 이 구절만으로는 반야대에 어떤 그림을 그렸는지 정확하게 알 수 없지만, 그것들은 아마도 반야경과 관련한 서사에 바탕을 둔 그림들일 것이다. 왜냐하면 변變(pien)이란 '변문'變文 또는 '변상'變相과 관련이 있는 것으로, 불교 경전 또는 설화 서사의 한 '장면'을 뜻하기 때문이다. 그리고 '반야대'라는 용어가 암시하듯이 그 대臺는 대승 경전 일반을 위한 것이 아니고 반야경을 위한 것이다.

　물론 이 '반야대'가 반야 경전의 서사에 바탕을 둔 동아시아적인

---

* 또는 노산(廬山)이라고도 함.

상상력의 산물일 가능성도 있다. 그러나 5세기 법현의 기록에서도 어떤 형태의 경권신앙이 당시 인도 지역에 존재했다는 것은 확인할 수 있기 때문에, 반야경에 대한 경권신앙이 실제로 행해졌을 것이라고 봐도 좋을 것이다. 어쨌든 AsP의 범본에도 '반야대'에 관한 묘사가 있는 만큼, 반야 경전의 경권신앙은 반야 계통의 경전이 중국에 소개되는 과정에서 함께 소개되었을 것이다. 한편 T227에서 묘사되는 반야경의 경권신앙이 그 전의 텍스트에서 묘사하는 것보다 현저하게 정교하고, 심지어 과장된 것으로 보아 반야경 그룹이 어떤 원시적인 형태로부터 도시 지역으로 그 중심지를 옮기면서 점차 확대되어 간 것으로 짐작된다.

(4) '보살 시대'에서 대승으로

T152에서 붓다가 앞에 나타나자 상비보살은 다음과 같이 말한다.

> 부디 저를 불쌍히 여기셔서, 저의 '얽매임'을 끊어 주시고, 저의 '속박'을 풀어 주시고, 저의 '어둠'을 열어 주시고, 저의 병을 고쳐 주시고, 저를 위해 경을 설해 주십시오.[62]

T152의 이 구절은 AsP의 이역본異譯本 텍스트에서는 전혀 발견되지 않는 내용을 담고 있다. 이 차이는 T152와 AsP 그룹 간에 어떤 중요한 종교적 동기의 변화가 있음을 보여준다. 위 인용문에서 상비보살이 붓다에게 간청하는 내용과 그 표현들은 '대승' 출현 이전 전통

불교의 전형적인 것들이다. 고통의 원인을 과거의 업과 번뇌의 속박이라고 보는 관점도 전통 불교의 관점이거니와, 그것을 표현하는 '병', '환자', 그리고 '치료'라고 하는 '의료적' 은유 또한 전통 불교에서 붓다와 중생의 관계를 의미하는 전형적인 것들이다. 그러나 T152와 달리 AsP에서 상제보살의 관심은 '병'을 극복하는 데 있는 것이 아니라 '지혜의 완성'을 상징하는 반야바라밀 그 자체에 있다. 이런 점에서 볼 때 T152의 상비보살은 전통에서 대승으로의 전환기에 서 있는 미래 대승인의 한 전형적인 모습이 아닐까 생각한다. 이 보살은 새로운 가르침을 찾지만, 그 종교적 열망의 표현은 아직 전통의 그것을 넘어서지 못하고 있다.

여기서 우리는 T152의 인물이 석가보살이며, 아직 AsP의 경우처럼 범부 보살이 아니라는 점을 기억할 필요가 있다. 석가모니의 전생 이야기를 통해 어떤 새로운 모색을 추구한다는 사실은 이후 집단적 정체성을 가진 '대승'의 가르침이 불교사에 등장하는 과정의 한 단면을 시사한다고 생각되기 때문이다. 그 출발은 붓다의 일생을 그리는 불전 문학에 붓다의 전생 이야기를 포함하는 것으로 시작되었다. 그리고 그 전생의 이야기들이 수행 단계에 따른 '발전의 관점'으로 재배치되면서 붓다의 전생과 현생은 단순히 '인과적 관계'만으로서가 아니라 수행의 연속적인 단계로 이해되기 시작했다. 붓다의 전생을 자신의 현생 수행 모델로 삼고자 하는 사람들, 즉 범부 보살이 등장하는 이 시기를 나는 '보살 시대'라 명명하고, 이후 '대승'이란 용어를 통해 스스로의 정체성을 전통 불교와 구별하고자 하는 시기와 구분하고자 한다. 다시 말해 '보살 시대'란 대승의 전사前史로서, 흔히 '원시 대승'이라 부르는 시기로부터 이후 '대승'이라는 정체성을 확립하기까지의 역사적인 과정을 포괄하기 위한 용어다. T152의 상비보살은 바로 그 과정의 출발점에 서 있다. 새로운 가르침을 모색하면서, 그러나 아직 그 종교적인 열망 표현은 전통의 그것을 넘어서지 못하는 상비보살의 모습은 아마도 당시 보살의 한 전형이었을 것이다.

그렇지만 T152가 전적으로 전통 불교의 모습만을 대변하는 것은 아니다. 특히 '무념'無念에 대한 강조는 우리의 주의를 끈다.

> 오온五蘊을 생각하지 말고, '즐거움'도 '고통'도 '선'도 '악'도 생각하지 말고, …… 〔심지어〕'유불'有佛(붓다가 존재함)에 대해서도 '무불'無佛에 대해서도, 경전의 '있고' '없음'에 대해서도, 성현聖賢(성인과 현성)이 '있고' '없음'에 대해서도 생각하지 마라. 네 의도를 비우고, 원하는 바를 끊어라.63

이 구절은 제석천이 상비보살에게 '반야바라밀'의 가르침을 구하러 동쪽으로 가라고 하면서 일러 주는 말이다. 이 말 속에 이미 '반야바라밀'의 핵심이 들어 있다고 봐도 좋을 만큼 이후 전개될 대승 교리의 한 단초를 보여준다. 사실 우리는 이 구절이 AsP 이본 텍스트들에서 내용적으로 훨씬 풍부하고 정교하게 발전하는 것을 볼 수 있다.

T152는 전통과 새로운 것이 섞여 있으면서 AsP의 이본들을 통해 점차 새로운 메시지로 변환하며, 마침내 T227에서 모든 메시지가 반야바라밀이라고 하는 하나의 메시지로 통합된다. 이 점은 이미 일반적으로 승인하듯이 반야바라밀의 교리가 전통적인 교리로부터의 급작스러운 변화에서 시작된 것이 아니라, 수차례의 다양한 발전 단계를 거치면서 이루어진 점진적인 발전의 결과임을 보여주는 것이다.

한편 T152는 대단히 극적으로 이야기의 결론을 맺는다. 붓다의 설법을 들은 상비보살은 곧바로 '현재정'現在定의 선정禪定에 들어간다. '현재정'에서 모든 생각이 끊어지면서, 상비보살은 붓다로부터 미래에 부처가 될 것이라는 수기授記를 받는다. 상비보살이 삼매에서 깨어 붓다를 찾았으나 붓다는 다시 보이지 않았다. 보살은 다시 울면서 "모든 부처님의 신령스러운 빛은 어디서 왔으며, 어디로 간 것인가?"[64]라고 묻는 것으로 T152의 이야기는 끝을 맺는다.

이 결론 조금 앞에는 상비보살의 정성에 감동한 붓다가 그에게 『반야경』을 설하는 법래法來(또는 담무갈)보살이 있는 곳을 알려 주는 대목이 나온다. 그러나 T152에서 상비보살은 붓다가 말한 그 법래보살을 찾으러 길을 떠나지 않고 이야기의 끝을 맺었다. 이것은 『육도집경』의 편찬자가 현재의 결론 이하 부분을 삭제했든가, 또는 상비보살이 붓다로부터 『반야경』의 모든 가르침을 이미 다 받았기 때문이 아니다. 상비보살의 이야기는 여기가 본래 끝이며, 『반야경』을 가르치는 보살의 이야기는 나중에 부가된 것으로 봐야 할 것이다.* T152의 전체 내러티브의 중심 주제는 "모든 부처님의 신령스러운 빛은 어디서 왔으며, 어디로 간 것인가?"라고 묻는 상비보살의 이 마지막 질문에 축약되어 있다고 보아도 좋을 것이다.

상비보살의 이 질문은 오랫동안 대답되지 않은 채 남아 있었다. 어떤 점에서 대승불교는 이 질문에 대답하는 과정에서 등장한 것이라고 할 수 있다. 『법화경』 편찬자들은 불탑 공양과 붓다의 '영원한 수명'을 통해 답을 찾았고, 『반주삼매경』 편찬자들은 붓다에 대한 끊임없는 회상을 통해 '붓다를 현재 대면'함으로써 그 대답을 찾았으며, 『화엄경』 그룹은 붓다의 영원한 우주적인 몸, 법신法身을 통해 그 대답을 찾았다. 그리고 우리는 AsP에서 다음과 같은 대답을 찾을 수 있다.

〔"모든 부처님이 저에게 위로와 가르침의 말씀을 주시고 홀연히 사라졌습니다. …… 이제 이 모든 부처님이 어디로부터 와서 어디로 가셨는지 저에게 일러 주소서"라는 상제보살의 간청에 담무갈보살은 다음과 같이 답한다.〕

모든 부처님은 오는 곳도 없고 가는 곳도 없다. 왜냐하면 여여如如함은 움직임이 없으니 여여함이란 곧 여래이기 때문이다. 선남자여, '생겨남이 없는 것'〔無生〕은 오고 감이 없으니, '생겨남이 없는 것'이란 곧 여래

---

* T152의 이 결론 부분이 AsP 텍스트에서는 중간 부분이다. AsP 이본(異本)들에서 상제보살은 반야경을 찾기 위한 순례를 계속한다. 그 계속되는 이야기 가운데는 담무갈보살에게 공양하기 위한 상제보살의 사신공양(捨身供養)이 소개되어 있다.

다. '실제'實際(reality)란 오고 감이 없으니, '실제'란 곧 여래다. 공空이란 오고 감이 없으니 공이란 곧 여래다.[65]

　이상과 같이 대승불교의 각 경전 그룹들은 그 대답은 다르지만 나름대로 대답을 찾았고, 그들은 한결같이 붓다의 '부재'를 인정하지 않았다. 붓다는 그들과 늘 함께하는 존재였다. 여기에 성문승과 대승의 차이가 있는 것이다. 성문승들은 붓다의 부재를 인정하고 붓다의 가르침으로 살아가면서, 돌아가신 '스승'을 기리고 제자로 살아가는 것을 받아들였다.

　상제보살, 늘 울고 다니는 보살의 이야기를 통해 지금까지 대승이 등장하는 이면의 어떤 종교적 모티프를 찾아보려고 했다. 그리고 AsP의 텍스트를 통해 그 종교적 모티프에 어떤 변화가 일어나는지 살펴보았다. 무불 시대에 붓다를 만나기 위해 끊임없이 울고 다니는 보살은 아마도 대승불교가 시작되려던 바로 그 시기의 전형적인 불교인의 한 모습이었을 것이다. 그 시기는 "왕과 신하의 다툼이 분분하고" 사회는 "타락했으며, 경전도 성현도 사문도 정의도 없는" 그런 시대였다. 이런 낙망落望한 상황을 극복하고자 그는 진정한 법을 찾아 길을 떠났다. 그는 비록 늘 울고 다니지만 소심한 중생이 아니었다. 점차 그는 그의 시대가 무불의 시대가 아님을 깨닫는다. 그리고 대승의 시대에 이르자 진정한 법을 얻기 위해 자신의 한 몸을 기꺼이 희생할 수 있는 '전사'戰士가 된다.* T152에서 T227까지의 내러티브를 통해 상제보살이 '진화'하는 과정은 곧 붓다의 전생이 나의 '현생'이 되는 과정이며,** 역사적으로는 대승불교의 시작과 발전의 전개 과정이라고 생각한다.

---

* AsP에서 상제보살이 담무갈보살로부터 법을 얻기 위해 행하는 사신공양을 의미함.

** 이러한 '미래 대승인들'의 야심은 당시 아비달마 논사들의 눈에는 다음과 같이 매우 '비정상적인 수행자'로 비쳤던 것 같다. 새롭게 등장하는 '대승의 수행자들'을 바라보는 당시 '전통 불교'의 관점이 무척 흥미롭기 때문에 차후의 연구를 위해 여기 소개한다.

復次爲斷實非菩薩起菩薩增上慢故而作斯論. 所以者何. 有諸有情. 以一食施. 或以一衣或一住處. 乃至或以一楊枝施或受持一戒. 或誦一伽他. 或一攝心觀不淨等. 便師子吼作如是言. 我因此故定當作佛. 爲斷如是增上慢故.〔『아비달마대비바사론』(阿毘達磨大毘婆沙論, T1545), 886c15~19〕

한글 번역: 또 진실로 보살이 아니면서 보살이라는 '증상만'(增上慢)을 일으키는 사람들을 위해 이 논을 짓는다. 중생(유정)으로서 한 끼의 음식 또는 한 벌의 옷, 또는 한군데의 거처 또는 한 개의 양지(楊枝)를 보시하거나 하나의 계(戒)를 받아 지니거나 한 게송을 외우거나 또는 한번 마음을 모아〔一攝心〕부정관(不淨觀)을 관하고서 마치 사자처럼 "나는 이로 인해 반드시 부처가 될 것이다"라고 외치는 사람들이 있어 이와 같은 증상만을 끊기 위해서다.

1 전해주(1993), 24쪽.

2 이중표(1995), 6쪽.

3 이중표(1991), 20쪽.

4 na kho ahaṃ brāhmaṇa **devo** bhavissāmīti……na……**manusso** bhavissāmīti **buddho** ti maṃ brāhmaṇa dhārehīti. 〔Aṅguttara-Nikāya II. 38〕 Woodward and Hare(1932~1936), 2:44. (강조는 필자)

5 Kern(1968), 64쪽.

6 Oldenberg(1882), 381쪽.

7 La Vallée Poussin(1962), 741b n.

8 Almond(1988), 140쪽.

9 위의 책.

10 위의 책, 74쪽.

11 이 구절은 *Saturday Review*에 실린 올덴베르그(H. Oldenberg)의 붓다에 대한 설명으로, 앞의 책 75쪽에서 재인용.

12 末木剛博(1970), 24쪽.

13 Conze(1962), 17쪽.

14 Schmithausen(1981), 200쪽.

15 Lamotte(1985), 5쪽에서 인용. Lamotte의 같은 글이 Lopez(1988), 11~27쪽에도 인용되어 있다. 원문은 Wogihara(1971) 참조. 원문은 다음과 같다.
   catvārīmāni bhikṣavaḥ pratisaraṇāni. katamāni catvāri. dharmaḥ pratisaraṇaṃ na pudgalaḥ, arthaḥ pratisaraṇam na vyañjanam, nītārthaṃ. sūtraṃ pratisaraṇam na neyārtham. jñānam pratisaraṇam navijñānam.

16 Lamotte(1985), 18쪽; Lopez(1988), 23쪽. (강조는 필자)

17 같은 책에서 인용. 원문은 Wogihara(1971), 257쪽 참조.

18 Kalupahana(1992), 85쪽.

19 위의 책.

20 위의 책, 87쪽.

21 Gombrich(1988), 58쪽.

22 전해주(1993), 37쪽.

23 위의 책, 36쪽.

24 Conze(1962), 17쪽.

25 sarve tu saṃskārāḥ saṃskāraduḥkhatayā duḥkhāḥ tāṃs tv āryā eva paśyantill āha cātral:

ūrṇapakṣma yathā eva hi karatalasaṃsthaṃ na vedyate pumbhiḥ

akṣigataṃ tu tathā eva hi janayaty aratiṃ ca pīḍāṃ ca

karatala sadṛśo bālo na vetti saṃskāraduḥkhatā pakṣma

akṣisadṛśas tu vidvāṃs tena eva udvejyate gāḍham iti. (Pradhan 1967, 329쪽)

26 Schayer(1935), 124쪽.

27 Lamotte(1985), 20쪽.

28 Winternitz(1983, revised edition) vol II, 3쪽.

29 위의 책.

30 Frank Reynolds and Charles Hallisey(1989), 32쪽.

31 Winternitz(1983, revised edition) [vol. 2, 15 fn. 1쪽; vol. I, 34·242쪽].

32 Richard Gombrich(1990A); (1990B), 6쪽 참조.

33 Bhābrā edict(기원전 249), Lamottee(1988), 234~235·236쪽 참조.

34 『사문과경』(Sāmaññaphala Sutta)[40 이하]; 『암바타경』(Ambaṭṭha Sutta)[1.2]; 『소나단다경』(Soṇaḍaṇḍa Sutta)[2.2] 등.

35 요약 번역. 팔리어 본과 영역본은 다음과 같다. 『Mahāvagga』[The Great Division of Discipline] I, 11.1; The Book of Discipline IV, 28쪽.

36 Aleida Assmann, Erinnerungsraume, 변학수 외 옮김, 『기억의 공간』, 경북대학교 출판부, 2003.[이하 인용은 변학수 외(2003)]

37 불교 전통에서 '기억'의 문제는 Janet Gyatso ed., *In the mirror of memory*, SUNY Press, 1992 참조.〔이하 인용은 Gyatso(1002)〕

38 Gyatso(1992), 9·10~12쪽.

39 Gyatso(1992), 6~10쪽.

40 이하 '기술로서의 기억'과 '활력으로서의 기억'의 구별과 특징에 관한 내용은 변학수 외(2003), 33~34쪽 참조.

41 위의 책.

42 위의 책, 35쪽.

43 위의 책, 11쪽.

44 Erich Frauwallner의 설. "The Earliest Vinaya and the Beginning of Buddhist Literature", *Serie Orientale Roma* VIII, Roma: Is.M.E.O., vol.8, 1956 참조.

45 Gombrich(1990) 참조.

46 Schopen(1987), 124~125쪽.

47 Williams(1989), 3쪽.

48 Schopen, 앞의 책.

49 T152, 43a13~43c20, 강승회 역, 251년.

50 '선도무극'(禪度無極)으로 번역(T152, 43c20).

51 干潟龍祥(1954), 105쪽.

52 明度無極聖典(T152, 43b17); 明度無極之經(43c8).

53 T224, 471a09.

54 T224, 471a12.

55 T225, 504a5.

56 Przyusky(1967), 96쪽. 또한 Kulke(1986), 70~71쪽 참조.

57 "佛像在前立", T227, 580c18 참조.

58 入深山處閑寂. 以山水果蓏自供(T152, 43a26).

59 안성두(2008).

60 衆僧住處作舍利弗塔目連阿難塔幷阿毘曇律經塔…… 說法已供養舍利弗塔.……

諸比丘尼多供養阿難塔. 以阿難請世尊聽女人出家故. 諸沙彌多供養羅云. 阿毘曇師者供養阿毘曇. 律師者供養律. 年年一供養. 各自有日. 摩訶衍人則供養般若波羅蜜文殊師利觀世音等(T2085, 859b18~859b28).

61 曇無竭菩薩所, 有七寶臺, 牛頭栴檀而以校飾. 眞珠羅網, 寶鈴間錯. 四角各懸明珠, 以爲光明. 有四白銀香爐, 燒黑沈水, 供養般若波羅蜜. 其寶臺中, 有七寶大床. 床上有四寶函, 以眞金鍱, 書般若波羅蜜置函中. 其臺四邊, 垂諸寶幡(T227, 583b17~22).

62 T152, 43b27~43c1.

63 요약 번역. 無念色痛想行識. 無念苦樂善惡. 耳目鼻口. 身心吾我. 及人往世所更. 來世之事. 無念地水火風空. 青黃白黑都及衆色. 貪淫瞋恚愚癡嫉妬. 男女九族. 左右前後高下遲疾. 無念有佛無佛. 有經道無經道, 有賢聖無賢聖. 空爾意絶衆願(T152, 43b11~43b16).

64 "諸佛靈耀自何所來. 今逝焉如"(T152, 43c19~20).

65 諸佛無所從來去無所至. 何以故. 諸法如不動故諸法如卽是如來. 善男子. 無生無來無去無生卽是如來. 實際無來無去. 實際卽是如來. 空無來無去. 空卽是如來(T227, 584a22~25).

2부

—

동아시아 불교의
역사적 형성과 그 전개

4장 경쟁하는 두 붓다
: 문화적 상호 작용의 동역학

1. 들어가는 말

인도의 종교 문화적 산물인 불교의 동아시아 전파는 일방적인 '문화 이식移殖' 과정이 아니었다. 그것은 한편으로 이질적인 문화의 유입에 따른 갈등 과정이었으며, 다른 한편으로는 외래 문화가 지방 문화local culture에 정착하면서 겪는 교차 문화적 적응, 즉 동화와 변용의 과정이었다. 따라서 한역 경전을 중심으로 전개되는 동아시아 불교를 이해하기 위해서는 그 전사前史로서 '인도적인 것'이 동아시아 문화권에서 수용되고 변용되는 역사적인 과정을 살펴볼 필요가 있을 것이다.

이 장에서는 불교 전통에서 대표적 '구원의 존재'salvific figures인 미륵彌勒(Maitreya)신앙과 아미타불阿彌陀佛(Amitabha)신앙이 인도에서 어떻게 시작·형성 되었고, 중국과 한국 등 지역 문화권에서 어떻게 수용·변용·동화 되었는지를 개관함으로써 동아시아 불교의 역사적 형성 과정의 한 단면을 살펴보고자 한다. 나아가 이러한 사례 연구를 통해 각 지역 문화권의 독특한 특징들 또한 살펴볼 수 있는 기회가 마련될 것으로 기대한다.*

인도를 비롯한 각 지역 문화권에서 전개되는 미륵과 아미타불에 대한 신앙의 형태를 살펴보기에 앞서, 이 두 존재가 범불교적 전통 안에서 함의하는 서로 다른 구원론의 의미를 살펴볼 필요가 있다. 미륵과 아미타불은 여러 점에서 대조적이다. 미륵은 불교 전통이 상정하는 여러 개의 '하늘'〔天, deva-loka〕 가운데 하나인 도솔천兜率天 (Tuṣita)에 현재 머물며,** 미래에 이 지상에 부처로 태어나기를 기다리는 보살bodhisattva이다. 미륵은 역사의 '특정한 시기', 말하자면 역사적인 시간의 범위 안에서 그의 신성한 실체가 구현된다는 점에서 유사類似 역사적인quasi-historical 존재라고 할 수 있다. 반면 아미타불은 이미 부처로서 정토淨土(Sukhāvatī)라는 자신의 고유한 불국토佛國土에서 중생들을 구원하고 있다. 아미타불은 자신의 신성한 실체가

---

* 여기서 '인도', '중국', '한국' 등의 명칭은 근대 이후에 성립된 지금의 영토 개념이 아니라, 이들 국가의 현재 영토를 중심으로 한 전근대 전통 시대의 문화권을 가리키는 용어다.

** 도솔천(兜率天, Tuṣita)은 '희락'(喜樂), 즉 〔모든〕 즐거움을 구족한 곳이라는 의미다. 이 도솔천은 불교의 삼계 가운데 가장 하위에 속하는 욕계(欲界)의 여섯 '하늘' 중 하나다. 미래불인 미륵의 거처가 욕계에 속한 장소라는 사실은 동아시아에서 전개되는 미륵 신앙의 형태에 결정적인 영향을 미친다. 미륵의 거소(居所)가 욕계의 하늘인 도솔천이라는 점을 고려할 때 반가사유상의 아름다운 여성적인 자태와 미소는 욕계의 욕망을 완전히 구족한 '희락'의 한 표현으로 봐야 하지 않을까? 그렇다면 서양의 철학자 칼 야스퍼스가 일본에서 미륵보살반가사유상을 보고 탈속의, 초월적인 '절대적 이상세계'라고 극찬한 것은 도솔천의 의미를 잘 모르는 데서 빚어진 일종의 오리엔탈리즘적 '과장 해석'이거나 '오해'라고 봐야 할 것이다.

공간적·시간적 범위를 넘어선 차원에서 이미 실현되고 있다는 점에서 신비적이며 초역사적인 존재다. 한편 아미타불에 대한 신앙은 중생 구제에 관한 아미타불 자신의 약속과 능력에 근거한다. 아미타불을 믿는 자는 어떤 고통도 없는, 천상의 지복至福만이 존재하는 정토에 다시 태어난다는 것은 전적으로 아미타불 자신의 원력願力에 의한 것이기 때문이다.

한편 미륵신앙의 형태는 매우 다양하다.* 불교 전통에서는 그 신

---

* 잔 나티에(Jan Nattier) 교수는 다음과 같이 미륵신앙의 네 가지 유형을 제시했다. 구원은 여기(here) 지상에서 이루어지는가, 또는 저기(there) 도솔천에서 이루어지는가. 그리고 지금(now) 현생에서 이루어지는가, 아니면 이후(later), 즉 죽은 뒤에 이루어지는가? 이를 정리하자면 '여기-지금', '여기-이후', '저기-지금', 그리고 '저기-이후'의 네 가지 모델이다. 나티에 교수는 '지금'과 '이후'라는 시간 틀과 '이곳'과 '저곳'이라는 구원의 장소를 결합시킴으로써 다양한 문화적·역사적 맥락 안에서 미륵신앙을 조망할 수 있는 매우 흥미로운 '관점의 틀'을 제공했다.〔Nattier(1988), 23~47쪽〕 그러나 알랜 스폰버그(Alan Sponberg) 교수가 주장하듯, 이러한 분류 방식은 해석학적인 도구로는 유용할지 모르지만 이것이 실제 미륵신앙에 대한 역사 자료를 반영하는 것은 아니다. 예를 들어 미륵에 대한 원효의 태도가 그러한데, 원효의 미륵신앙관은 매우 복잡해 나티에가 제시한 네 유형 중 어느 하나로 규정될 수 없기 때문이다. 스폰버그는 나티에가 제시하는 미륵신앙의 네 가지 유형을 부정하면서, 미륵신앙과 관련한 역사적인 자료들을 통해 오직 두 가지 입장의 극명한 대조만을 발견할 수 있을 뿐이라고 주장한다. 아주 먼 미래에 미륵불이 지상에 환생한다는 주류 전통(the postmillenarian core tradition)과, 종말론적이고 혁명적인 운동과 종종 관련되어 지금 곧 미륵불이 나타날 것이라는 비주류 전통(the premillenarian minor view)이 그것이다. 이에 따라 그는 "'여기'(here)나 '저기'(there)는 중요한 구분이 아니다. 정말 결정적인 구분은 '지금'(now)과 '이후'(later)의 구분이다"라고 결론짓는다.〔Sponberg(1988), 103쪽〕 동아시아 전통의 미륵신앙을 고려할 때, 스폰버그의 이러한 결론은 옳다고 생각한다. 먼 미래에 미륵불이 나타날 것이라는 주류적인 전통에서는, 스폰버그가 말했다시피 미륵 신도들이 도솔천에

앙의 형태를 '상생'上生 또는 '하생'下生의 두 유형으로 분류하는 것이 일반적이다. '상생' 유형에서는 신도가 도솔천에 환생해서 미륵을 친견하고자 하는 형태의 신앙이며, '하생' 유형에서는 미륵이 부처로 지상에 출현하는 그때 자신도 함께 이 지상에 재생再生하기를 바란다. 그러므로 이 두 유형 사이에는 미륵이 현재 거주하는 도솔천이라는 '장소'와 미륵이 부처로서 미래에 도래할 '시간'이라는 강조점의 차이가 있다. 불교 전통에서는 일반적으로 미륵의 하생을 먼 미래의 일로 생각하는 것이 일반적이었다. 그러나 때로 미륵신앙이 기존 질서의 전복을 바라는 혁명 사상이나 사회적인 실천 운동과 관련될 경우, 미륵의 '하생'을 보다 임박한 것으로 믿었다. 한국을 비롯한 동아시아 전통에서 혁명의 지도자들이 미륵의 하생이 임박했음을 주장하거나, 또는 스스로 미륵의 현현으로 자처했던 역사적인 사례는 그리 드문 것이 아니었다.

2. 인도와 중앙아시아에서의 아미타신앙과 미륵신앙: 그 기원과 전개 양상

상좌부 전통과 대승불교 전통 모두 미래불未來佛로서 미륵의 존재

올라가 미륵을 만나고 싶어 하든, 미륵이 세상에 출현할 때 다시 환생하고 싶어 하든, 그들은 완전하고 완벽한 깨달음을 나중에 얻으려고 한다. 그러나 미륵이 곧 출현할 것이라는 비주류 전통에서는 미륵 신도들이 지금 여기에서 미륵의 강림과 함께 완벽한 세상이 실현될 것이라고 믿는다.

를 인정하지만, 인도 불교에서 '미륵신앙'의 기원은 대단히 불분명하며 복합적인 양상이다. 미래의 붓다로서 미륵을 인정하는 다양한 문헌 자료들은 단편적일 뿐만 아니라 상호 모순적인 경우가 많아, 불교사 안에서 미래불로서의 미륵에 관한 개념과 미륵신앙의 발전 모습을 추적하는 것은 매우 어렵다. 상좌부 전통의 디가 니카야Dīgha-Nikāya(長部)의 『차카바티시하나다경』Cakkhavattisīhanāda-sutta과 『전륜성왕수행경』轉輪聖王修行經은 비록 간략하기는 하지만 미래세의 부처로서 미륵을 언급하는 최초의 자료 가운데 하나다.[1] 한편 비정전非正典 문헌 자료 가운데서는 출처와 연대가 불분명한 『안아가타 밤사』 Anagatavaṃsa와 『마이트레야 비야카라나』Maitreyavyākarana(彌勒下生成佛經)만이 미륵과 관련된 문헌이다.

이와 같이 팔리어 경전에서 미륵에 대한 언급이 매우 드물다는 사실에서 짐작할 수 있듯이, 상좌부 전통의 초기 불교에서는 미륵의 존재에 대해 별다른 관심을 보이지 않았다. 그러다가 기원후 5~6세기가 되어서야 미륵에 대한 관심이 생겨나기 시작한다.[2] 대중부大衆部 (Mahāsaṅghika)의 경전인 『마하바스투』에서 우리는 미래불의 명단과 함께 석가모니 바로 다음의 부처로서 미륵에 대한 언급과, 미륵의 삶과 수행에 대한 어느 정도 완성된 이야기를 볼 수 있다. 이에 근거해 자이니Padmanabh S. Jaini 교수는 초자연적인 존재로서의 '보살' 개념을 발전시킨 것으로 알려진 이 대중부에서 미륵의 이야기가 발전했다고 주장했다.[3] 그러나 현존하는 『마하바스투』가 기원전 2세기에서 기원후 3~4세기에 이르는 오랜 기간에 걸쳐 편집된 것이라는 점을 감안한다면, 미륵의 이야기가 완전히 대중부 안에서만 발전했다고 보는 것은 무리다. 『마하바스투』 외의 자료들에도 비록 단편적이기는 하지만 매우 중요한 미륵의 이야기들이 산재되어 있기 때문이다. 이 문제와 관련해 세계 불교학계의 일부에서는 미륵신앙에 대한 비불교적인 영향의 가능성, 특히 페르시아 지역에서 숭배되었던 미트라Mithra 신앙의 영향이 제기된 바 있다.4 이러한 논의들을 종합해 볼 때 미륵에 관한 여러 서사는 그 기원이 어디에 있든 결국 고대 인도 불교인들의 광범위한 관심 속에서 여러 불교 부파에 의해 발달한 것이라고 봐야만 할 것이다.

한편 불교 전통에서는 샤캬무니 붓다가 이 세상에 태어나기 직전에 도솔천에 머물렀던 것처럼, 미래에 부처가 될 보살이 지상에 태어나기 전에 도솔천에 머무는 것을 일종의 규칙(?)처럼 생각해서 미륵이 현재 도솔천에 머문다는 것을 정설定說로 받아들이고 있다. 하지만 미륵이 도솔천에 머문다는 언급은 초기 경전에서는 발견되지 않는다.5 경전의 성립 순서상 미륵이 도솔천에 있음을 언급하는 최초의 경전은 『법화경』法華經이지만, 미륵과 도솔천에 관한 내용을 포함하는 제26장 다라니품陀羅尼品 자체가 『법화경』이 성립된 뒤 후대에 첨부된 것이라고 여겨지는 만큼 『법화경』을 최초의 전거로 삼을 수는 없다. 상좌부 전통의 팔리어 텍스트들 중에서 미륵이 도솔천에 있음을 언급하는 자료는 정전正典이 아닌, 『마하밤사』다.6 이와 같이 정전과 비정전 자료를 종합해서 볼 때, 미륵이 석가모니 다음의 부처라는 점은 비교적 이른 시기부터 알려졌지만, 미륵이 도솔천에 머문다는 이야기는 상당히 후대에 만들어진 것이라고 결론지을 수 있다.

더구나 대승의 초기 경전과 상좌부 전통의 정전正典 자료들에서는 아직 미륵을 신앙의 대상으로 삼는 미륵신앙에 대해서는 언급하지 않고 있기 때문에 우리는 인도 안에서 미륵신앙이 생겨나는 데 상당한 시간이 소요되었으며, 미륵신앙은 그의 거처가 도솔천으로 결정된 뒤에 비로소 생겨난 것이라고 짐작할 수 있다. 후대에 중앙아시아나 동아시아에서 미륵신앙이 성행했음을 감안한다면, 불교의 본고장인 인도에서 미륵에 대한 신앙이 이렇게 더디게 발전했다는 것은 조금은 예상 밖이라고 할 수 있다. 하지만 우리는 이에 대해 다음과 같은 세 가지 이유를 생각해 볼 수 있다.

첫째, 상대적으로 샤캬무니 붓다가 활동하던 시기와 비교적 가까운 시대를 살았던 인도의 초기 불교도들에게 미륵은 별로 매력적이지 않았을 수도 있었다. 그들에게는 미륵의 예정된 도래가 너무 먼 미래의 일로 생각되었을 것이다.

둘째, 대부분의 미륵과 관련된 이야기는 성인전聖人傳(hagiography)의 양식이었다.* 따라서 당시 인도의 초기 불교도들에게 일반적으로 받아들여지던 샤캬무니 붓다의 정통적인 가르침과 잘 맞지 않는 부

---

* 성인전(聖人傳, hagiography)은 종교적인 인물의 삶을 소재로 하는 전기(傳記, biography) 문학의 일종이지만, 기적(奇蹟)이나 영웅담과 같은 종교 설화들을 실제 역사적인 사실과 구분하고 있지 않다는 점에서 전기 문학과 구별된다. 붓다의 일생을 소재로 한 대부분의 불전 문학은 전기 문학의 형식을 띠지만, 그 내용면에서 본다면 성인전에 속한다.

분이 있었다. 어떤 초월적인 권위나 계시적 신성神聖에 의지하지 말고 오직 이법理法(dharma)과 자신에 의지해서 수행하라는 붓다의 가르침을 생각할 때, 미륵신앙이 가지고 있는 비정통적인 성격은 쉽게 받아들이기 어려웠을 것이기 때문이다.

셋째, 인도의 불교도들에게 도솔천은 이상적인 재생再生의 장소가 아니었다. 도솔천은 불교의 우주관에서 가장 낮은 영역인 욕계欲界에 속했으며, 미래의 부처가 그곳에 머무는 것은 오직 인간 세계와 가깝다는 이유 때문이다.

인도 불교에서 '미륵신앙'의 부재와 관련해 흥미로운 사실은, 인도 불교의 주석가들이 미래불인 미륵에게 교리에 대해서 묻기 위해 명상을 통해 도솔천을 방문했다거나 방문을 원하는 경우는 찾아볼 수 있지만, 그곳에 재생하기를 원했던 경우는 없었다는 점이다.

결론적으로 미륵은 샤캬무니 붓다의 '본고장'과 멀리 떨어진 인도 '바깥' 지역에서 인기가 있었으며, 상당한 후대가 되어서야 인도와 동남아시아에서 인기를 누렸다고 볼 수 있다. 인도 '바깥' 지역에서 미륵이 누렸던 인기는 4세기경 인도의 서북쪽 변경 지방을 여행했던 구법승 법현法顯의 기록을 통해 잘 알 수 있다.7 뿐만 아니라 중앙아시아 지역, 특히 현재 인도와 이란의 접경 지대에서 발견되는 수많은 미륵상들 또한 한때 이들 지역에서 성행했던 미륵신앙을 증언해 주는 역사적 유물들이라고 할 수 있다. 후대의 상좌부 전통에서 미륵이 인기가 있었다는 사실은 5~6세기경의 비정전非正典 문헌들을 통해 잘 알 수 있을 뿐 아니라,8 7세기 인도 지역을 여행했던 구법

승 현장玄奘의 증언에 의해서도 확인할 수 있다.[9]

한편 인도 불교 전통에서 정토淨土와 관련한 아미타불신앙을 살펴보면, 미륵신앙과 흥미로운 대조를 이룬다. 그레고리 쇼펜은 1977년 자신의 논문 「Sukhāvatī as a Generalized Religious Goal」일반화된 종교적 목표로서 정토에서 아미타 정토와 관련한 당시까지의 정설을 뒤엎는 주장을 설득력 있게 제시해 학계의 이목을 끌었다.[10] 먼저 쇼펜은 정토에 재생하고자 하는 것은 재가자들만의 종교적 목표가 아니라, 인도의 거의 모든 대승 전통의 출가자들에게도 타당한 종교적 목표였다는 점을 지적했다. 두 번째로 쇼펜은 인도 불교의 경우 정토에 재생하기 위해 아미타불에 대한 특정한 신앙 행위가 요구되지는 않았다는 점을 지적했는데, 이는 동아시아 전통의 정토 불교와는 확연히 구별되는 점이라고 할 수 있다.

미륵신앙과 아미타 정토에 관한 지금까지의 논의를 통해 우리는 인도 대승불교에서의 정토에 대한 관념, 그리고 보다 일반적으로는 기원 2세기경 인도 불교의 구원론적 지향점에 대해 어느 정도 판단을 내릴 수 있을 것 같다. 먼저, 동아시아와 달리 인도에서는 아미타불과 미륵에 대한 상호 배타적인 신앙 형태가 생겨나지 않았다.* 동아시아의 아미타신앙이 관觀(visualization) 또는 염불과 같이 아미타불

---

* 인도의 비종파적인 정토와 아미타불 개념에 대해 에릭 쥐르흐(Erich Zürcher)는, "인도와 중앙아시아에서는 아미타불에 대한 복합적인 믿음이 대승불교 안에서 독자적인 종파로 형성된 적이 한 번도 없다"고 언급했다. Zürcher(1987), 235쪽.

의 상相에 집중한다거나 아미타불의 명호名號를 외우는 등 철저하게 아미타불에 헌신하는 신앙 행위를 강조했던 반면, 초기 인도 대승불교의 텍스트들은 아미타불의 정토에 재생하기 위한 방법으로 보시나 사경寫經 같은 불교 전통의 매우 일반적인 방식의 신앙 행위를 언급했을 뿐이다.[11] 두 번째로 우리의 관심을 끄는 사항은 정토가 출가자들의 종교적 목표가 되었다는 점이다. 잘 알려진 대로 인도 불교의 출가 전통은 동아시아 전통과 비교할 때 천天이나 사후死後 관념에 대해 상대적으로 무관심했다. 인도 불교는 윤회로부터 벗어나는 것을 궁극적인 종교적 목표로 하는 인도의 오랜 고행주의 전통에서 생겨난 것이었다. 이러한 출가 수행의 지향점을 고려할 때, 정토 또는 어떤 다른 불국토에 재생하고자 하는 것은 출가자의 최종적인 종교적 목표가 될 수 없었다. 그것은 기껏해야 부수적인 목표로, 헌신적인 행위를 통해 천상에 태어나는 것을 추구하는 재가 신자들에게나 적합한 종교적 목표였다.

그렇다면 우리는 정토에 태어나는 것을 재가자뿐만 아니라 출가자의 종교적 목표로 제시하는 기원 2세기 이후의 인도 대승 경전들을 어떻게 이해해야 할 것인가? 이 문제와 관련해 좀 더 종합적인 연구를 기다려 봐야 하겠지만, 우리는 기원을 전후해서 널리 퍼진 '멸법'滅法 관념에 주목할 필요가 있다. 인도의 불교도들은 샤캬무니 붓다는 그의 반열반般涅槃과 함께 더 이상 이 세상에 존재하지 않으며, 유일하게 존재하는 것은 그의 가르침뿐이라고 믿었다. 그러나 그 가르침조차도 일정 기간—대개는 500년 정도, 그러나 전통에 따라서는 1500년 또는 5000년 정도 — 지속되다가 그 뒤 훼손되거나 거짓된 상법像法의 가르침만이 세상에 횡행할 것이고, 이것마저 사라진 뒤에는 말법未法의 시대가 온다고 믿었다.[12] 붓다의 가르침이 쇠퇴한다는 이러한 관념은 종말론적인 생각으로 이해되기도 했으며, 미륵이 다음 세상의 붓다로서 샤캬무니 붓다의 가르침을 복원하러, 또는 새로운 가르침을 펼치러 도솔천에서 내려올 것이라는 생각과 연관되기도 했다. 그러나 '멸법'이라는 관념 자체에 담겨 있는 비관적인 생각은 인도 불교의 출가자들로 하여금 대승불교의 궁극적인 목표인 현세에서의 '완전한 깨달음'[무상정등각無上正等覺]을 포기하게 만들고, 그 대신 성불成佛이라는 목표를 추구하기에 이상적인 조건을 지닌 정토에 태어나는 것을 희구하게 했을 수도 있었다고 생각한다.*

이상으로부터 아미타불과 정토에 대한 인도 불교의 관점은 다음과 같이 요약될 수 있을 것이다.

첫째, 인도에서 아미타불은 동아시아에서와 같이 신앙 대상으로 발전하지 않았고, 이에 따라 정토에 왕생하기 위해 아미타불에 대한 배타적이며 헌신적인 신앙 행위가 필요치 않았다. 정토는 정토를 믿는 사람들만을 위한 곳이 아니라, 그곳에 태어나기를 염원하는 모든

---

* 이러한 가능성은 『삼매왕경』(Samadhirāja Sūtra)의 한 구절에 관한 그레고리 쇼펜(Gregory Schopen)의 고찰에 의해서도 뒷받침된다. 그곳에서 정토는 '선남자, 선여인'에겐 궁극적인 목표로, '보살'에게는 무상정등각을 향한 하나의 단계로 제시되고 있다. 승려들은 후자의 경우가 자신들에게 해당한다고 느꼈을 수도 있다. Schopen(1977), 192쪽.

이들을 위한 곳이었다. 어떤 경전들은 미래불인 미륵을 신앙하거나 그의 형상을 만들더라도 아미타불의 정토에 왕생할 수 있다고 주장한다.* 정토 왕생에 대한 이러한 인도 불교의 관념은 이후 전개될 동아시아 불교 전통에서 정토는 오직 아미타불, 도솔천은 오직 미륵과 연관되어 있다는 '정토 관념'과는 확연하게 구별되는 것이다.

둘째, 비록 출가 중심의 오랜 고행주의 전통이 천상에 재생再生하는 것을 경시하긴 했지만, 기원 2세기경 이후 정토는 출가자들에게도 타당한 목표로 여겨지기 시작했다. 이는 '멸법'滅法에 대한 관념과 관련이 있을 수도 있다. 당시의 상황이 정법이 쇠퇴한 상태로 여겨졌음을 고려한다면, 출가자들은 궁극적인 깨달음을 향한 중간 단계로서 정토에 태어나기를 희구했을 수도 있다.

셋째, 아미타불신앙과 미륵신앙이 경쟁하는 관계였다는 증거는 없다. 이러한 사실은 이후에 중국 불교에서 아미타불신앙과 미륵신앙 사이에 형성되었던 경쟁 관계와 대비된다.

---

* 4~5세기경 한반도에서 만들어진 것으로 보이는 한 미륵상에서 미륵상을 조성(造成)하는 공덕으로 아미타불 정토에 재생할 것을 기원하는 명문(銘文)이 발견되었다. 조성된 불상과 명문이 일치하지 않는 이 사실에 대해 일부 한국과 일본의 학자들은 고대 한반도의 불교도들이 불교 교리와 도상학을 잘 이해하지 못했기 때문이라고 생각한다. 그러나 정토와 관련한 인도 대승 경전의 내용에 비추어 볼 때, 그 명문의 내용은 인도 대승 불교의 전통과 잘 부합하는 것이라고 할 수 있다.

3. 중국 불교에서의 아미타신앙과 미륵신앙: 배타적 경쟁의 전개

중국에서 미륵신앙과 아미타신앙이 어떻게 전개되는지 살펴보기로 하자. 불교가 처음 중국 지역에 소개되었을 때, 당시 중국 북방을 점령하고 있던 유목 민족과 남쪽의 한족漢族은 서로 다른 반응을 보였다.

북방의 유목 민족은 처음부터 불교에 우호적이었다. 특히 북방의 왕들은 불교가 자신들이 원하는 관심사를 충족시켜 줄 수 있다는 점을 발견했다. 불교의 업설業說은 혈연관계로 왕권을 계승하던 한족 왕실에 의해 무시당하던 북방 '오랑캐' 국가들의 '선출제 왕권'electoral kingship에 특별한 의미와 정당성을 부여해 주었다. 게다가 미륵, 그리고 미륵과 관련한 전륜성왕轉輪聖王(cakravartin) 개념은 당시 그들의 한족에 대한 침입과 정복을 정당화해 줄 수 있었다. 북방 유목민들은 불교 경전과 설화를 통해 전륜성왕이 먼저 세상을 완전하게 만들었을 때, 미륵이 도솔천에서 이 세상으로 내려올 것이라는 점을 믿었다. 북방 유목 민족의 왕들은 적극적으로 미륵신앙과 함께 불교를 국교國敎(state religion)로 받아들였으며, 이를 한반도를 비롯한 다른 지역으로까지 전파하는 데 주저하지 않았다.

반면 유교적 가치와 사회 질서에 기반한 한족의 경우 불교를 받아들이는 데 주저했으며, 심지어 적대적으로까지 생각했다. 불교의 출가 전통과 사원에서의 금욕적인 수행은 가족의 혈연적 유대를 중요시하는 한족에게는 이질적인 문화였으며, 자신들의 조상 숭배 전통을 위협하는 것처럼 보였다. 한족이 불교를 받아들이는 것은 북방 유목민들의 침입으로 급격한 사회 구조의 변화를 겪고 난 뒤다.

북방 유목 민족의 중원中原 침입으로 삶의 터전을 잃어버린 한족은 양쯔 강 이남 지역으로 이동한다. 유민流民들은 유교 전통에서 가장 신성시되던 사당祠堂과 조상들의 묘를 버리고 그들의 고향을 떠날 수밖에 없었다. 이러한 사회적 대격변 속에서 기존의 가치관은 그 유용성과 현실성 측면에서 상당한 도전을 받았고, 이에 따라 한족의 중국 사회에 새로운 종교 관념들이 들어설 여지가 마련되었다.

한족은 고향을 떠났기 때문에 더 이상 사당이나 조상의 묘에서 선조를 모실 수 없었을 뿐 아니라, 심지어 혼란의 와중에 가족 구성원의 시신조차 찾지 못한 채 강남 지역으로 쫓겨 온 경우도 있었다. 전통 유교 관념으로는 있을 수 없는 일이었고, 유교 전통이 이런 경우에 대처할 수 있는 것은 지극히 제한적이었다. 이러한 상황에서 불교는 당시 거의 마비 상태가 된 유교의 의례와 종교적인 기능을 대신하는 '대체 종교'로서 한족의 관심을 받기 시작했다. 불교 승려들은 회한과 죄책감으로 고통받는 살아남은 자들에게 종교적 위안을 가져다줄 수 있었으며, 피난길에 죽은 이들의 영혼 또한 달래 줄 수 있었다. 이와 같이 한족의 중국 사회에서 죽은 이들의 명복을 기리는 불교의 역할은 이후에도 전쟁터에 사찰을 짓는 행위를 통해 계속 이어졌다. 당唐나라의 태종은 전쟁에서 죽은 이들의 영혼을 달래기 위해 전쟁이 벌어졌던 지역에 일곱 개의 탑과 사찰을 지었고, 때로는 모든 불교 사찰로 하여금 전사자들을 기리기 위한 행사를 거행할 것

을 명하기도 했다.[13]

불교가 한족의 중국에서 자리 잡으면서 한족의 관심은 아미타불에 모이기 시작했다. 마츠모토 분자부로松本文三郎는 중국에서 아미타불이 대중적으로 인기가 있었던 이유로 다음 세 가지 사실을 들었다. 먼저 아미타불의 정토에 대한 믿음을 주장하는 인도 경전들이 번역되었다는 점, 두 번째로 정토 사상이 배타적으로 오직 아미타불과 관련해서 발달했다는 점, 세 번째로 아미타불을 다루는 불교 경전에 대한 주석서들의 수가 늘어나고 있었다는 점이다.[14] 하지만 마츠모토 분자부로가 제시하는 세 가지 사실은 아미타불신앙의 대중성에 대한 이유라기보다 오히려 그 대중성의 결과라고 해야 할 것이다. 나는 당시 한족의 중국 사회에서 아미타불에 대한 대중의 관심이 컸던 이유는 '극락왕생'이라고 하는 아미타불의 구원론적 지향점이 한족의 중국 사회에서 도교와 민간신앙의 지속적인 관심사였던 사후死後의 영생永生에 대한 염원을 실현하는 것으로 받아들였기 때문일 것이라고 생각한다. 그리고 이와 관련해 '공덕의 회향'이라는 대승불교의 교리가 중국인들의 조상 숭배 틀 속에 자연스럽게 동화되면서, 아미타불의 불상佛像을 조성해 죽은 가족의 정토왕생을 비는 것도 조상 숭배의 한 형태로 한족의 중국 사회에서 자연스럽게 받아들일 수 있었기 때문일 것이다.

이러한 과정을 잘 반영하는 중요한 변화가 불상의 조성과 관련해서 일어났다. 북방 유목 민족이 지배하던 북조北朝 시대에는 미륵이 중국 지역에서 가장 중요한 불교적 존재였다. 예를 들어, 북위北魏

(386~534) 시대에 룽먼龍門 석굴과 윈강雲崗 석굴에 만들어진 미륵상은 아미타불상보다 거의 다섯 배나 많았다. 그러나 한족이 아미타불신앙을 중심으로 사후의 영생에 관심을 두면서 미륵에 대한 관심은 급속하게 쇠퇴하기 시작한다. 당나라 때 룽먼과 윈강 석굴의 아미타불상 수는 미륵상보다 열 배 가까이 증가했다.[15]

한편 한족 중국의 관심이 아미타불로 집중하는 것에 대해 다음과 같은 정치적인 관점의 설명도 할 수 있을 것이다. 수隋나라에 의해 중국이 통일된 뒤 북방 유목 민족이 신앙하던 형태의 불교는 꺼림칙하게 여겨질 수 있었다. 또 비非한족 계열의 왕권이 미륵신앙에 호소해 그들 '선출제 왕권'의 정당성을 찾으려 했다는 사실은 새로운 한족 왕조에게는 쉽게 잊혀질 수 없는 일이었다. 더구나 기존의 중앙 질서에 대항하는 저항과 혁명에 이용되곤 하던 미륵신앙은 한족의 통일 왕조인 수나라나 당나라에서 쉽게 지지를 받을 수 없었다. 그러므로 한족 왕실의 지원을 받았던 것은 지상으로부터 아주 먼 곳에 거주하며, 지상으로 내려와 세속의 왕권을 위협할 위험이 없는 아미타불이었다.

그런 한편 아미타불 정토에 왕생하는 것이 매우 다양한 종교적 행위에 의해 가능하다고 생각했던 인도 전통과 달리, 중국 불교는 아미타불을 향한 헌신만이 정토에 태어날 수 있는 유일한 길이라고 여기기 시작했다. 중국의 정토 불교도들은 아미타불의 명호를 염불하거나 아미타불의 형상을 만드는 것이 정토로 가는 유일한 방법이라고 믿었다. 이러한 믿음의 과정에서 중국의 아미타불신앙은 종파적인 운동으로 발전한다.

아미타불을 중심으로 하는 중국 정토종은 그들 종파의 신념을 설파했을 뿐만 아니라, 미륵의 도솔천에 대한 아미타불 정토의 비교적인 우월성을 주장하기도 했다.* 이에 대해 미륵신앙을 지지하는 자

---

* 미륵의 도솔천에 대한 아미타불 정토의 우월성을 주장하는 논서들의 예는 다음과 같다. 길장(吉藏)의 『관무량수경의소』(觀無量壽經義疏)와 『미륵경유의』(彌勒經遊意), 도작(道綽)의 『안락집』(安樂集), 가재(迦才)의 『정토론』(淨土論) 등이다. 그 가운데 일부 구절만을 살펴보면 다음과 같다.

①『觀無量壽經義疏』(T1752, 236b27)

今無量壽明十方佛. 彌勒經三世佛亦得皆是大乘. 何者 彌勒亦有小乘成佛 有大乘成佛. 大乘三世化故. 此二經並爲大. 若約爲緣不同者 無量壽觀則是大乘. 彌勒成佛則是小乘

지금 『무량수경』에서는 시방의 부처를 밝힌다. 『미륵경』의 삼세불도 모두 대승일 수 있다. 왜 그러한가. 『미륵경』에는 소승의 성불도 있고 대승의 성불도 있다. 대승은 삼세에 걸쳐 교화하기 때문에 『무량수경』과 『미륵경』, 두 경전 모두 대승이다. 만일 인연의 차이에 따른다면 『무량수경』은 대승이고, 『미륵성불경』은 소승이다.

②『觀無量壽經義疏』(T1752, 236b27)

又說彌勒成佛爲小乘衆生. 無量壽觀經爲大乘衆生

또한 『미륵성불경』은 소승의 중생을 위해 설한 것이고, 『관무량수경』은 대승의 중생을 위해 설했다.

③『淨土論』(T1963, 100b3)

然此之淨穢. 有十種異. 一有女人無女人異. 兜率男女雜居. 極樂唯男無女. 二有欲無欲異. 兜率有上心欲. 染著境界. 極樂無上心欲故常發菩提心. 三退不退異. 兜率處所是退. 極樂處所是不退. 四者壽命異. 兜率壽命四千歲. 仍有中夭. 極樂壽命無量阿僧祇劫. 無中夭壽命者. 五性三性心異. 兜率則有三性心間起. 故惡心墮地獄. 極樂唯有善心生. 故永離惡道. 六三受心異. 兜率三受互起. 極樂但有樂受. 七六塵境界異. 兜率六塵. 令人放逸. 極樂六塵. 令人發菩提心. 八受生異. 兜率受生. 男在父膝上. 女在母膝上極. 樂受生七寶池內蓮花中生. 九說法異. 兜率唯佛菩薩說法. 極樂水鳥樹木皆能說法. 十得果異. 兜率生者. 或得聖果. 或不得極樂生者. 定得無上菩提. 若就此義. 西方大優. 兜

들은 도솔천에 이르는 것이 정토에 이르는 것보다 더 쉽다고 반박했다.** 이러한 양쪽의 주장은 모두 미륵의 거주처인 도솔천이 인간 세상과 같은 욕계에 속한 영역이라는 사실에서 출발한다. 물론 도솔천은 그 위에 23개의 상위 천天이 있는, 불교적 우주관에서 상대적으로 낮은 위치의 천天이다. 인도 불교의 전통이 도솔천을 왜 그 자리에 위치시켰는지는 자명하다. 미래세의 붓다가 머무는 곳은 인간 세계와 될 수 있는 한 가까워야 한다는 것이다. 대조적으로 아미타불의 정토는 모든 천天을 넘어선 삼계三界 바깥에 있다.

率極劣也

그러나 이러한 정토와 예토에는 열 가지 차이가 있다. 첫째, 여인이 있는지 여인이 없는지의 차이다. 도솔천에는 남녀가 뒤섞여 머물지만, 극락정토에는 오직 남자만 있고 여자는 없다. 둘째, 욕망이 있고 없고의 차이다. 도솔천에는 상승하려는 마음의 욕구가 있어서 염착된 경계지만, 극락정토에서는 상승하려는 마음의 욕구가 없기 때문에 항상 보리심을 낸다. 셋째, 퇴전과 불퇴전의 차이다. 도솔천은 퇴전이고, 극락정토는 불퇴전이다. 넷째, 수명의 차이다. 도솔천은 수명이 4000세이고 도중에 죽을 수 있지만, 극락정토에서는 무량아승기겁이어서 도중에 죽지 않는다. …… 이러한 뜻에 따라 나아가면 서방 정토가 크게 뛰어나고, 도솔천은 매우 하열하다.

** 전형적인 예들 가운데 하나는 규기(窺基)의 『관미륵상생도솔천경찬』(觀彌勒上生兜率天經贊)에 잘 나타나 있다.

『觀彌勒上生兜率天經贊』(T1772, 277b24)

又念彌陀彌勒功德無有差別. 現國現身相成勝劣. 但以彌勒惡處行化慈悲深故 阿彌陀佛淨土化物慈悲相淺

또한 아미타와 미륵을 염불하는 공덕에는 차별이 없지만, 국토와 신체를 드러내는 모습에는 우열이 있다. 미륵은 악처(惡處)에서 자비의 교화를 펼치니 심오하고, 아미타불은 정토에서 자비행으로 중생을 교화하니 그 깊이가 얕다.

이상 한족의 중국 지역에서 아미타신앙과 미륵신앙의 전개 양상을 정리하면 다음과 같다. 육조六朝 시대 동안 아미타와 미륵은 거의 동등하게 다루어졌다. 반면에 수·당 시기부터 아미타불이 우세해졌고, 그 뒤에도 계속 아미타불이 더욱 중요하게 여겨졌다. 그렇지만 미륵이 완전히 망각된 적은 없었다. 미륵은 항상 기존의 질서에 반하는 정치적·사회적 운동의 중심 존재였고, 특히 대혼란기마다 그러했다. 미륵은 또한 종교적 엘리트들의 신앙 대상이기도 했다. 잘 알려진 대로 현장玄奘(602~664)은 도솔천에 다시 태어나 미래불의 가르침을 듣고, 불교 경전에 대한, 특히 유식 불교에 대한 지식을 완성하고 싶어 했던 유명한 미륵 추종자였다.[16] 한편으로 이는 분명 주석가들이 교리 문제를 미륵에게 물어보고자 종종 명상을 통해 도솔천을 방문하려고 했던 인도 불교 전통의 연속이다. 그러나 다른 한편으로는 당시 많은 중국 불교도들에게 내재되어 있던 한 경향성을 표출한 것이기도 하다. 샤캬무니 붓다로부터 시간적으로나 공간적으로나 멀리 떨어져 있던 중국 불교도들은 그들 스스로가 말법의 시대에 살고 있다고 믿었으며, 바로 그렇기 때문에 미래의 붓다를 확인하고자 하는 욕구가 컸던 것이다.

4. 한국: 아미타신앙과 미륵신앙의 종합

불교는 미륵에 우호적인 북방 유목 민족에 의해 세워진 북조北朝를 통해 한반도에 소개되었다. 이는 한반도에서는 처음부터 미륵신

앙이 강조되었음을 의미한다. 한국인들 역시 미륵의 이미지를 적극
적으로 수용했다. 북방 유목 민족의 왕들이 미륵신앙이 갖는 정치적
함의에 끌렸던 것처럼, 중국의 그늘 아래서 살아야 했던 한반도의 왕
조들 또한 이 새로운 종교가 그들의 나라를 신비로운 힘으로 지켜 주
길 바랐다.

한반도에서 미륵의 인기는 당唐대 중국에서 미륵신앙이 침체되고
아미타신앙이 성행한 뒤에도 계속되었다. 한 연구 결과에 따르면, 한
국에 남아 있는 370개의 미륵 형상 중 221개가 선불교가 절정을 이
루었던 때인 고려 시기에 속하는 것이라고 한다.[17] 선불교는 일반적
으로 금욕 수행과 명상 수련을 강조하는 반면 특정 종교적 상징에 대
한 신앙 행위cultic activities에 관해서는 소홀한 측면이 있기 때문에, 고
려 시대에 그같이 많은 미륵상이 만들어졌다는 사실은 '미래불'의
관념이 한국 불교 전반에 널리 퍼졌음을 말해 준다. 실제로 미륵신앙
은 미술, 문학, 민담, 대중적인 정치 활동, 그리고 무속적인 종교들을
포함한 한국인의 종교·문화 생활에 강력한 영향력을 행사했다.*

미륵에 대한 한국의 관심은 오늘날까지 이어지고 있다. 20세기에
시작된 많은 신흥 종교들이 미륵신앙에 기반하고 있을 뿐만 아니라,
미륵의 이미지는 한국 근현대 문학에서 매우 흔하게 찾아볼 수 있는
문학적 모티프이기도 하다. 1970년대와 1980년대의 민주화 항쟁 시

---

* 한국의 역사 전반에 걸친 미륵신앙의 복잡함과 풍부함에 대해서는 Lancaster(1988),
145~148쪽 참조.

기에 미륵의 이미지는 십자가에 못 박힌 예수와 함께 사회적 정의와 정치적 혁신의 상징이기도 했다.

한국 불교에서 미륵신앙의 독창적인 점은 미륵이 젊은 청년으로 현현할 것이라 기대하고, 사색에 잠긴 미남 청년으로 미륵을 묘사한다는 것이다. 『삼국유사』의 한 일화는 미륵을 신라의 화랑花郎과 관련지었다. 신라에서 화랑은 귀족의 자제를 가리키는 말이었고, 같은 단어로 그러한 젊은이들의 모임을 지칭했다.

『삼국유사』의 한 일화에 따르면,[18] 진자眞慈라는 승려가 도솔천에 머무는 미래불이 이 세상에 화랑의 모습으로 내려와 자신 앞에 현현하기를 미륵상 앞에서 기도했다고 한다. 그러던 어느 날 꿈속에서 어떤 노인이 진자 앞에 나타나더니, 어느 사찰에 가면 화랑의 모습을 한 미륵을 만날 것이라고 말해 주었다. 진자는 잠에서 깬 뒤 곧바로 그 사찰에 갔는데, 꿈속에서 노인이 예언했던 것처럼 한 청년을 만났다. 몇 가지 질문 끝에 진자는 그 청년이 실제로 미륵의 화신이라고 확신했고, 그에게 다른 낭도郎徒들을 지도해 주기를 청했다. 그 청년은 진자의 청을 받아들여 낭도들을 가르치기 시작했다. 그러나 7년이 지나자 그 청년은 갑자기 절을 떠나 산신의 땅으로 가 버렸다. 상실감으로 슬퍼하던 진자는 떠나간 청년의 모습을 명상하면서 여생을 보냈으며, 죽은 뒤 미륵이 거주하는 도솔천에 재생再生했다고 한다.

왜 한국인들은 화랑과 미륵을 연결했는가? 의미심장하게도 신라시대의 문헌들에서 화랑은 흔히 준군사적인 조직으로 표현되었다. 그러므로 우리는 화랑이라는 집단을 미륵의 출현을 준비하는 동안 세상을 완벽하게 만드는 역할을 지닌 전륜성왕의 개념과 관련지어 생각할 수 있으며, 이는 인도 또는 중앙아시아 전통의 미륵신앙 형태와 일치하는 것이라고 볼 수 있다.

한편 신라 시대에 화랑은 준군사적인 성격 외에 산악 숭배라는 토착 신앙과 관련해 무속 의례를 담당하는 집단의 역할도 수행했던 것으로 보인다. 우리는 이러한 사실을 청년으로 화현한 미륵이 절을 떠나 신선이 사는 곳으로 갔다는 『삼국유사』의 결말 부분에서 확인할 수 있다. 이는 외부에서 수입되어 들어온 미륵신앙과 한반도 토착 문화의 결합을 의미하는 것으로 볼 수 있다. 미륵은 또한 다양한 형태의 다산多産 숭배 의식과 결합되었고, 마을을 보호하는 수호신이었으며, 무당의 후견인이 되기도 하는 등 한반도의 민중 문화로 수용, 동화되었다.

한반도에서 미륵이 민중적인 차원에서 수용, 동화된 것과는 대조적으로 아미타불이 한반도에 미친 영향은 그리 크지 않았다. 그렇다고 해서 아미타신앙이 미륵신앙에 비해 상대적으로 인기가 있었던 시기가 없었다는 것은 아니다. 아미타신앙은 7세기 후반에서 8세기에 걸친 통일신라 시대에 대중적으로 성행했는데, 이는 부분적으로 당나라 시대에 꽃피웠던 중국 정토종의 영향 때문이었다. 하지만 이 시기에도 신라의 불교인들은 중국의 정토종과 같은 배타적인 관점을 취하지 않았으며, 아미타불신앙과 미륵신앙은 양립할 수 있는 것이라고 생각했다. 실제로 한국의 정토종 전통에서는 이 두 부처에 대한 신앙이 동시에 발전해 왔다는 점이 매우 독특하다.

『삼국유사』 속의 또 다른 한 일화는 한국의 불교 전통이 이러한 두 부처를 결합하는 방식을 잘 보여준다.[19] 노힐부득과 달달박박이라는 두 친구는 수행을 위해 산으로 들어갔다. 노힐부득은 미륵 신봉자로 동쪽 봉우리 아래 있는 동굴에 오두막을 지었고, 달달박박은 관음 신봉자로서 북쪽 봉우리 밑에 통나무집을 지었다. 어느 날 한 임신한 여인이 달달박박에게 오더니, 그날 밤 그 집에서 머물게 해 달라고 부탁했다. 이에 그가 거절하면서 말하기를, "수행처는 청정해야 하니 이곳은 그대가 가까이할 곳이 아니오. 지체하지 말고 가시오"라고 했다. 그러자 그 여인은 노힐부득을 찾아갔다. 노힐부득은 그 여인이 곤경에 처한 것을 동정해 자신의 동굴에 머물도록 허락했다. 한밤이 되자 그 여인은 출산을 하기 위해 노힐부득에게 목욕을 도와줄 것을 부탁했다. 목욕을 한 뒤 그녀는 노힐부득에게 목욕통 안으로 들어오라고 했다. 노힐부득이 그 여인의 청에 따라 목욕통 안으로 들어가자, 노힐부득의 마음은 정화되고 그의 피부는 금빛으로 변했다. 그러자 그 여인은 자신이 사실은 관음보살의 화신이라고 하면서, "스님, 나는 이곳에 와서 그대가 위대한 보살이 되도록 도운 것입니다"라는 말을 남기고 사라져 버렸다. 다음 날 달달박박은 노힐부득이 분명히 계를 어기고 그 여인과 향락을 즐겼을 것이라고 생각하며, 그를 힐책하기 위해 친구의 오두막집으로 갔다. 하지만 그는 노힐부득이 미륵불의 모습으로 연화좌에 앉아 있는 것을 발견하고는 깜짝 놀란다. 그는 물속에 들어와 목욕할 것을 권유받았고, 그렇게 하자 아미타불이 되었다. 이 두 보살은 마을 사람들을 모아 놓고 설법을 한 뒤 마차를 타고 하늘로 날아올라 구름 속으로 사라져 버렸다. 그것을 기념하기 위해 그곳에 불교 사찰이 세워졌으며, 아미타불과 미륵이 함께 모셔졌다.

이 시기의 교학 연구에서도 미륵신앙과 아미타신앙을 결합하려는 한국 불교의 경향성은 정토 교리에 대한 새로운 이해를 이끌어 냈다. 원효 같은 신라의 승려들은 아미타불의 '정토'와 미륵의 '도솔천'과 관련해 중국에서 이루어진 논쟁의 기본 개념들은 수용했다. 하지만 그들은 무상정등각 성취가 바로 불교 수행의 궁극적인 목표라고 할 때, 어느 천상 또는 정토에 재생하든 그것이 그 자체로 수행의 최종 목적이 아니라는 사실에 주목했다. 원효에게 있어 재생은, 재생 장소가 정토든 도솔천이든 깨달음이라는 최종 목적을 향한 과정 그 이상의 의미가 아니었다. 따라서 최종적인 깨달음이라는 목표를 염두에 둘 때, 원효에게 도솔천과 정토라는 장소의 차이는 큰 의미가 없었다.

원효의 관점은 그 뒤 신라 승려들에 의해 계승되었다. 신라 불교 전통에서 천상 또는 정토에 재생하는 것은 단순히 공덕에 대한 과보로 천상 혹은 정토에서의 안락한 삶을 의미하는 것이 아니라, 최종 깨달음인 무상정등각을 위한 또 다른 수행 과정이었다.[20] 이러한 해석은 완벽한 깨달음을 얻기 위해 도솔천에 머물고 있는 미륵의 경우가 가장 잘 보여주듯이, 인도 본래의 보살 전통에 기반을 두고 있다.

미륵보살의 예에 기반을 둔, 사후 세계에 대한 이러한 해석은 당시 한국의 민중 전통에서 미래불이 차지하던 위상의 중요성을 잘 보여주는 것이라고 할 수 있다. 그런데 왜 미륵은 한국 문화에서 그토록 중요시되었으며, 한국인들은 왜 미륵 사상을 전적으로 수용했을까? 이 질문에 대한 답은 '하늘'[天]에 대한 한국의 토착 믿음에서 찾을 수 있을 것이다. 고대 한국의 건국 신화는 천제天帝 또는 하느님의 아들인 환웅이라는 존재가 사람들을 구제하기 위해 하늘로부터 한반도에 강림했다는 내용을 담고 있다. 이러한 서사 구조가 미래의 부처로서 하늘로부터 강림하는 미륵 설화와 유사하다는 것은 말할 필요가 없다. 이 두 이야기를 쉽게 융합할 수 있었던 한국의 불교인들은 한반도가 과거 어느 '부처님'에게 속해 있던 불국토였으며, 따라서 미래에도 다음 부처인 미륵이 강림할 불국토가 될 것이라고 믿었다.

흥미롭게도 한국인들의 하늘에 대한 오래된 토착 믿음은 미륵신앙에 대해 그랬던 것처럼 후에 기독교를 받아들이는 데서도 마찬가지로 도움이 되었던 것 같다. 심지어 오늘날의 한국에서조차 여호와 Jehovah라는 기독교 용어에 대한 번역인 '하나님'은 민족 건국 설화의 천제天帝를 일컫는 훨씬 오래된 용어인 '하느님'과 종종 혼동되곤 한다. 이러한 동일시는 한국 기독교인들조차 종종 여호와, 즉 '하나님'을 고대의 하느님과 관련지을 정도로 강력하다. 이는 단순한 발음상의 혼동으로 치부될 수 없다. 이러한 현상은 한국인의 종교적 감수성을 형성해 온 '하늘'에 대한 깊은 믿음을 반영하며, 다른 한편으로 이 점은 중국 불교와 구별되는 한국 불교의 특징이기도 하다.

5. 결론

지금까지 우리는 인도 불교에 기원을 둔 미륵과 아미타 신앙이 중앙아시아를 거쳐 중국, 그리고 한국 등 지역 문화 전통에서 어떻게 수용, 변용되는가를 살펴보았다. 그 과정에서 중앙아시아, 중국 그리고 한국의 지역 전통이 가진 고유한 문화의 특성을 어느 정도 살펴볼 수 있었다. 이러한 결과를 가지고 국내외 한국 학계, 그리고 한국 불교학계의 연구 동향에 하나의 문제를 제기하는 것으로 이 글을 마치고자 한다.

일반적으로 한국 문화 형성에 영향을 미친 외래의 요소를 고려할 때, 중국 한족漢族 문화의 영향을 지나치게 평가하는 데 비해 중앙아시아 등 비중국적인 요소는 종종 평가 절하되어 온 경향이 있다고 생각한다. 부분적으로 이는 15세기 이후 한국 문화 발전에 중대한 역할을 해 온 강력한 유교 전통의 잔재 때문이다. 이러한 중국적인 요소에 대한 과도한 평가는 불교학 분야에서도 마찬가지인 것 같다. 그러나 한국의 불교 전통 가운데 거의 유일하고 강력하게 중국화된 요소가 발견되는 것은 중국의 선종에서 파생된 한국의 선불교 전통에서다. 선불교 전래 전 한국 불교 전통의 형성 과정을 살펴보면, 거기에는 비중국적인 요소가 핵심적으로 작동했으며, 한반도의 불교인들은 중국 불교와 구별되는 자신들의 전통을 만들기 위해 노력했음을 알 수 있다.

서력기원 무렵부터 중앙아시아 및 북부 유목 민족들은 알렉산드리아 같은 동쪽의 지중해 지역과 중국 및 한반도를 연결하는 실크로드를 통해 활발하게 교역했을 뿐만 아니라, 문화 교류에도 이바지했다. 고대 중국의 비단 조각이 아테네에 있는 케라메이코스Kerameikos 사원에서 발견되는 것처럼, 한국 남부 지방에서 발견되는 삼국 시대의 공예품들이 스키타이인들의 유목민적 문화와 유사하다는 것은 놀랍지 않은 일이다.

불교의 한반도 전래는 중국 북방의 유목 민족과 한반도의 문화 교류의 일환이었다. 삼국 시대까지 소급되는 고고학적 발견들을 통해, 우리는 인도 북서부를 포함한 중앙아시아의 유목 민족과 삼국 시대 고대 한국 사이의 문화적 연속성을 발견할 수 있다. 『삼국유사』 등 한국의 역사적인 기록에 종종 등장하는 인도 및 중앙아시아 승려들의 이름이 이 점을 뒷받침한다.

나는 한국 불교를 비롯한 한국 문화 연구에서 중국 자료에 기초한 문헌 연구의 한계를 인식하고, 다양한 비문헌 자료에 주목하면서 비중국계 문화와의 연관성에 보다 관심을 기울여야 할 것이라고 생각한다. 마찬가지로 한국 불교를 중국 중심의 한문 불교권 안에서만 바라볼 것이 아니라 보다 넓은 맥락, 이를테면 중앙아시아 내륙을 관통하는 실크로드, 그리고 혜초가 여행했던 동아시아 해양권과의 관련성 속에서 바라볼 필요가 있다고 생각한다. 한국 문화가 성장해 온 더 큰 맥락을 무시하고 한국 불교를 단지 한문 문헌 자료에 입각한 중국의 틀로 재단함으로써, 한국 불교 전통의 다른 중요한 측면을 간과할 뿐 아니라 왜곡시킬 위험마저 있기 때문이다.

유교 국가로서 한국 문화를 중국화하려 했던 조선 왕조 500년의 통치 기간 동안, 한반도와 외부 세계와의 접촉은 오직 중국으로 제한되었다. 한국 불교가 선불교 전래 이후 중국 불교의 영향을 많이 받은 것은 부인할 수 없지만, 1700년이라고 하는 한국 불교의 오랜 역사를 고려할 때 한국 문화 중 가장 중국화되지 않은 전통이 한국 불교, 특히 고대 한국 불교라고 할 수 있다. 그런 점에서 본다면 다른 한국학 분야와 비교할 때 한국 불교 연구는 어쩌면 거의 유일하게 한국학의 지평과 한국을 바라보는 문화적 컨텍스트를 확장할 수 있는 가능성을 내재한 분야일 것이다.

5장 번역과 독창적 사유
: 동아시아 불교의 정체성과 관련하여

1. 서론: 번역과 이해/오해

(1) "위스키는 신선한데 고기는 상했구나"

수년 전 미국 국방부에서 자동 번역 프로그램을 개발했다. 이 프로그램은 영어를 러시아어, 불어, 독일어, 이탈리아어 등 유럽 여러 나라의 언어로 번역할 수 있도록 고안된 것이었다. 일반인에게 공개하기 전에 최종 시험을 하기로 했다. 한 영어 문장을 선택해서 이를 여러 다른 언어로 순차적으로 번역한 뒤, 다시 영어로 재번역해 보는 것이었다. 성경 마태복음에서 다음의 한 문장을 선택해 '번역기'에 입력했다.

The spirit is willing, but the flesh is weak마음은 원하지만, 육신이 약하구나.(마태복음 26:41)

하지만 불어, 독일어, 러시아어 등을 거쳐 다시 영어로 출력된 최종 결과는 매우 실망스러웠다. 최종적으로 출력되어 나온 문장이

"The whisky is fresh, but the meat is rotten"위스키는 신선한데 고기는 上했구나라는 전혀 엉뚱한 말이었기 때문이다.

물론 이것은 실제로 있었던 일은 아니다. 번역, 특히 중역重譯의 문제점을 지적하기 위해 서구 학계에서 흔히 사용하는 일종의 조크joke다. 이 에피소드는 다소 과장되긴 했지만, 지금 이 글에서 논의하려는 주제인 인도 불교 경전의 한역을 통해 동아시아 불교가 형성되는 과정에서 발생할 수 있는 문제의 한 단면을 잘 보여준다. 더구나 앞에서 예로 들었던 문장에서 '마음'spirit이 '위스키'로, '육신'flesh이 '고기'meat로 번역되는 오역誤譯의 경로는 인구어印歐語(Indo-European Languages)의 언어학적인 문제에 한정된 것이지만, 인도 불교 경전의 한역漢譯은 언어학적인 문제만이 아니라 이질적인 문화간의 이해와 소통이라는 이중, 삼중의 힘든 과정을 겪어야 했다. 한역 경전 곳곳에서 발견되는 오역과 '불충분한 번역'들은 이러한 힘든 과정을 여실하게 보여주는 예들이라고 할 수 있다.

이 글에서는 한역 경전에서 발견되는 오역 및 불충분한 번역의 몇몇 대표적인 사례를 살펴보고자 한다. 그러나 이 글의 주된 목적은 오역을 지적하는 데 있지 않다. 오역 사례들을 통해 이른바 동아시아 불교의 정체성이란 문제를 재조망하고자 하는 것이다. 오역의 사례를 살펴보기에 앞서 한역 경전의 일반적인 성격과 번역 시스템을 간략하게 살펴보기로 하자.

(2) 한역 경전의 성격과 번역 시스템

불교 경전 언어는 십수 종에 달하지만, 동아시아인들이 이른바 '불설' 佛說로서 권위를 인정하고 번역 대상으로 삼았던 경전 언어는 산스크리트어, 팔리어, 그리고 불교 혼성 산스크리트어 梵語(Buddhist Hybrid Sanskrit) 세 종류다. 역경 당시의 동아시아인들은 불교 경전과 관련된 세 언어의 언어학적 구분을 명확하게 몰랐던 것 같다. 그들은 불교 경전과 관련된 인도 지역 언어를 통칭해 산스크리트어 또는 서역어 西域語라고 불렀다. 오역의 사례 가운데 상당한 부분은 불교 텍스트*에서 사용되던 경전 언어들에 대한 언어학적 차이와 그 변용들을 정확히 몰랐던 데서 비롯되는 것이라고 생각된다.

---

* 여기서 말하는 텍스트란 반드시 '쓰여진' 형태의 필사본(manuscript)만을 의미하지는 않는다. 대부분의 경우 인도 및 중앙시아에서 온 승려들이 '암송'하던 텍스트를 구술 형식을 통해 번역하는 것이 일반적이었다. 구전 문화 전통의 인도 불교가 전형적인 문자 문화에 속하는 한문으로 번역되는 과정은 번역 이상의 의미를 가질 수 있다. 즉 구술 텍스트(oral text)가 문자 텍스트(written text)로 바뀌는 과정에서 의미의 질적인 변화가 예상될 수 있는데, 이에 대한 본격적인 연구가 아직 없는 것이 아쉽다. 나의 추후 연구를 위해 한 가지 언급해 두고 싶은 것은, 이를테면 다음과 같은 것이다. 유명한 『반야심경』의 한 구절인 '색즉시공 공즉시색' (色卽是空 空卽是色)의 경우를 예로 보자. 인도 원전의 경우 "yad rūpaṃ sā śūnyatā, yā śūnyatā, tad rūpaṃ" (form is empty, emptiness is form)이라는 서술적 언명(descriptive statement)인 데 반해, 이를 일단 문자로, 그것도 대단히 '기호적'인 성격의 한문으로 옮겨 '색즉시공 공즉시색'이라 하면 언명의 서술적인 성격은 사라지고, '색즉시공'과 '공즉시색'의 각 구절이 하나의 '의미적' 단위로 작용한다. 좀 더 자세하고 광범위한 연구가 필요하겠지만, 언어학적 차이점 외에도 텍스트에 대한 이런 본질적인 차이점이 동아시아 불교의 정체성 형성에 깊이 관련되어 있을 것이라고 짐작된다.

동아시아인들은 상당히 이른 시기부터 나름대로 체계적인 번역 이론과 시스템을 가지고 번역을 했다. '서역'의 경전 언어를 이해하는 외국인, 그리고 '서역어'와 중국어를 이해하는 이른바 '이중 언어' 구사자, 그리고 구어체 번역을 한문으로 옮기는 사람 등 최소한 세 사람 이상의 공동 작업으로 번역이 이루어졌으며, 당唐대에 와서는 국가의 공식적인 역경원 제도가 만들어져 정밀하고 체계적인 번역 시스템이 정착되었다.*

그런 한편 번역 과정에서 겪는 경험과 노하우를 나름대로 정리해 일종의 '번역 이론'으로 체계화하기도 했다. 4세기의 도안道安(312?~385)은 번역 과정에서 불가피하게 등장하는 어려움을 '오실본'五失本과 '삼불역'三不易이라는 개념으로 정리했다. 오실본이란 번역 과정에서 잃어버릴 수밖에 없는 원전 본래의 취지, 그리고 삼불역이란 번역 과정에서 바꾸어서는 안 되는 세 가지를 뜻한다.** 7세기에 현장

---

* 찬녕(贊寧, 918~1002)이 찬술한 『송고승전』(宋高僧傳) 권3에서는 아홉 명에 달하는 번역관의 직위를 소개했다. ① 역주(譯主): 범본을 가지고 온 역경가다. ② 필수(筆受): 보통 이중 언어 구사자로, 역주의 암송을 받아 적는 직책이다. ③ 도어(度語): 필수가 기록한 산스크리트어를 한문으로 옮기는 직책이다. ④ 증범(證梵): 한역과 산스크리트어를 서로 맞추어 검증하는 직책으로, 문장의 뜻을 검증하는 증범의자(證梵義者)와 선정(禪定) 등 수행 경험 측면에서 의미를 검증하는 증선의자(證禪義者)가 구별되어 있었다. ⑤ 윤문(潤文). ⑥ 증의(證義): 번역문의 문맥을 검토한다. ⑦ 범패. ⑧ 교감(校勘): 이전의 번역본과 비교 검토. ⑨ 감호대사(監護大使): 번역 과정의 총책임을 맡은 관리. 이상은 박상준, 「중국의 경전번역 실태 및 번역 체계」, 『세계 각국의 경전번역 실태 및 체계에 관한 연구발표회』(경전연구소, 2006), 1~20쪽에서 일부 재인용.

은 자신의 역경 작업 과정에서 의미를 번역하지 않고 음사音寫를 하게 되는 다섯 가지 경우를 그 구체적인 사례와 함께 정리해 '오종불번'五種不飜으로 소개했다.[21] 그리고 음사의 경우도 범음梵音에 가능한 한 가깝도록 체계적으로 정리해서 『일체경음의』一切經音義라는 일종의 설명서를 만들어 번역에 참고했다.

시스템에 의한 공동 번역, 나름대로의 구체적인 번역 이론과 설명서 등을 통해 한역漢譯 불교 경전은 '가독성'과 '원전에 대한 충실도' 등에서 상당히 모범적인 번역 사례에 속한다고 할 수 있을 것이다. 그럼에도 산스크리트어, 팔리어, 티베트어 등 불교 고전어와의 비교를 통해 한역 경전을 연구하는 현대 불교학의 입장에서 보면, 오역이나 불충분한 번역 등의 오류가 없을 수 없다. 그렇지만 현존하는 원전 텍스트가 많지 않은 상황에서 '한역 텍스트 A'와 일대일로 대응하는 '원전 텍스트 A'를 비교 연구할 수 있는 경우는 그리 많지 않다. 하지만 '번역'과 '원전' 양쪽의 텍스트에 등장하는 불교 술어 및 전문 용어들을 비교하는 것은 충분히 가능한 일일 것이다. 따라서 이 글에서는 몇몇 불교 용어 및 술어를 선택해서 그 오역 사례들을 통해 동아시아 불교 형성의 한 단면을 살펴보려고 한다.

** '삼불역'(三不易)을 '삼불이', 즉 '번역 과정에서 마주치는 세 가지 어려움'을 뜻하는 것으로 보는 학자들도 있다. '오실본'(五失本)과 '삼불역'의 상세한 내용과 전거(典據)에 관해서는 『세계 각국의 경전번역 실태 및 체계에 관한 연구발표회』(경전연구소, 2006), 10~11쪽 참조.

2. 한역 경전의 오역 사례들

(1) 무생법인無生法忍: 법法의 무생無生을 '참다'(?)

산스크리트어 'anutpattika-dharma-kṣānti'의 한역인 '무생법
인'無生法忍은 언어학적인 면에서 본다면 오역이라고 할 수는 없다.
그러나 인도 불교의 교학적인 맥락에서 사용되는 kṣānti의 다양한
용례를 제대로 반영하지 않았다는 점에서 '불충분한 번역'의 경우
에 속한다고 할 수 있다.[22]

무생법인anutpattika-dharma-kṣānti은 대승불교 수행론의 핵심 개념으
로, 최종적인 성불成佛에 이르는 수행 과정에서 보살이 반드시 획득
해야 할 깨달음의 하나다. 일반적으로 '법法의 무생無生을 인忍하는
것'으로 이해된다. '법의 무생'이란 대승불교, 특히 반야 사상의 핵
심 개념인 '공'空을 의미하는 것이지만, 개념 해석에서 문제가 되는
것은 '참다'라는 뜻의 '인'忍(kṣānti)에 대한 해석 문제다.

'참다' 등의 뜻을 가진 동사 어근 kṣam의 명사형인 kṣānti는 일반
적으로 한역 불전에서 '인'忍, '인욕'忍辱 등으로 번역된다. 대승 보
살의 여섯 가지 실천 덕목을 이르는 육바라밀 중 하나인 인욕바라밀
이 가장 대표적인 예라고 볼 수 있다.

동아시아 불교에서는 전통적으로 아비달마Abhidharma 불교의 주
석에 따라 '무생법인'의 '인'忍을 '혜'慧의 한 작용인 '인가'認可 또
는 '결택'決擇을 뜻하는 것으로 해석하고 있다. 따라서 '무생법인'이
란 보살이 수행 과정에서 '법의 무생 또는 공성空性을 인가認可'하는

깨달음을 의미하는 것으로 해석하는 것이 일반적이다. 불교 경전상의 용례에 비추어 '무생법인'을 이와 같이 이해하는 것은 문제가 없을 것 같다. 하지만 참는다는 의미의 '인'忍이 어떻게 '인가'나 '결택' 등 '지혜'의 한 특수한 작용을 뜻하는 의미로 사용될 수 있는지에 대한 설명은 전혀 없다.

이 점은 현대학자들의 경우도 마찬가지다. 대부분의 학자들은 전통적인 해석에 따라 '법의 무생', 즉 '공'空이란 두렵고 놀라운 경험이기 때문에 보살이 수행 과정에서 이를 참고 견뎌야 한다는 의미에서 '참다', '견디다'라는 뜻인 '인'이 사용되었다고 해석하고 있다. 현대 서양 학자들의 경우에도 대부분 직역해서 'patience'로 번역하거나, 아니면 'resignation', 'acquiescence' 등 '참다'라는 본래의 의미를 최대한 살리는 번역을 시도하고 있다. 또는 스즈키D. T. Suzuki의 경우처럼 북방 아비달마의 주석 전통에 따라 인가認可의 의미를 살려 'recognition'으로 번역하는 경우도 있으나, 이 경우에도 어떻게 '참다'라는 의미의 '인'이 지적知的 활동을 뜻하는 'recognition'으로 번역되는지에 대한 설명은 전혀 없다. 한편, 사사키 겐준佐佐現順 등 일부 학자들은 산스크리트어 'kṣānti'는 팔리어인 'khanti'가 잘못 산스크리트어화된 경우라고 보고 있다. 요컨대 '좋아하다'라는 의미의 팔리어 'khanti'를 산스크리트어로 바꿀 경우 언어학적으로 'kṣānti' 또는 'kānti'의 두 가지가 가능한데, 인도의 경전 편집자들이 잘못해서 'kṣānti'로 옮기고, 그것이 그대로 '참다'의 '인'으로 한역되었다는 것이다. 이 주장을 뒷받침하기 위해 한역 『의족경』義足

經에서 팔리어 'khanti'가 '애'愛로 번역되었음을 그 전거로 들었다.[23] 그러나 사쿠라베 하지메櫻部建가 지적하듯이 팔리어와 산스크리트어 경전에 등장하는 'khanti'와 'kṣānti'의 여러 용례는 사사키 겐준의 주장을 전혀 뒷받침해 주지 못한다.[24]

한 가지 주목할 만한 것은 반야공 사상이 주요 주제인 『소품반야경』小品般若經에도 '무생법인'이란 용어가 여러 번 등장하는데, 이 경의 고본古本인 『도행반야경』 등에서는 해당 용어를 '무소종생법락' 無所從生法樂으로 번역했다는 사실이다.* 이것은 얼핏 보아 앞서 언급한 사사키 겐준의 주장을 뒷받침하는 예증처럼 보이지만, 사실은 그렇지 않다. 오히려 이는 'kṣānti'(또는 팔리어 khanti)의 '다의적多義的 용법'을 뒷받침하는 좋은 예가 될 수 있다고 생각한다. 따라서 『도행반야경』의 역자인 지루가참支婁迦讖이 'kṣānti'의 다의적 용법을 의식했고, 여러 용례 가운데 '참을 인忍'이 아닌 '즐거울 낙樂'을 선택해서 번역했다고 보는 것이 타당할 것이다.

일반적인 의미론semantics에서는 한 단어의 다양한 의미는 '본래의

---

* 몇 가지 사례를 보면 다음과 같다.
- 『도행반야경』(T224), 451a14
  三十菩薩皆逮得無所從生法樂, 皆當於是婆羅劫中受決
- 『도행반야경』(T224), 456a19
  聞說深般若波羅蜜, 終心不有疑, 亦不言非. 如是菩薩逮無所從生法樂, 於中立持是, 功德悉具足. 用是比. 用是相行具足, 是爲阿惟越致菩薩
- 『대명도경』(T225), 492b22
  二十闇士逮得無所從生法樂, 皆當於是賢劫中受決

의미'에서 파생된 은유적 또는 비유적 용법들로 보고 있다. 그러나 단어에 따라서는 여러 의미가 서로 관련성이 없는 다의적 용례들이 시대적인 구분 없이 동시에 나타나는 경우들이 있다. 이런 경우의 다의적 용례를 설명하는 것이 의미론의 일종인 '다의적 용법'polysemy 이론이다. 나의 다른 논문에서 자세히 고찰했듯이, 'kṣānti'(또는 팔리어 khanti)는 이런 다의적 용법 의미론의 가장 전형적인 예라고 할 수 있다. 'kṣānti'(또는 팔리어 khanti)는 초기 불교에서 대승불교에 이르기까지 아무런 시대적인 구별 없이 '좋아함', '선택함', '인내' 등 동시적으로 여러 다양한 의미로 사용되기 때문이다.[25]

동아시아인들은 지루가참이 『도행반야경』에서 'kṣānti'를 '낙'樂으로 번역했음에도 이후의 모든 한역 경전에서 '무생법인'이란 번역으로 일관했다. 그 뒤 '무생법인'에 대해 "법의 무생이라는 〔진실은 놀랍고 두려운 것이지만〕 참고 받아들인다"라는 거의 억지에 가까운 해석을 지금까지 답습하고 있다. 지금까지 확인한 바로는 『반야경』에 대한 동아시아 한문 불교의 어떤 주석서에도 '무생법인'이 지루가참에 의해 '무소종생법락'無所從生法樂으로 번역된 적이 있다는 점이 언급되어 있지 않다. 현대 한글 역의 경우 '무생법인'을 개념어로 받아들여 한자어를 그대로 사용하기 때문에 굳이 '참을 인'의 의미에 어떤 의문도 제기하지 않는다. 그러나 만일 『소품반야경』의 고본古本에서 'kṣānti'가 '낙'樂으로 번역되었으며, 팔리어 경전 등에서도 산스크리트어 'kṣānti'에 대응하는 팔리어 'khanti'가 '기호'嗜好나 '선호'選好 또는 마음의 '지향성'을 의미하는 'liking', 'preference', 'choice power', 'determining factor' 등의 의미로 사용되고 있음에 주의를 기울였다면, '무생법인'에 대한 억지에 가까운 해석은 피할 수 있었을 것이다.[26]

(2) 'atta-dīpa dhamma dīpa': 등燈인가, 섬(洲)인가?

'자등명 법등명'自燈明 法燈明(스스로를 등불로 삼고 진리를 등불로 삼아라). 붓다의 유훈으로 알려진 이 구절에는 절대자에 의한 구원이 아니라 진리(法)와 자신(自)의 노력으로 구원을 추구하는 불교의 특징이 잘 담겨 있다. 더구나 무명이라는 어둠을 깨치고 진리의 불을 밝히는 등불의 은유는 '자리이타'自利利他라는 불교 수행의 근본 정신과도 잘 부합한다. 동아시아 선종禪宗 전통 또한 붓다 이래 역대 조사들의 깨침의 역사를 기록한 문헌을 『전등록』傳燈錄이라 이름했다. 곧 '[진리라는] 등불의 전승에 관한 기록'이라는 것이다.

그런데 '자등명 법등명'은 일종의 오역이다. 'atta-dīpa dhamma dīpa'에 대한 정확한 한문 번역은 '자주 법주'自洲 法洲(스스로를 섬으로 삼고, 법을 섬으로 삼아라)라고 할 수 있다.[27] '섬'을 의미하는 'dīpa'를 '등'燈 또는 '등불'로 잘못 번역한 것이다. 한역 경전 가운데 강의 모래섬이나 삼각주를 뜻하는 '洲'(주) 또는 '洲渚'(주저)라고 정확하게 번역한 역본이 없지 않다.* 그럼에도 앞서 '무소종생법락'의 경우처

---

* 몇 가지 사례를 보면 다음과 같다.
• 구나발타라(求那跋陀羅) 역,『잡아함경』(雜阿含經, T99), 8a22

럼 역사적으로 동아시아 불교인들의 주목을 받지 못했다.

인도 불교 맥락에서 강의 '섬'이나 '삼각주'는 곧 피난처 또는 의
지처를 뜻했다. 흔히 윤회는 폭류에 비유되었다. 강이 범람해 폭류가
흐를 때처럼 윤회는 한번 휩쓸리면 헤어 나오기 어려운 폭류와 같은
것이기 때문이다. 폭류에 휩쓸려 갈 때 강 가운데 있는 '섬'은 폭류에
서 벗어날 수 있는 유일한 의지처였다. 마찬가지로 윤회의 폭류에서
벗어나는 의지처는 바로 '자신'이라는 섬, 그리고 '법'이라는 섬이라

爾時 世尊告諸比丘 <u>住於自洲 住於自依 住於法洲</u> 住於法依 不異洲不異依 比丘 當正觀
察 住自洲自依 法洲法依 不異洲不異依 何因生憂悲惱苦 云何有四 何故何繫著 云何自
觀察未生憂悲惱苦而生 已生憂悲惱苦生長增廣
• 구나발타라 역,『잡아함경』(T99), 177a6

"阿難 當作自洲而自依 當作法洲而法依 當作不異洲<u>不異依</u> 阿難白佛 世尊 云何自洲以
自依 云何法洲以法依 云何不異洲不異依 佛告阿難 若此比丘身身觀念處 精勤方便 正智
正念 調伏世間貪憂 如是外身內身外身 受心法法觀念處 亦如是說 阿難 是名<u>自洲以自依,</u>
<u>法洲以法依, 不異洲不異洲依</u> 佛說此經已 諸比丘聞佛所說 歡喜奉行."
• 의정(義淨) 역,『근본설일체유부비나야잡사』(根本說一切有部毘奈耶雜事, T1451),
  259a27

…… <u>自爲洲渚 自爲歸處 法爲洲渚法爲歸處 無別洲渚無別歸處</u> 難陀云何苾芻自爲洲渚
自爲歸處 法爲洲渚法爲歸處 無別洲渚無別歸處
• 담무참(曇無讖) 역,『불소행찬』(佛所行讚, T192), 44b16

<u>善住於自洲 當知自洲者</u> ……
• 보리유지(菩提流志) 역,『대보적경』(大寶積經, T310), 333c29

…… <u>自爲洲渚 自爲歸處 法爲洲渚 法爲歸處 無別洲渚 無別歸處</u> 難陀 云何苾芻自爲洲
渚 自爲歸處 法爲洲渚 法爲歸處 無別洲渚 無別歸處 如是難陀 若有苾芻 於自內身隨觀
而住 勤勇繫念得正解了 於諸世間所有恚惱 常思調伏 是謂隨觀內身是苦 若觀外身及
內外身 亦復如是

는 것이 붓다의 유훈 'atta-dīpa dhamma dīpa'의 본래 의미다.

한편으로 '등불'이란 비유도 상당히 불교적인 비유라고 할 수 있다. 불교에서 어리석음을 뜻하는 '무명'無明(avidyā)이란 곧 '밝음' vidyā의 부재인 어두운 상태이며, 이는 곧 윤회를 거듭하는 중생의 상태다. 따라서 무명을 깨치고 진리의 불을 밝히는 등불의 은유 또한 상당히 좋은 비유라고 할 수 있다. 그렇다면 섬을 등불로 번역한 것은 일종의 '기능적 등가물'functional equivalence에 의한 의도적인 '오역'인가? 당시 동아시아인들이 '섬'에 대해 오늘날처럼 '고립과 절연'의 상징으로 생각했는지는 잘 알 수 없다. 하지만 적어도 '섬'을 구원 또는 의지처의 상징으로 생각했던 것 같지는 않다. 그런 점에서 의도적으로 'dīpa'를 '등불'로 번역했다고 추측해 볼 수도 있을 것이다. 그러나 일반적으로 한역 경전이 원전을 언어학적으로 충실하게 반영한다는 사실을 감안할 때, 의도적 오역이라고는 생각하기 힘들다.

오히려 이 문제는 앞서 언급한 대로 동아시아인들이 산스크리트어와 팔리어의 언어적 차이를 정확하게 몰랐던 데서 기인한 것이라고 보는 편이 사실에 더 가까울 것이다. 팔리어 원문 'atta-dīpa dhamma dīpa'에서 문제가 되는 것은 'dīpa'라는 단어다. 팔리어 'dīpa'는 동음이의어同音異義語(homonym)로, '섬'을 뜻하기도 하고 '등불'을 뜻하기도 한다. 이는 'kṣānti'(팔리어 khanti)의 '다의적 용법'의 경우와는 다른 것이다. 왜냐하면 팔리어 'dīpa'에 대응하는 산스크리트어는 'dīpa'와 'dvipa' 두 가지가 다 언어학적으로 가능하며, 전자는 '등불'을 뜻하고 후자는 '섬'을 뜻하는 서로 별개의 단어이기 때문이다.

'섬' 또는 '등불'을 뜻하는 동음이의어 'dīpa'의 번역을 두고 동아시아인들은 큰 주저 없이 '등불'을 선택한 것으로 보인다. 지겸支謙이나 의정義淨이 'dīpa'를 '주'州 또는 '주저'洲渚로 번역했던 것은 번역자가 원전 문맥상의 'dīpa'의 의미를 정확하게 알고 있었거나, 또는 번역 원전이 팔리어가 아닌 산스크리트어(또는 불교 혼성 산스크리트어) 원전으로 해당 구절이 아예 'dvipa'로 되어 있어 다른 선택의 여지가 없었기 때문이라고 짐작된다.

'atta-dīpa dhamma dīpa'가 등장하는 불교 경전의 여러 문맥을 살펴보면, 'dīpa'의 비유가 지시하는 것이 명백하게 '의지처'임은 쉽게 알 수 있다. 고대 동아시아인들이 선택한 의지처는 '섬'이 아니라 '등불'이었다. 오늘날의 문맥에서 보더라도 의지처가 되는 것은 〔외로운〕 '섬'보다는 어둠(무명)을 밝혀 줄 '등불'일 것이다. 그런 점에서 볼 때 '자등명 법등명'은 900년이 넘는 동아시아의 오랜 불교 경전 번역사에서 우연하게 만들어진 '아름다운 오역'이라 해도 좋을 것 같다.

(3) 『금강경』, 중생상衆生相의 의미에 관하여

『금강경』의 "만일 보살이 아상我相, 인상人相, 중생상衆生相, 수자상壽者相이 있으면 보살이 아니다"[28]라는 구절은 "이른바 모든 상은 '실재하는 것'도 '진실한 것'도 아니다凡所有相 皆是虛妄"라는 구절과 함께 대승불교의 공 사상을 가장 간결하게 표현하는 아포리즘aphorism으로, 동아시아 불교 전통에서 가장 많이 인용되는 구절 가운데 하나다. 이 구절은 무아無我를 깨닫지 못한 유아론有我論의 여러 양상을 '아상, 인상, 중생상, 수자상'의 이른바 사상四相으로 정리한 것이다. 다시 말해서 사상四相은 유아론의 네 가지 양상이자 유아론을 주장하는 네 가지 근거인 셈이다.

사상 가운데 먼저 중생상을 제외한 나머지 아我, 인人, 수자壽者 세 가지 상相의 의미에 대해 살펴보기로 하자. '아'我란 다양한 현상적인 '나'의 근저에 있는 불변의 자아를 뜻하는 것으로, 인도 사상사의 맥락에서는 우파니샤드적인 아트만ātman을 의미한다. 한편 '인'人에 대해서는 여러 근거 없는 한글 번역과 해석이 난무하지만, '인'의 정확한 의미는 윤회의 주체로 상정되는 개체적 자아다. '수자'壽者는 산스크리트어 'jīva'의 역어로 우리의 생명을 유지시키는 일종의 '기'氣 또는 '영'靈 같은 것으로 이해될 수 있으며, 일반적으로는 영육靈肉을 이원적으로 구분하는 가운데 '영혼'과 같은 것을 의미한다. 따라서 '불변의 자아', '윤회의 주체로서 개체적 자아' 또는 '영혼' 같은 관념 등을 근거로 유아론를 주장하는 사람들은 깨달음을 얻고자 나선 보살이라 할 수 없다는 것이 앞에서 인용한 "만일 보살이 아상我相, 인상人相, 중생상衆生相, 수자상壽者相이 있으면 보살이 아니다"라는 구절의 요지라고 할 수 있다.

『금강경』은 현대 한국 조계종의 소의경전所衣經典일 뿐만 아니라, 일반 불교도들 간에도 가장 애송되는 경전이라고 할 수 있다. 이른바 스테디셀러이자 베스트셀러 경전이다. 현대 한글 역으로 출판된 번역도 30여 종이 넘으며, 학술 번역이 아닌, 사찰이나 재가 불교 단체에서 일반 신도들을 위해 번역한 것과 인터넷을 통해 유통되는 번역 등을 합치면 100종은 쉽게 넘을 것이다. 그럼에도 사상四相에 대한 번역은 그야말로 제각각이어서 도대체 이러한 번역으로 사상에 대해 무엇을 이해했을까 하는 의문이 들 정도다. 여기에 오역과 오해의 사례들을 일일이 다 거론할 수 없을 정도다. 몇 가지 예만 들면, 인상人相을 '내가 인간이라는 착각, 오만함' 등으로 해석하는 것이 태반이며, 심지어 수자상壽者相을 '오래 살고자 하는 욕심'이라고 해석하는 경우도 많다.

그중에서도 가장 심각하게 문제가 되는 것은 중생상에 대한 번역과 해석이다. 일반 독자를 위한 번역에서는 말할 것도 없고, 지금까지 출판된 6~7종의 전문 학술 번역에서도 잘못 해석하고 있다. 이들 대부분은 '중생상'을 '내가 부처가 아니라 중생이라는 생각' 또는 '깨달은 사람과 깨닫지 못한 중생을 분별하는 착각'이라고 해석했다. 한 경우만 예를 들어 보면 다음과 같다.

〔중생을 뜻하는〕* 사트바sattva는 초기 대승불교의 자체 반성을 촉구하는 말로 해석되어야 한다. 사트바는 곧 유정有情이다. 즉 '유정＋깨달음의 추구'면 '보살'이 된다. 즉 보살bodhisattva과 중생sattva의 이원적 구분이라는 상相이 있어서도 아니 된다는 것이다. 모든 보살은 유정(중생)을 전

* 문맥을 고려해서 내가 보충한 것임.

제로 하나 보살이 곧 중생이요, 중생이 곧 보살인 것이다. 중생과 보살이 따로 있지 아니한 것이다. 그리고 진정으로 우리가 일승一乘의 깨달음을 추구한다면 유정과 비정非情의 구분조차 해소되어야 한다.[29]

중생상의 '중생'을 이와 같이 이해한 다음, 김용옥은 중생상에 대해 다음과 같이 언급한다.

우리말 어원을 한어와의 관련 속에서 고찰하는 국어학자들에 의하면 우리말의 짐승(즘생)은 곧 '중생'衆生의 변형태라고 한다. 앞서 말했듯이 중생sattva은 유정有情을 통칭하며, 유정의 개념에서는 식물의 외연이 빠진다는 나의 발언을 생각하면 쉽게 수긍이 갈 것이다. 우리말에 '중생'이 상말로 쓰일 때는 '짐승'의 의미가 내포된다. 즉 '중생상'이란 즘생(중생) 같은 삶을 영위하는 뭇 인간들이다.[30]

물론 김용옥은 "역대의 해석이 구구분분, 도무지 종잡을 수 없으므로" 본인이 "직관적으로 생각하는 바"에 따라 해석하겠다는 전제를 달고 있지만, '중생상'에 대한 그의 해석은 문헌학적인 면은 물론 철학적인 면에서도 그다지 설득력이 없다.* 좀 더 다른 경우를 살펴

---

* 그러나 애매하고 곤란한 부분을 슬쩍 넘어가거나 비켜 가는 한국 불교학계의 일부 풍토를 생각하면, 불교학 전공자도 아니면서 나름대로의 직관에 따라 번역과 해석을 시도하는 것은 평가받을 만한 일이라고 생각한다.

보더라도 사정은 비슷하다. 『금강경』 산스크리트본과 쿠마라지바 한역본 및 현장 한역본에 대한 자세한 해설과 함께 비교 연구를 시도 하는 각묵조차도 "어떤 생명의 당체가 고정되어 있다는" 관념을 중 생상이라고 얼버무린다.[31] 이런 가운데 중생상에 대한 주목할 만한 번역이 눈에 띈다. 산스크리트본을 비롯해 두 종의 한역본은 물론, 티베트 본과 영어, 독일어, 불어 등 현대 번역까지 망라해 대단히 야 심 찬 한글 재번역과 해설을 시도하고 있는 전재성은 중생상을 '존 재에 대한 지각'이라고 번역했다.* 나중에 자세히 언급하겠지만, 대 단히 파격적으로 보이는 이 번역은 다른 번역과 비교할 때 상대적으 로 나은 번역이라고 할 수는 있지만 정확한 번역이라고 할 수는 없 다.** 전재성은 자신의 '중생상' 번역에 중요한 단서가 되는 아상가

---

* 전재성, 『금강경: 번개처럼 자르는 지혜의 완성』(한국빠알리성전협회, 2003), 60~61 쪽, 각주 31. 전재성은 아상가와 바수반두의 주석을 참조해 중생상을 "상이한 시간에 연 속적으로 상속하는 것"이라고 해설했다. 그 외에 전재성은 영어 역어로 에드워드 콘제 (Edward Conze)의 "perception of being"을 소개했다(256쪽).

** 전재성의 번역과 유사하면서 앞서 등장한 주목할 만한 번역은 불연(不然) 이기영(李 箕永)의 번역이다. 불연은 산스크리트본 『금강경』에 대한 그의 역해(譯解)에서 중생상 (sattva saṃjñā)을 "살아 있는 것들이란 생각"이라 번역하고, "실체로서 살아 있는 것들 이 실존한다는 생각을 가리킨다"고 해설했다. 그러나 불연은 한역본 『금강경』을 역해하 면서는 중생상에 대해 산스크리트본의 경우와는 다소 뉘앙스가 다른 해설을 시도했다. 즉 "중생들이 그릇된 의미에서 '나의 몸은 오온(五蘊)이 가합(假合)된 상태'임을 집착해 그릇된 허무공관(虛無空觀)에 빠지는 집착의 오류를 가리킨다"라고 해설한 것이다. '중 생'의 의미를 '오온의 가합'이라고 보는 것은 탁월한 해석이며, 이는 산스크리트본 『금 강경』에 대한 그의 역해와도 일치하는 해석이다. 이러한 '중생'의 의미를 그대로 살리

Asaṅga(無着)의 『금강경』에 대한 주석서 『Vajracchedikā-prajñāpā ramitā-sūtra-Śāstra-kārika』능단금강반야바라밀다경 논송를 번역 소개하는 가운데 중생상을 '존재의 상속'이라고 번역했다.[32] 뒤에 자세히 설명하겠지만 중생상을 이해하는 핵심 키워드는 존재가 아니라 '상속'相續에 있다. 그럼에도 전재성이 중생상을 굳이 '존재의 상속'이라고 번역한 것은 '사트바'sattva의 의미를 지나치게 의식한 탓일 것이라고 짐작된다. 이 점은 전재성이 『금강경』을 번역하는 가운데 중생상을 '존재에 대한 지각'이라고 번역하는 것과도 관련이 있을 것이다.

『금강경』에 대한 동아시아 전통의 주석서들을 살펴보아도 사상四相, 특히 중생상에 대한 정확한 해설은 찾아보기 힘들다. 『금강경』 주석서로 가장 많이 알려진 『금강경오가해』金剛經五家解는 애초에 문헌학의 엄밀성과는 거리가 먼 선사禪師들의 자유로운 해설을 담았다는 점을 감안해 논외로 한다 하더라도,*** 교학에 뛰어난 학승으로

면 '중생상'이란 곧 '오온의 가합을 실존하는 나라고 집착하는 것' 정도로 무난하게 해설할 수 있을 것이다. 그런데 불연이 중생상을 '허무공관에 빠지는 집착'이라고 해설한 것은 다소 엉뚱한 것으로, 집필하는 가운데 어떤 순간적인 '착오'나 '실수'가 있었던 것은 아닐까 싶다. 이기영, 『반야심경·금강경』(한국불교연구원, 1997년 개정판), 166~167·362·392쪽 참조.
*** 6조(六祖) 혜능(慧能)은 사상(四相)을 범부의 사상과 수행인의 사상으로 나누어 설명했는데, 범부의 '중생상'에 대해서는 "좋은 일은 자기에게 돌리고 나쁜 일은 다른 사람에게 돌리는 것"이라 하고, 수행인의 사상에 관해서는 "삼악도의 고통을 싫어해 천상에 나기를 원하는 것"이라고 했다. 無比 譯解, 『金剛經五家解』(불광출판사, 1992), 135~136쪽 참조.

알려진 17세기 감산憨山이 저술한 『금강경결의』金剛經決疑조차 사상四相에 대한 해석은 전혀 엉뚱하다.*

선종의 5조五祖 황매黃梅 홍인弘忍(602~675)은 『금강경』을 통해 심인心印을 얻었다고 하고, 6조六祖 혜능慧能(638~713)은 『금강경』의 한 구절을 듣고 돈오頓悟했다고 한다. 그들은 도대체 『금강경』을 어떻게 이해했으며 무엇을 깨쳤을까? 『금강경』의 사상四相에 대한 이른바 동아시아의 전통적인 이해를 검토하면서 다시금 확인하는 것이지만, 동아시아인들은 일단 인도 경전이 한문으로 번역되고 나면 철저히 번역 텍스트를 통해서만 소통하면서 '동아시아적인 이해체계'를 구축해 갔다. 그런 점에서 이른바 동아시아 불교의 정체성이란 원전原典(original text)에 대한 참조 없이 한역 불전의 유통과 소통을 통해 한문 불교 안에서 독자적인 의미체계를 형성해 가는 과정에서 만들어진 것이라고 할 수 있다. 그리고 선종은 이런 과정의 최종 결론이었다.

한편 동아시아 불교 전통, 그리고 현대 한국 불교학계에서의 중생상에 대한 잘못된 해석 내지 오해는 바로 '중생' 또는 그 동의어인 '유정'有情(감정과 인식 능력이 있는 존재)이란 용어가 한문 불교 안에서 가지고 있는 제한적 의미체계에서 비롯되는 것이다. 한문 불교에서

---

* 『금강경오가해』(金剛經五家解)와 『금강경결의』(金剛經決疑) 등 동아시아 주석서에서는 공통적으로 중생상(衆生相)을 보살과 대비되는 '범부우치'(凡夫愚癡)의 어리석고 탐욕스런 인간의 모습으로 이해했으며, 때로는 초목·와석(瓦石) 등 무정물과 대비되는 개념으로 이해하고 있다.

‘중생’ 또는 ‘유정’이란 ‘살아 있는 존재’ 일반을 의미하는 용어이며, 때로는 깨달은 자와 대비되는 ‘깨닫지 못한, 범부우치凡夫愚癡’를 의미하기도 한다. 중생 및 유정이 한문 불교에서 지니는 이러한 제한적 의미체계는 산스크리트 원어인 ‘sattva’가 갖는 의미를 다 포괄하지 못한다. 다시 말해서 『금강경』 원전의 ‘sattva-saṃjñā’가 일단 중생상 또는 유정상有情想으로 번역되자 원어 ‘sattva’의 맥락적 의미와는 상관없이 한문 불교체계 안에서 통용되어 온 ‘중생’ 또는 ‘유정’의 일반적인 의미에 따라 중생상 혹은 유정상을 해석하고 이해하면서 동아시아 불교의 독자적인 의미체계를 만들어 가는 것이다.

원어 ‘sattva’가 일반적으로 알려진 ‘살아 있는 존재’ 또는 ‘범부’ 등의 의미와는 다른 의미로 불교 경전에서 사용되는 용례는 실상 한역 경전 안에서도 찾을 수 있으며, 이 용례는 ‘중생상’을 올바로 해석하는 데 중요한 단서가 될 수 있다.

세친世親(Vasubandhu)의 저술로 알려진 『Trimśikākārikā』의 이역본異譯本 가운데 비교적 덜 알려진 텍스트로 진제眞諦(Paramārtha)가 번역한 『전식론』轉識論이 있다.* 이 『전식론』의 첫 게송은 다음과 같다.

---

* 『전식론』(轉識論)은 현존하는 산스크리트본이나 현장의 역본인 『유식삼십론송』(唯識三十論頌)보다 고본(古本)에 속하는 것으로, 현장이 인도에서 직접 전해 온 호법(護法, Dharmapāla) 계통의 신유식(新唯識)과 구별되는 구유식(舊唯識)을 이해하는 데 중요한 텍스트다. 이 텍스트에 대한 선구적인 연구로는 Diana Y. Paul의 『Philosophy of Mind in Sixth-Century China: Paramārtha's Evolution of Consciousness』(Stanford University Press, 1984) 등이 있으나 국내에서는 별로 연구된 바가 없다.

識轉有二種 一轉爲**衆生** 二轉爲**法** …… 次明能緣有三種³³

〔식이 전변해 두 가지가 있다. 하나는 **중생**이고, 다른 하나는 **법**이다. …… 다음은 능연能緣(subjective-condition)에 세 종류가 있음을 설명하겠다.〕

한편, 현장이 번역한 『유식삼십론송』唯識三十論頌에서는 해당 게송이 다음과 같이 번역되어 있다.

由假說我法 有種種相轉 彼依識所變 此能變唯三³⁴

〔가설upacāra된 아我와 법法은 여러 모습으로 전개되는데, 그것들은 〔전부〕 식識의 전변轉變에 기반하고 있다. 이 가운데 능변能變(subjective-transformation)에는 오직 세 종류가 있다.〕*

얼핏 비교해 보아도 진제와 현장의 번역은 그 용어나 표현 방식에서 많은 차이가 있음을 알 수 있다. 그러나 전달하고자 하는 핵심 내용은 동일하다. 즉 〔우리가 실재한다고 믿는〕 아我(ātman)와 법法(dharma)은 실재하는 것〔實我實法〕이 아니라 식이 전변轉變해서 드러나

* 참고로 산스크리트본 및 영어 번역은 다음과 같이 되어 있다.
ātma-dharma-upacāro hi vividho yah pravartate
vijñāna-pariṇāmo'sau pariṇāmah sa ca tridhā//
The metaphor of 'Self' and 'Elements', which functions in several ways is upon the transformation of consciousness. This transformation is of three kinds. 〔리처드 로빈슨(Richard H. Robinson) 미출간 원고. Dan Lusthaus, *Buddhist Phenomenology*, Routledge Curzon, 2002, 275쪽에서 재인용.〕

는 현상적 존재(假我假法)일 뿐이라는 것이다. 여기서 우리는 산스크리트본의 'ātman'과 'dharma'에 해당하는 용어가 진제의 『전식론』에서는 '중생'과 '법', 그리고 현장의 『유식삼십론송』에서는 '아'와 '법'으로 번역되는 것에 주목할 필요가 있다. 『전식론』에서 사용되는 '중생'의 개념은 '아'와 동의어로, '범부' 또는 '유정' 등을 뜻하는 중생의 일반적인 용례와는 구별된다는 것을 쉽게 알 수 있다. 즉 중생이란 '식識의 전변에 의해 전개'되는 '식소연'識所緣으로서의 '가아'假我를 의미한다. 『전식론』에서 사용되는 이러한 '중생'의 개념은 '중생상'을 해석하는 데 중요한 단서가 된다. 다만 한 가지 문제는 『전식론』의 '중생'이 'sattva'의 역어譯語인가, 아니면 원본의 'ātman'을 진제가 독창적으로 '중생'이라 번역했는가 하는 점이다. 진제가 번역의 저본底本으로 삼았던 원전이 남아 있지 않은 상황에서 이를 확인하는 일은 불가능할 것이다. 하지만 곧이어 살펴볼 『금강반야론』金剛般若論과 『능단금강반야바라밀다경론석』能斷金剛般若波羅蜜多經論釋 등에서 '아상'을 '중생' 또는 '유정' 등의 용어로 설명하는 것을 볼 때, 반야와 유식을 중심한 대승 교학 전통에서 '상속'相續 또는 '가아'假我를 의미하는 '아'의 동의어로 '중생'이란 용어가 이미 사용되었다고 봐도 크게 어긋난 추정은 아닐 것이다.

먼저 『금강경』金剛經에 대한 아상가Asaṅga의 주석서로 알려진 『금강반야론』(이하 논)에 등장하는 '중생상'에 대한 해설을 살펴보기로 하자. "보살은 법法이라는 상想도 무법無法이라는 상想도 일으키지 않는다. 만일 법이라는 상 또는 무법이라는 상을 일으키면 곧 '유아'有我

에 대한 집착이 있게 된다"라는 내용에 이어 다음 구절이 계속된다.

經言則爲有我取者. 於中取自體相續爲我想. 我所取爲**衆生想**. 謂我乃至壽
住取爲命想. 展轉趣餘趣取爲人想[35]

〔금강〕경에서 "則爲有我取"(곧 '유아'에 대한 집착이 있게 된다)라고 한 것을
〔설명하겠다〕. 이중에서 〔오온과 별도의 어떤〕 본체가 상속相續한다고
집착하는 것이 아상我想이며, '아소' 我所에 집착하는 것을 **중생상** 衆生想이
라고 한다. 그리고 내가 명근命根(또는 수자壽者, jīvendrya)에 머물고 있다
고 집착하는 것이 명상命想이며, 육도를 전전〔윤회〕하는 〔존재에〕 집착하
는 것이 인상人想이다.

위 구절에서 '취자체상속' 取自體相續(〔오온과 별도의 어떤〕 본체가 상속相
續한다고 집착하는 것)과 '아소취' 我所取('아소'我所에 집착하는 것)는 각각 '아
상'과 '중생상'을 의미하는 것이지만, 이 본문만으로는 그 의미가 분
명하게 드러나지 않는다. 한편 아상가의 논論에 대해 세친이 주석을
한 것으로 알려진 『능단금강반야바라밀다경론석』(이하 석釋. 의정義淨
역)에서는 좀 더 분명하게 아상과 중생상의 의미를 설명하고 있다.
그 해당 본문을 소개, 번역하면 다음과 같다.

〔**한역 원문**〕

頌曰
能斷於我想 及以法想故

此名爲具慧 二四殊成八

〈釋〉

此明我想有四. 法想亦四. 故成八想[36]

〔한글 번역〕

게송에서 말하기를:

아상我想(아我에 대한 집착)과 법상法想(대상의 실유實有에 대한 집착)을 끊었기 때문에 이를 이름 하여 지혜를 갖추었다고 한다. 이 〔아상과 법상 각각에〕 각기 다른 네 가지가 있어 〔잘못된 관념은 전부〕 여덟 가지다.

〈해석〉

이 게송에서는 아상에 네 종류가 있고, 법상 또한 네 종류가 있어 모두 여덟 가지의 상想이 있다는 것을 밝히고 있다.

〔한역 원문〕

頌曰

別體相續起 至壽盡而住

更求於餘趣 我想有四種

〈釋〉

我想四者. 謂是我想有情想壽者想更求趣想. 四種不同. 此於別別 五蘊 有情自生斷割爲我想故. 見相續起作有情想(薩埵是相續義)乃至壽存作壽者想. 命根旣謝轉求後有 作更求趣想.[37]

〔한글 번역〕

게송에서 말하기를:

〔첫째, 오온五蘊과 다른〕별도의 실체〔에 대한 관념〕, 〔둘째, 전후前後의 식이〕상속相續해서 일어나는 데 대한 〔관념〕, 〔셋째,〕명근命根(jīvendrīya) 이 다할 때까지 머무는 〔무엇이라는 관념〕, 〔넷째,〕다시 다른 세계를 구하는 〔윤회의 주체를 상정하는 관념〕. 아상我想에는 이러한 네 종류가 있다.

〈해석〉

아상에는 네 가지가 있다. 말하자면 아상我想, 유정상有情想, 수자상壽者想, 갱구취상更求趣想*이다. 이들 네 종류는 같지 않다. 오온과 별도로 〔어떤〕존재(유정)가 스스로 생겨나고 끊어지고 나누어진다〔고 생각하는 것이〕아상이다. 〔의식이〕서로 이어지면서 발생하는 것을 보는 데서 유정상sattva-saṃjñā(또는 중생상)이 생겨나고 — 〔유정의 산스크리트어〕사트바sattva(薩埵)는 상속을 뜻한다 —, 명근命根(壽)이 다할 때까지 존재한다는 〔관념에서〕수자상(또는 명근상命根想)이 생겨나고, 명근이 다한 뒤에 다시 다른 존재를 구하는 데서(즉 태어나기를 원하는 데서) 갱구취상(즉 인상人想)이 생겨나는 것이다.

이상 아상과 중생상에 관한 아상가無着의 논論과 세친의 석釋의 해석을 정리하면 다음과 같다.

* 이들 각각이 쿠마라지바가 번역한 『금강경』에서의 아상, 중생상, 수자상 및 인상에 해당한다는 사실은 더 설명할 필요도 없을 것이다.

아　　상: 取自體相續(논), 別體(게송), 別五蘊有情自生斷割(석)

중생상: 我所取(논), 相續起(게송), 見相續起作有情想(薩埵是相續義)(석)

요컨대 '아상'이란 오온과 구별되는 어떤 본체가 상속된다고 집착하는 것을 의미하며, '중생상'은 의식 활동이 부단 생멸不斷生滅하면서 면면히 이어져 가는 가운데 갖는 어떤 관념을 말한다. 더구나 '살타시상속의'薩埵是相續義라고 해서 '살타'薩埵(sattva, 衆生)란 곧 상속相續을 뜻한다는 것을 분명히 밝히고 있다.* 한편 아상과 중생상은 매우 밀접하게 연관되어 있지만 분명하게 구별된다. 아상이란 오온의 가합假合인 '현상적 존재'와 구별되는 어떤 '본체적 자아'를 상정해 집착하는 것이고, 중생상은 오온의 상속을 통해 경험되는 '가아'假我를 '실재하는 자아'로 집착하는 것을 말한다. 전재성이 중생상을 '존재에 대한 지각'이라고 번역하는 근거가 바로 여기에 있는 것 같다. 그러나 앞서 언급한 대로 본문의 핵심 키워드는 '존재'가 아니라 '상속'이며, 따라서 중생상이란 오온의 '상속'을 실재적 자아로 생각하는 그릇된 관념을 의미한다.

　지금까지 살펴본 대승 교학의 용례에 따르면 중생상이란 의식意識을 포함해 안眼·이耳·비鼻·설舌·신身 등 육근六根의 활동에 따라 전

* 이 주석서는 서장본과 한역 이역본이 있으며, 특히 게송(偈頌) 부분은 산스크리트어 사본의 단편(斷片)도 현존해 상당히 광범위하고 세밀한 연구를 할 수 있다. 이를 위해서는 좀 더 시간이 필요하며, 연구 결과는 별도의 논문으로 만들 예정이다.

개되는 경험의 '상속'을 영속적인 자아 自我가 실재하는 것으로 확신하는 잘못된 관념을 뜻한다. 이는 초기 불교 이래 불교 전통에서 줄곧 부정해 온 유아론 有我論의 한 형태다.* 『청정도론』 Visuddhimagga의 저 유명한 "행위만 있을 뿐 행위자는 없으며, …… 경험은 있되 경험을 하는 자는 없다"[38]라는 구절은 바로 중생상과 같은 형태의 유아론을 염두에 둔 것이다. 부연하자면 보고, 듣고, 맛보고, 생각하는 등의 '경험'(또는 의식 활동)이 감각 기관과 대상의 접촉에서 발생하는 연기적 산물임을 모르고** '나'라고 하는 경험의 주체가 있다는 그릇된 관념을 가리키는 것이다. 이러한 중생상의 의미를 현대적 관점에 따라 그 외연을 확장하면, 중생상이란 우리의 육근 六根 활동을 통해 경험하는 '살아 있음'이라는 생물학적 존재감을 실체적인 '아' 我라 착각하는 것을 뜻하는 것이라고 볼 수 있다. '생물학적 존재감'이란, 비유하자면 잠을 잘 때와 같이 모든 감각 기관이 비활동 상태(실은 의식은 활동 중이지만)에 들어갔을 때는 '존재'에 대한 의식이 없지만, 잠에서 깨어 감각과 의식이라는 육근의 활동이 시작되면서 비로소 갖는 '나'라는 존재감을 말한다. 중생상을 '생물학적 존재감'으로 이

---

* 불교 경전에서 무아와 관련한 설명 방식은 크게 두 가지로 분류할 수 있다. 첫째는 오온과 관련해 또는 무상(無常)·고(苦)·무아(無我)의 삼법인(三法印)으로써 무아를 설하는 경우, 둘째는 '현상적 경험' 외에 따로 아(我)가 없음을 설하는 경우다. 초기 불교 경전에서의 무아론 논증 방식에 대한 상세한 논의는 졸고, 「불교의 이론과 실천 수행: 초기 불교의 무아설을 중심으로」, 《오늘의 동양사상》 제8호(2003), 163~189쪽 참조.
** 또는 유식학의 관점에서 말하자면, "식(識)의 소연(所緣)임을 모르고".

해하는 이러한 해석은 '중생'의 원어 'sattva'가 뜻하는 일반적인 의미체계 가운데 하나인 '유정'有情, 즉 '감정과 인식 능력이 있는 존재'라는 뜻과도 잘 부합되며, 나머지 다른 세 상相과 구별되는 유아론의 다양한 형태를 포괄적으로 보여준다는 의미가 있다. 다시 말해서 '아상'我相, '인상'人相, '수자상'壽者相 등이 철학적이며 종교적인 측면의 유아론이라면, 중생상은 육근의 활동이라는 일상 경험에 의해 갖는 유아론이라고 할 수 있다. 어떤 면에서 본다면 '아상', '인상', '수자상' 같은 철학적이며 종교적인 유아론보다 '중생상' 같은 일상의 경험을 통한 '존재감'이 무아론을 받아들이는 데 더 큰 걸림돌이라고도 할 수 있을 것이다.

3. 결론

(1) 번역과 동아시아 불교의 정체성

동아시아 불교의 형성에 관해 역사학자들은 문명 교류의 일련의 과정을 암묵적으로 전제한다. 다시 말해 이질적인 문화인 인도 불교에 대한 이해와 수용, 그리고 동화와 융합의 과정을 거쳐 철저한 '자기화의 완성'이라는 문명 교류의 일반적인 모델을 염두에 두는 것이다. 이러한 '이해와 수용', '동화와 융합', 그리고 '자기화'의 과정은 비단 동아시아 불교의 경우에만 해당되는 것이 아니라, 인류의 모든 문명 교류에 해당하는 것이라고 봐도 좋을 것이다. 문명 교류사의 관점에서 동아시아 불교가 주목받는 것은 바로 이러한 과정을 가장 성공적으로 거쳐 온 하나의 모범 사례로 볼 수 있기 때문이다.

그러나 동아시아 불교의 정체성 형성에 관해 일반적으로 동의하는 이른바 그 '일련의 과정'을 좀 더 비판적으로 검토할 필요가 있다. 동아시아 불교를 바라보는 역사학자들이 전제하는 것은 외래 문화, 즉 인도 불교에 대한 이해를 출발점으로 해서 '동화와 융합'의 과정을 거쳐 최종적으로 '자기화'라는 완성 단계로 간다는 것인데, 동아시아 불교의 형성 과정을 보면 반드시 그러한 일반적인 유형을 따라가고 있지 않기 때문이다. 좀 더 급진적으로 얘기하자면 외래 문화에 대한 충분한 '이해' 과정이 없었기 때문에 동아시아 불교는 오히려 철저한 '자기화'에 성공했던 측면이 있다는 것이다.

번역이라는 관점에서 볼 때, 동아시아 불교는 이해가 아닌 '오해'에서 출발한다. 그 오해는 두 가지로 요약될 수 있다. 하나는 인도 불교사에 대한 무지에서 비롯되는 것이다. 전형적인 구술 문화orality의 산물인 불교는 그 경전 텍스트의 대부분이 암송으로 구전되는 '구술 텍스트'였기 때문에 번역 대상을 사상사의 성립 순서에 따라 체계적으로 번역한다는 것은 불가능했다. 인도 및 중앙아시아에서 당시 중국 지역으로 들어오는 서역의 승려가 어떤 경전을 암송하고 있느냐에 따라 번역 대상이 정해지는, 그야말로 '기회 닿는 대로' 번역이 이루어지는 상황이었다. 인도 불교의 역사적 전개를 전혀 알 수 없는 동아시아인들은 이 모두를 '불설'佛說(buddhavācana)로 이해해야 했으며, 경전간의 이질적인 요소가 원산지에서의 오랜 역사적 산물이라는 사실을 전혀 알 수 없었다. 이러한 혼란 상황은 한동안 계속되었고, 대승과 소승의 다양한 경전이 어느 정도 번역된 뒤에야 교상판석敎相判釋이라는 동아시아 불교 특유의 불교 해석학이 등장하기 시작했다. 교상판석은 체계적인 해석학의 면모를 어느 정도 갖추고 있지만, 역사적 관점에서 볼 때는 몰역사적인 불교 이해라고 할 수밖에 없다.

두 번째의 오해는 '번역'과 관련된 것이다. 동아시아 불교의 정체성 형성과 관련해서 볼 때 경전의 번역을 '생산'과 '유통'(및 소비)이라는 두 측면에서 살펴볼 필요가 있다. '생산'이란 곧 번역 행위를 일컫는 것으로, 생산 과정에서 가장 중요한 것은 원전의 의미를 정확하게 전달하는 것이다. 앞에서 살펴본 바와 같이 한역 경전은 정확한 의미 전달이라고 하는 번역의 일차적 기능을 항상 성공적으로 성취한 것은 아니었다. 격의불교格義佛敎 시대를 감안한다면 동아시아 불교는 정확한 번역에 의한 '정확한 이해'에서 출발한 것이 아니라 오역으로 인한 '오해'에서 출발하는 경우도 적지 않았다. 불교의 동아시아적 정체성이 형성될 수 있었던 것은 '정확한 이해'라는 문명 교류의 선결 조건 때문이 아니라, 불충분하며 때로는 오역을 포함하지만 철저하게 번역 텍스트를 중심으로 불교가 유통되었다는 사실에 있다. 앞서 언급한 문명 교류의 첫 번째 과정으로서 '이해' 과정이 동아시아 불교의 경우에는 반드시 정확한 관찰이 아니라고 한 것은 바로 이 점 때문이다.

일반적으로 번역 텍스트를 통한 제한적인 이해 또는 오해가 시정되는 것은 원전 텍스트에 대한 지속적인 대조와 검토를 통해서다.

한 텍스트가 번역된 뒤에도 여러 다른 번역이 계속 이루어지는 것은 바로 이러한 오해와 불충분한 번역을 시정하기 위한 노력이다. 동아시아 불교에서 한문 경전이 역경 시기별로 고역古譯, 구역舊譯, 그리고 신역新譯 등으로 대별되는 것도 이러한 노력의 과정으로 이해할 수 있다. 그런데 동아시아 불교의 경우 일단 하나의 원전 텍스트에 대한 일정 수준의 가독성을 갖춘 번역이 이루어지고 나면, 번역 텍스트를 중심으로 한문 불교권 안에서 그 의미를 재생산했고, 그것은 때로 거의 재창조에 가까운 것이기도 했다. 그런 점에서 동아시아 불교란 단순히 인도 불교에 대한 '동아시아적 이해와 변용'을 의미하는 것이 아니라, 곧 한문 불교로서 거의 전적으로 번역 텍스트를 통해 형성된 불교를 의미한다. 동아시아 불교의 특징을 담고 있는 천태, 화엄, 그리고 그 정점에 있는 선불교 등은 철저하게 한역 경전만을 통해 형성된 것으로, 한문 불교체계 안에서만 그 의미 구조가 제대로 이해될 수 있는 것은 바로 이 때문이다.

『금강경』의 경우 401년에 쿠마라지바의 번역본이 나온 이후, 648년 현장에 의해 이른바 신역新譯이 나왔다. 현장의 번역은 현재의 관점에서 볼 때 원전에 훨씬 더 충실한 번역이었는데도 동아시아 불교는 철저하게 쿠마라지바의 번역에만 의존했다. 이런 점은 같은 대승 불교권이며 중국과 인접한 티베트의 경우와 대조적이다. 티베트 대장경의 경우 새로운 번역이 나오면 이전의 번역은 폐기되었다. 따라서 현존하는 티베트 대장경은 계속 '재번역'된 신역 경전만을 수록하고 있다. 이 두 대조적인 역사의 사례는 번역 텍스트에 관한 문화적 차이라고 생각된다. 신역新譯으로 구역舊譯을 대체한 티베트인들의 경우 번역의 일차적인 목적은 불설佛說을 정확하게 옮기는 것이었다고 할 수 있다. 한편, 동아시아인들의 경우 불설을 정확하게 번역하는 작업 못지않게 중요하게 생각했던 것은 번역 텍스트의 '유통(과 소비)'에 관한 것이었다. 동아시아인들에게 있어 일단 출판된 번역 텍스트는 원전에 대한 '번역 텍스트'가 아닌, 그 자체 의미를 담고 있는 독립적인 텍스트였다. 다시 말해서 번역 텍스트는 유통과 소비의 측면에서 볼 때 원전 텍스트 A에 대한 번역 텍스트 Á가 아니라, 그 자체로 독립적인 텍스트 B로 여겨졌다.

물론 동아시아 불교의 정체성과 관련해 다른 관점에서 설득력 있는 설명들을 할 수 있을 것이다. 특히 사상사의 관점에서 설득력을 갖춘 여러 이론과 설명이 학계 일반에서 통용되고 있다. 그러나 다른 한편 '번역'의 관점에서 동아시아 불교를 바라볼 때, 우리는 동아시아 불교의 정체성에 관해 좀 더 역사적인 실체에 가깝게 접근할 수 있을지도 모른다. 동아시아 불교는 전적으로 '번역 텍스트'에만 의존해서 형성된 것이기 때문이다. 오역과 불충분한 번역 텍스트라 할지라도 그 번역 텍스트의 유통과 재생산 과정을 통해 동아시아 불교가 형성되었다. 그리고 오역 또는 불충분한 번역에서 비롯된 오해가 어떤 면에서는 동아시아 불교가 가진 정체성의 원천이기도 하다.*

* 그런 점에서 볼 때 오늘날 한역(漢譯) 『금강경』을 한글로 번역한다는 것은 인도 사상의 산물인 『금강경』을 번역하는 것이 아니라 도안, 천태 지의, 원효, 지눌 등 우리 동아

(2) 번역과 인문학: 한국적 인문학 정립을 위한 한 제언

앞에서 언급한 대로 동아시아 불교를 형성하는 데 도움이 되었던 한 중요한 '필요조건'은 번역 텍스트에만 의존한 당시 동아시아의 문화적 환경이라고 생각한다. 물론 이런 역사적 사례를 들어 한국적 인문학 정립을 위해 외국어 교육과 원전에 대한 참조가 필요 없다는 것은 억지 주장이며, 가능한 일도 아닐 것이다. 그렇지만 우리는 이러한 역사적 사례를 통해 오늘날 학자들의 지나친 '원전 중심주의'를 반성해 보는 계기를 삼을 수 있다고 생각한다. 원전과 거리가 멀다는 이유로 번역을 통한 이해를 경시하거나 원전의 '본래 의미' original meaning만을 정확한 이해로 중시하는 태도를 반성할 필요가 있다는 것이다. 물론 번역 텍스트는 이해의 전달이라는 측면에서 원전과 비교할 수 없을 만큼 부족한 면이 있을 수 있다. 그러나 번역 텍스트는 이해 전달 기능만이 아니라 '새로운 의미 창출'이라는, 어떤 면에서 본다면 텍스트의 본질적인 기능을 함께 가지고 있다. 그런 점에서 동아시아의 한역 경전이 인도의 원전 텍스트 A에 대한 번역 텍스트 Á가 아닌 독립된 텍스트 B로 기능했고, 바로 그 점이 이른바

시아 선배들이 이해한(또는 오해한) 『금강경』을 번역하는 것이라 해도 좋을 것 같다. 원효, 지눌 등 선배들의 이해에 동참하는 데 한글 번역의 한 의미가 있기 때문이다. 그렇게 볼 때 최근 한국에서 『금강경』에 관한 '정확한 이해'를 주장하면서 산스크리트본 『금강경』 번역을 통해 이른바 '원'을 추구하는 경향이 있는데, 어떤 면에서는(적어도 한국 불교의 발전이라는 측면에서) 바람직한 번역 방식이 아닐 수도 있다는 생각이 든다. 지나친 '원전주의'는 사상의 토착화와 독창적인 이해를 가로막는 걸림돌이 되기도 하기 때문이다.

동아시아 불교의 정체성 확립에 중요한 '필요조건' 가운데 하나였음을 기억할 필요가 있다.

한편 '원전 중심주의'의 또 다른 폐해는 지식의 일방성一方性이다. 번역 텍스트를 원전에 종속된 번역 텍스트 Á로만 생각할 경우 지식은 항상 텍스트 A의 '생산지'로부터 수입 지역으로 흐르는 일방통행인 경우가 대부분이다. 이러한 지식의 일방통행은 결국 학문의 종속성으로 귀결되기 마련이다.

원전을 철저히 읽고 정확하게 이해하는 것은 매우 중요하다. 그러나 외래 문화를 이해하는 단계를 넘어서 자신의 것으로 소화해 새로운 의미를 창출하기 위해서는 원전에 대한 정확한 이해만으로는 부족하다. 지금처럼 번역을 원전에 대한 '그림자' 정도로만 생각하는 학문 풍토로는 외래 문화의 '자기화'를 이루기는 대단히 어려울 것이라고 생각한다. 번역 텍스트가 단순히 '원전 텍스트'에 대한 그림자가 아니라 하나의 독립된 텍스트라는 인식은 자생적이며 독창적인 인문학을 위한 첫걸음일 것이다.

주

1　Jaini(1988), 54〜55쪽; Lamotte(1988), 701쪽.

2　Lancaster(1987), 137쪽.

3　Jaini(1988), 55쪽.

4　Lamotte(1988), 706쪽.

5　Jaini(1988), 71쪽.

6　미래불로서의 미륵에 대한 문헌 자료는 Lamotte(1988), 699〜710쪽 참조.

7　『高僧法顯傳』(T2085), 858a; Legge(1965), 24〜25쪽도 참조.

8　Lancaster(1987), 137〜138쪽.

9　『大唐西域記』(T2087), 884b; Beal(1968), 119〜164쪽.

10　Schopen(1977), 194쪽.

11　Schopen(1977), 182쪽.

12　'정법의 소멸'(saddharma vipralopa)에 관한 문헌 근거와 그와 관련된 다양한 개
　　념들은 Lamotte(1988), 191〜202쪽 참조. 또한 Nattier(1991) 참조.

13　Chen(1964), 217쪽.

14　Minamoto(1991), 154쪽에서 재인용.

15　Chen(1964), 170〜173쪽. 미륵상과 아미타불상의 숫자와 관련한 이러한 관심의 전
　　환에 대해서는 츠카모토(1968)과 모치즈키(1964) 참조.

16　그의 전기(傳記)인 『대당대자은사삼장법사전』(大唐大慈恩寺三藏法師傳, T2053),
　　특히 243a 참조.

17　김삼룡(1983), 248쪽; Lancaster(1988), 142쪽.

18　일연의 『삼국유사』(三國遺事, T2039), 995b·996b 참조.

19　『삼국유사』(T2039), 995b·996b.

20　Sponberg(1988), 특히 103쪽.

21 위의 책, 11~12쪽 참조.

22 kṣānti의 다양한 불교적 용례에 관해서는 졸고〔조성택, "The Psycho-semantic Structure of the Word kṣānti (Ch. Jen)", 《白蓮佛教論集》vol. 8, 1998, 152~220쪽〕 참조. 이하 무생법인에 관한 논의는 이 졸고의 일정 부분을 축약 또는 편집 및 재구성한 것임을 밝혀 둔다.

23 Sasaki, Genjun, *Linguistic Approach to Buddhist Thought*, Motilal Banarsidass, 1986, 133~140쪽.

24 櫻部建,「無生智と無生法忍」,『佛教語の研究』, 文榮堂, 1975. 그리고 "Autpādajñāna and Anutpattika-dharma-kṣānti",『印度學佛教學研究』14(2), 1966, 889~884쪽 참조.

25 조성택, 앞의 논문, 160~171쪽 참조.

26 위의 논문, 168~171쪽.

27 자등명 법등명(自燈明 法燈明)의 불교 고전어 및 현대어 번역에 대한 상세한 고찰은 이수창(摩聖),「自燈明 法燈明의 번역에 대한 고찰」,《불교학연구》제6호(2003. 6), 157~182쪽 참조.

28 若菩薩有我相人相衆生相壽者相 卽非菩薩(T235, 749a11).

29 김용옥,『금강경 강해』, 통나무, 1999, 182쪽.

30 위의 책, 185쪽.

31 각묵,『금강경 역해: 금강경 산스끄리뜨 원전 분석 및 주해』, 불광출판사, 2001, 82~83쪽.

32 전재성,『금강경: 번개처럼 자르는 지혜의 완성』, 한국빠알리성전협회, 2003, 373쪽.

33 T1587, 61c06~08.

34 T1586, 60a27~28.

35 T1510, 760c29~761a02.

36 T1513, 875a22~24.

37 T1513, 876a25~876b02.

38 『Visuddhimagga』XIX 20; Nyāṇamoli, trans., *The Path of Purification* 2vols.

(Berkeley: Shambala), 1976, 700쪽. cf. Warren, *Buddhism in Translations* (New York: Athenenum), 1974, 146쪽. (원래는 1896년 Harvard University Press에서 출판)

또한 다음 인용문 참조.

ahamkārapasutā ayam pajā …… etam. ca sallam. paṭicca passato aham karomī 'ti na tassa hoti. (번역) 범부들은 '내가 행위자(ahamkāra)'라는 생각에 묶여 있다. …… 〔그러나〕 주의 깊게 보는 사람들에게는 '내가 행위한다'는 생각은 없다. 〔Jaccandha-vagga, Udāna 70쪽〕

3부

—

근대 한국 불교와
근대 불교학

6장 근대 한국 불교사의 민족주의적 역사 기술의 문제

1. 서론

근대 불교 연구는 한국 불교학계에서도 그 연구 성과가 많지 않으며, 한국 근대 사학계에서도 그 상황은 마찬가지다. 근대 한국 불교를 연구하는 데 가장 활동적인 학자 중의 한 사람인 김광식에 따르면, 물론 그 전에도 연구 성과가 있긴 했지만 "학문적인 입장에서 본격화된 것은 1990년대 초반 이후"라고 한다.[1] 근대 불교에 대한 연구가 적은 것은 한국 불교학계보다 그 양적·질적인 면에서 앞서 있는 일본 불교학계의 경우도 마찬가지다. 이는 오늘날 불교 연구의 모델이 된 19세기 후반 유럽의 근대 불교학이 현실 불교에 대한 관심에서가 아니라, 문헌을 중심으로 한 불교의 '과거' 역사에 대한 연구에 몰두했던 역사적 사실과 무관하지 않을 것이다. 한편 식민지 시기 일본을 통해 근대 불교학을 받아들인 한국 학계의 경우, 한반도 불교의 황금 시기로 알려진 신라(통일신라 포함)와 고려 시기의 불교에 특히 관심을 쏟아 왔다. 그것은 식민지 시기 현실 불교의 암울한 상황에 대한 일종의 심리적 보상이었으며, 낙후된 조선 불교의 새로운 도약을 위한 동력으로 작동하기도 했다.

해방 이후 현재까지도 이러한 동력은 어느 정도 작동하는 것으로 보이지만, 한국 근대 불교 연구가 희소성을 띠는 보다 근본적인 이유는 현재 한국 불교 상황에서 비롯되는 일정한 제약 때문이 아닌가 한다. 주지하다시피 현재 한국 불교의 대표적인 종단은 '대한불교조계종'(이하 조계종)이며, 조계종은 불교 종립대학인 동국대학의 창립자로서 지금도 동국대학교를 중심한 불교학계에 막강한 영향력을 미치고 있다. 20세기 초에 시작된 근대 불교와 조계종단의 역사적인 인과 관계를 어떻게 보느냐에 따라 조계종의 역사적 위상은 크게 달라질 수밖에 없다. 특히 해방 이후 이른바 '비구-대처의 갈등'으로 알려진 종단 분규에 관한 역사적 이해가 채 정립되지 않았다는 현실적인 이유 또한 연구자들이 근현대 불교사에 관심이 적은 또 다른 이유일 것이다.

그러나 어찌 보면 바로 그러한 점 때문에 근현대 한국 불교사라는 주제가 연구자들의 관심을 끌기도 할 것이다. 사실 1990년 이후 근현대 한국 불교에 대한 관심이 증폭하는 것도 '현실 불교'에 대한 역사적인 평가와 맞물려 있다고 볼 수 있다. 해방 이후 근대화 과정에서 불교가 적절한 역할을 하지 못했다는 지난 과거는 차치한다 하더라도, 1970~1980년대 민주화 과정에서 불교가 보였던 소극적인 행태에 대한 반성 문제가 제기되고 있다. 더불어 서구에서 일어난 불교 붐에 영향을 받은 국내 지식인들이 불교에 새로운 관심을 보이는데 현실 불교가 전혀 부응하지 못했다는 비판적인 평가가 1990년 이후에 등장하기 시작했다. 불교에 대한 지식인들의 관심과 함께 불교의 사회 참여 문제가 현안으로 등장하기 시작한 것도 1990년대 이후의 일이다. 당초 종단 내부의 권력 다툼, 일부 승려들의 비윤리적인 행태를 고발하고 시정하기 위해 출범했던 재가자 중심의 '불교바로세우기' 운동이 점차 출가 교단에 대한 견제와 자정을 위한 상설 기구 창립으로 이어진 것도 1990년대 중반의 일이다. 이러한 불교의 대사회적인 기능 문제뿐만 아니라 출가 승단의 본령이라 할 수 있는 수행 전통에 관해서도 1990년대 이후 문제가 제기되기 시작했다. 조계종이 최상승이자 정통 불법이라고 자부하는 간화선看話禪의 권위가 흔들리기 시작했다. '소승' 전통으로 일축했던 비파사나 수행에 대한 관심이 증폭해 실제로 많은 출재가자들이 태국이나 미얀마에 가서 수행을 하고 돌아왔다. 이후 도심 곳곳에 비파사나 수행을 위한 명상센터가 세워졌다. 당연히 초기 불교에 대한 관심 또한 증가하기 시작했다. 붓다의 '진짜 말씀'을 알고자 하는 욕구가 등장한 것이다. 진정한 붓다의 종지宗旨를 잇는다는 선불교가 역사적 산물임을 깨달으면서 선의 가르침 또한 불설佛說에 대한 하나의 해석이라는 역사적 맥락에서 상대화되기 시작한 것이다.

한국의 현실 불교에 대한 부정적인 인식과 평가, 그리고 현실 불교 개혁에 대한 불교인들의 욕구가 점증하면서 근대 불교사에 대한 연구자들의 관심이 증폭된 것이라고 본다. 나 또한 근대 불교가 전공 영역은 아니지만 최근 몇몇 논문과 비평을 통해 근대 불교에 관한 논문을 발표한 것도 이러한 맥락에서이며, 한국 사회에서 지속적으로 비판적인 의견을 제출하고 있는 박노자 교수도 '현실 불교'에 대한 비판 의식과 개혁의 필요성을 절감하기 때문일 것이다. 국내외적으로 새로운 연구자들이 등장하면서 근대 한국 불교를 바라보는 기존의 역사 인식과 역사 기술에 대한 비판이 지속적으로 제기되고 있으며, 이에 따라 근대 한국 불교에 대한 인식 틀의 변화가 요청된다. 이 글 또한 내가 지속적으로 제기해 왔던 근대 한국 불교의 재평가라는 문제의식의 연장 선상에 있다.

그동안 근대 한국 불교에 대해 활발한 연구 활동을 해 온 이가 바로 앞서 언급했던 김광식이다. 김광식은 그 전의 연구 성과를 정리하고 종합하는 한편, 새로운 자료의 발굴과 인터뷰 등을 통해 꾸준히 근대 한국 불교에 관한 논문과 책을 출판해 오고 있다. 김광식은 한국 불교학계의 주류라 할 수 있는 '전통 불교적', '항일 민족주의적' 관점에서 근대 한국 불교를 바라본다. 근년에 김광식은 「근대 불교사 연구의 성찰: 회고와 전망」이라는 논문에서 한국 근대 불교 연구의 성과와 동향을 ① 항일과 친일, ② 일본의 불교 정책과 종단 설립, ③ 전통 불교 수호와 불교 대중화라는 세 주제 영역으로 정리했다.* 이 세 주제 범주는 해방 후 최근까지의 연구 성과를 정리하는 방식으로, 매우 유효하고 적절하다고 할 수 있다. 실제로 근대 불교에 대한

---

* 김광식(2006), 40쪽. 이 논문에서 김광식은 근대 불교에 관한 한국 학계의 연구 성과와 논점들에 대해서는 망라해 자세히 다루었으나, 일본과 미국 등 외국 학계의 연구 성과들에 대해서는 전혀 언급하지지 않았다.

거의 대부분의 연구가 이 세 범주에 포섭될 수 있을 뿐 아니라, 근대 불교를 바라보는 연구자들의 문제의식을 잘 반영했기 때문이다. 또한 이 세 범주는 김광식을 포함한 한국 불교학계 대부분의 연구자들이 근대 불교사의 내러티브를 구성하는 주요 모티프가 되어 왔다. 실제로 김광식은 이 논문의 결론 부분에서, 이 세 주제 영역을 적절하게 재배치하며 한국 근대 불교를 다음과 같이 재구성했다.[2]

> 근대 불교는 불교 구성원과 종단의 정체성을 찾기 위한 노력(종단 건설, 전통 불교 수호)이었으며, 동시에 불교가 공동체의 일원임을 자각하면서 공동체에 기여하려는 활동(민족의식, 불교 대중화)이었다.

이러한 관점에 따른다면 근대 불교는 곧 식민지 상황 아래서 전통 불교를 수호하기 위한 항일 불교였으며, 굳이 '전통'과 다른 면모라면 근대라는 새로운 종교 환경에 적응하고자 하는 불교 대중화를 내용으로 한다는 것이다. 이러한 관점은 근대 시기 한국 불교가 보였던 다양한 모습을 지나치게 단순화해 항일과 친일의 도식으로 수렴할 뿐 아니라, 의식적이든 무의식적이든 현재의 조계종단을 근대 불교의 당연하며 유일하게 가능한 역사의 귀결점으로 자리매김하고자 하는 입장을 암묵적으로 전제하는 것이다.

근대 불교에 대한 한국 학계 일반의 단선적이며 목적론적인 역사 해석이 내포하는 문제점은 다음과 같이 지적할 수 있다. 먼저, 항일 민족의식에 기반을 둔 불교가 근대 한국 불교 전체의 모습은 아니었다 하더라도, 적어도 주요한 한 모습이었다는 점은 충분히 동의할 수 있다. 그렇다면 항일 민족 불교가 선택할 수 있었던 것은 전통 불교 수호라는 것 외에 다른 선택의 여지는 없었는가? 항일적이면서 개혁적인 불교는 가능하지 않았던가? 다시 말해 일본 총독부의 정치적인 간섭에는 반대하지만, 일본 불교를 한국 불교 개혁의 모델로 삼는 일은 불가능했던가? 한편 항일 민족의식에 기반을 둔 전통 불교 수호가 근대 불교의 귀결점이라면, 근대기에 제기되었던 다양한 개혁 프로그램들과 제안들은 어떻게 이해해야 할 것인가? '항일 민족의식'과 '전통 수호'는 어떤 관계이며, 또 어떻게 등치될 수 있는가? 그리고 어떤 근거에서 조계종단이 '전통 불교'를 수호한다고 보는가? 그 '전통'이 고대 인도로부터 내려오는 전통이 아니라면 조계종이 수호한다고 말하는 전통은 도대체 어떤 전통인가? 흔히 말하듯 그것이 임제종이라면, 어째서 그것이 '민족 불교'인가?*

 김광식을 비롯해 지금까지 한국 학계의 일반적인 근대 한국 불교

---

* 근대 한국 불교사를 항일·친일의 구도 속에서 민족 불교 형성 과정으로 이해하고, 오늘날 한국 불교를 민족 불교 수호의 유일하며 정당한 귀결점으로 본다면, 앞에서 내가 제기한 질문들에 답할 수 없거나, 어쩌면 답할 가치조차 없는 질문들이라 여길 수 있다. 그리고 어쩌면 한국 불교의 대표 종단인 조계종에 상처를 입히거나 노골적인 음해를 하기 위한 것으로 오해할지도 모른다. 그러나 그것은 나의 의도가 아니며, 한국 불교계에서 조계종의 위상을 부정하고자 하는 것도 아니다. 다만 내가 제기하고 싶은 것은 '현재'의 관점에서가 아니라 '그때'의 관점에서 한국 근대 불교를 바라보고자 하는 것이며, 목적론적·결론적인 역사 해석이 아니라 미래 지향의 열려 있는 역사 해석이 필요하다는 점이다.

사 기술은 '민족주의적 역사 기술'에 근거하고 있으며, 항일 민족의
식과 전통 수호를 통한 한국 불교의 정체성 확립은 근대 한국 불교사
기술의 주요 모티프가 되었다. 이러한 모티프로 구성되는 근대 한국
불교에 대한 내러티브의 대강은 다음과 같다.

일본 불교의 한반도 진출에 맞서기 위해 항일 민족주의 불교가 등
장했으며, 해방 후 식민지 불교의 잔재인 '대처승'을 교단에서 몰아
내기 위한 정화 운동을 통해 민족 불교의 정통성을 잇는 대한불교조
계종이 1962년에 재탄생했다는 것이다. 이러한 한국 학계의 주류적
내러티브는 최근 외국의 한국 불교 연구자들에 의해 심각한 문제 제
기와 함께 도전을 받고 있다. 먼저 박노자는 항일과 친일의 민족주
의적인 관점으로 식민지 시대를 살았던 조선 승려들을 판단하는 한
국 학계의 역사 인식에 대해, "한 시대에 유효한 이데올로기적·정치
적 게임을 몰랐다는 이유 하나만으로 죄를 묻는 식의 퇴보에 다름없
다"[3]고 비판했다. 그리고 마이카 아워백Micah Auerback은 최근 한 논
문에서 항일과 친일의 단순 범주화로 인해 "역사 연구가 범죄 수사
행위로 전락해 왔음"을 지적하고, 이로 말미암아 한국 학계의 근대
불교사 연구가 결과적으로 "다른 역사적 시각들을 억압해 왔으며,
이러한 이분법의 무비판적인 사용은 역사 연구의 잠재력을 심각하
게 훼손해 왔다"고 지적했다.[4] 아워백은 그 예로 조지 에본George
Evon의 한 연구*를 소개하면서, 이른바 '친일 불교론'에 입각한 근대

* "해방 후 한국 불교의 담론은 독신주의에 가치를 부여하고, 독신주의를 민족에 대한

한국 불교사 서술의 문제점을 다음과 같이 지적했다.⁵

> 혼인한 승려와 독신 승려 간의 반목에 대한 지배적인 역사 기술에서 승
> 려의 혼인은 '열등하고' '청정치 못한' 불교 관행으로, 일본 식민 당국자
> 들에 대한 '협력'으로, 자아 상실과 이에 따른 '타자'에 의한 '타락'으
> 로 무비판적으로 등치된다. 반면에 수도자로서 독신주의를 고수한 승려
> 들은 국가와 민족을 지킨 것으로 회고된다. ……
> 식민지 시대에 관한 한 한국 불교 역사학의 현재 중심주의적 허위는 바
> 로 이 점, 즉 결혼에 반대하고 독신주의를 옹호하며, 타자인 일본에 반대
> 하고 자아인 조선을 옹호하며, 타락에 반대하고 순결을 옹호하며, 협력
> 에 반대하고 저항을 옹호하는 무조건적인 경향에 있다.

아워백은 한국 근대 불교 역사학의 이러한 현재 중심주의 또는
'민족 중심주의'가 내장하고 있는 '친일과 항일'이라는 단순한 범주
를 비판한 뒤, 다음과 같은 근본적인 의문을 제기했다. "'친일'에서
'친근하다'라는 것은 무슨 의미이며, …… '일본'은 구체적으로 누
구를 가리키는가, 일본 불교 아니면 총독부?"⁶ 이러한 문제 제기가
지향하는 것은 친일과 항일의 단순한 이분법적인 범주를 넘어, 식민

충성심과 암묵적으로 연관시킨다는 점에서 매우 독특할지도 모른다……. 성적인 순결
은 순전히 한국적인 것으로, 성적으로 순결하지 않은 것은 순전히 일본적인 것으로 가정
된다."〔Evon(2001), 15쪽; 아워백(2008), 17쪽에서 재인용〕

지 공간에서 벌어졌던 한국 불교와 일본 불교의 상호 작용을 당시 상황에서 이해하고자 하는 노력일 것이다. 더 나아가 아워백은 '친일'을 규정하는 주요 내용으로 '대처'가 곧 친일이라는 등식은 잘 성립되지 않는다는 것을 조선 불교단과 1920년대 조선 승려들의 대처 논쟁을 통해 실증적으로 보여주었다. 1920년대 한국 불교에서의 대처화 경향은 일본 정부의 강제에 의한 것도 아니었고, 당시 일본 불교인들이 전적으로 대처 문제에 찬성하는 입장을 보인 것도 아니었다. 일본의 경우도 1937년이 되어서야 승려의 대부분이 결혼을 한다. 아워백의 실증적인 연구는 승려의 혼인을 둘러싼 논쟁이 식민자와 피식민자의 갈등이라기보다 전통 계율에 대한 해석의 문제, 근대성과 관련한 불교의 사회적 역할, 사찰 운영에 관한 실질적인 효율성 문제 등에 집중되었음을 보여준다. 다시 말해 대처 문제는 친일−항일의 문제가 아니라, 계율과 불교의 사회적 기능을 둘러싼 전통주의자와 개혁주의자들의 논쟁이었음을 알 수 있다. 지금까지 대부분의 근대 불교 연구자들은 대처 문제를 '일본에 대한 협력', 그리고 불교 전통에 어긋나는 파계 행위라는 관점에서만 바라보았기 때문에 이 문제를 근대적 유용성을 확보하려는 '불가피한' 노력의 일환으로 이해하지 못했다. 근대 한국 불교를 친일과 항일이라는 '현재 중심주의'적인 관점에서 벗어나 당시의 관점에서 바라볼 필요가 있다.

한편 아워백은 내가 다른 글에서 항일과 친일의 도식적인 이분법에 대해 '목적론적 역사 해석'이라고 비판했던 것*에 동의하면서 현재 중심주의의 또 다른 문제점을 다음과 같이 지적했다.[7]

현재 중심주의가 갖는 또 다른 문제는 지금 우리의 현실이 과거가 낳을 수 있는 유일한 결과라는 경직된 목적론이다. …… 유일한 현재만을 긍정하는 것은 전체주의적이고 획일적인 한국의 정체성과 하나뿐인 정통성 있는 불교 관행의 형태를 긍정하는 것이나 다름없다.

'친일 대 항일'의 이분법에 대한 비판이 학계 전반에 등장하고 있지만, 한국〔학계〕의 근대 불교사에서는 이러한 관점을 인정하지 않는다.

요컨대 '항일 민족의식'과 '전통 수호를 통한 한국 불교의 정체성 확립'이라는 근대 불교 역사 기술의 모티프는 해방 이후 조계종이 등장하는 과정을 정치적으로 정당화함으로써 무의식적으로 조계종의 정통성을 옹호하는 데 봉사했다는 사실을 간접적으로 피력하고 있다. 조계종단의 성립을 근대 한국 불교의 완성으로 기술함으로써 식민지 시기 동안 펼친 한국 불교의 다양한 근대화 노력들에 대한 정당한 역사적 평가를 도외시하는 것이다. 조계종은 '근대 불교'적 관점에서 보자면 '전통 복고'를 지향함으로써 스스로의 정당성을 확보한 경우로, 근대 불교와는 거리가 있다. 조계종의 민족주의적 자기 정체성은 20세기 초 이래 한국 불교의 중요한 과제였던 근대적 개혁을 희생시킨 결과물로, 어찌 보면 해방 이후 한국 불교의 혼란기에

---

* "식민지 공간을 살아야 했던 불교 지식인을 항일과 친일 또는 민족주의의 관점에서만 바라보는 것은 지나친 단순화의 오류일 뿐 아니라 목적론적인 역사 해석이라고 할 수 있다."〔졸고(2006), 85쪽〕

사용했던 전술적인 레토릭을 자기 정체성으로 전유專有한 것에 지나지 않는다.

이제 근대 한국 불교사에 대한 '민족주의적 역사 기술'을 대신할 새로운 내러티브가 필요한 시점이다. 항일－친일이라는 이분법적 접근의 한계와 현재 중심주의적인 역사 기술의 오류를 벗어나, 새로운 내러티브의 가능성을 모색하는 한 시도로 '딜레마'라는 관점을 통해 근대 한국 불교를 조망해 보고자 한다. 이를 통해 항일－친일로 환원되지 않는, 근대 한국 불교의 다양한 측면들을 보다 섬세하게 포착할 가능성을 열 수 있을 것이라고 기대한다.

2. 근대 한국 불교의 딜레마

근대 한국 불교는 한마디로 '딜레마에 빠진 불교'였으며, 그 딜레마 상황 속에서 이루어졌던 한국 불교의 다양한 모습의 총체가 곧 근대 한국 불교사라고 할 수 있다. 20세기 초 이래, 그리고 식민지 시기 동안 한국 불교가 겪어야 했던 딜레마의 원천은 다음과 같은 사실에서 비롯된다. 일본의 종교가 불교라는 사실, 그리고 그 일본의 불교가 오랜 침체로 쇠약할 대로 쇠약해진 한국 불교에 비해 대단히 '선진화된' 불교였다는 사실이다. 따라서 일본에 대한 한국 불교의 관계가 항일 또는 친일로 분명하게 구분되는 것이 아니라, 늘 양자 사이에서 고민하고 모색해야 했다는 것이 더 역사적인 사실에 가까울 것이다. 식민자의 종교가 불교라는 사실, 그리고 당시 일본 불교의 선진성 때문에 한국 불교가 근대기에 겪어야 했던 딜레마의 경험을 두 가지 측면에서 살펴보고자 한다. 하나는 일본 불교와의 관계 설정의 곤란함에서 비롯하는 정체성의 문제이며, 다른 하나는 한국의 계몽적 민족주의 지식인들의 한국 불교에 대한 '양가적兩價的 인식' ambivalent understanding of Korean Buddhism에서 비롯하는 문제다.

(1) 불교 근대화와 한국적 정체성의 딜레마[8]

20세기 초 한국 불교가 조선 왕조 500년의 질곡에서 벗어나 비로소 활동 공간을 얻은 것은 1895년 일본 불교에 의해서였다. 1910년 이전 아직 항일 민족주의가 일반화되지 않은 가운데 조선 불교인들이 일본 불교에 호감을 갖는 것은 어찌 보면 너무나 자연스러운 일이었는지도 모른다. 일본은 일종의 '해방군'이자, 당시 조선 사회에 등장하기 시작한 기독교라는 새로운 세력 앞에서 자신들을 외호外護해줄 우호 권력 정도로 여겨졌을 것이다.

한국의 불교인들은 오랜 침체에서 벗어난 한국 불교가 선택할 수 있는 길은 '근대화'뿐이라는 것을 이해하고 있었다. 신라 또는 고려의 과거로 돌아가기에는 너무 멀었고, 당시 국권을 상실한 위기 상황에서 한국 사회의 주류 담론 또한 '문명개화'를 통한 근대 사회로의 진입이었다. 따라서 근대라고 하는 새로운 환경 속에서 전통 종교인 불교가 근대적 유용성을 가질 수 있다는 사실을 스스로 증명하는 것이 선행 과제였다. 과학과 합리성을 기반으로 하는 근대적 가치를 증명하기 위해 불교는 스스로를 '철학'이라 규정하기도 하고, 당시

막 시작된 승려들의 교과 과정에 물리학, 생물학, 지리학, 종교학, 역사학 등 근대의 여러 분과 학문을 포함하기도 했다. 그리고 당시 활발한 움직임을 보이던 기독교의 사회 복지 활동에 자극을 받아 불교계 또한 병원 설립과 교도소 교화 등 여러 근대적 개념의 복지 사업을 시행해 보기도 했다. 이러한 것들은 결국 새로운 사회에서도 전통 종교인 불교가 유용하며, 근대와 공존할 수 있음을 스스로 증명하기 위한 것들이었다. 이런 모색과 실험이 진행되는 과정에서 전통을 스스로 부정하는 과감한 개혁 제안들도 등장했다. 만해의 대처육식, 염불당 폐지, 근대적 승려 교육 등이 그 대표적인 예라고 할 수 있다. 그만큼 당시 사회는 급변했고, 불교는 그 급변하는 사회에 능동적으로 적응하고자 했다. 근대의 후발 주자인 한국 불교의 입장에서 기독교와 일본 불교는 경쟁과 극복의 대상이었지만, 동시에 종교의 사회적 유용성이란 측면에서 볼 때 일종의 선진 모델이기도 했다.

그러나 이런 과정에서 불가피하게 만나는 또 다른 과제가 있었다. 그것은 일본 불교와 구별되는 한국 불교의 정체성을 지키는 일이었다. 일본 불교는 19세기 후반과 20세기 초에 걸쳐 메이지 정부의 '폐불훼석'이라는 정치적 박해를 겪으면서 빠른 시일 동안 천황에 충성하고 국가 이념에 봉사하는 국가주의 불교로 변모했다. 한국 불교인들은 이러한 일본 불교의 정체성을 바라보면서 일본 불교를 단순히 한국 불교의 우호 세력으로만 이해할 수 없다는 것을 알았다. 특히 1919년 3·1 운동을 통해 첨예하게 드러난 식민자와 피식민자의 갈등을 경험하면서 더 이상 일본 불교를 단순히 근대 불교의 한 선진 모델로만 인식할 수 없어졌다. 따라서 한국의 불교인들은 불교의 근대화라는 시대적 과제 못지않게 일본 불교로부터 자신의 정체성을 지키는 것이 중요하다는 인식을 했다.

이제 한국 근대 불교의 두 가지 과제, 즉 '근대적 유용성 확보'와 '정체성 확립'은 양립하기 어려운 상호 모순적인 관계로 인식되었다.[9] 당시 근대 불교의 선진 모델로 인식되던 일본 불교를 따르자니 한국 불교의 정체성을 잃게 되고, 한국 불교의 정체성을 강조하다 보면 새로운 시대의 사회적 유용성을 확보하기가 어려웠다. 그러다 보니 '근대적 유용성'과 '정체성'이라는 과제는 상호 배타적인 관계로 인식되고, 실제 실천 현장에서 두 과제에 대한 절충과 조화를 꾀하려는 시도가 없지는 않았으나 지속적인 형태의 운동으로 이어지기에는 내적 추동력이나 구체적인 방향성이 부족했다.

지금의 입장에서 보면 불교의 근대적 유용성을 추구하면서도 일본의 국가주의 불교와 구별되는 한국적 근대 불교의 모델을 생각할 수 있겠지만, 당시의 한계 상황에서 그러한 제3의 모델을 생각하는 것은 거의 불가능에 가까운 일이었으리라 생각된다. 지난 500년의 질곡이 너무 깊었으며, 당시 불교계의 인재와 재원도 턱없이 부족했다. 무엇보다 결정적이었던 것은 식민자인 일본의 종교가 불교라는 사실이었다. 이 사실 자체만으로도 당시 조선 불교가 취할 수 있는 선택이 그리 간단한 것은 아니었으며, 조선 불교가 매우 복잡한 함수의 정치적·사회적 역학 구도 속에 놓여 있었음을 알 수 있다.

유럽 식민지의 경우처럼 식민자의 종교와 피식민자의 종교가 다를 경우, 피식민지의 전통 종교는 '저항'과 새로운 민족 담론의 구심점 역할을 한다.[10] 그러나 한국의 경우는 그러한 역할을 불교가 아닌 기독교가 맡았다. 기독교는 일본의 반기독교적인 정서, 그리고 일본 총독부의 기독교에 대한 견제 정책 속에서 조선 민족과 마찬가지로 '억압받는' 처지에 있다는 연민과 공감을 얻기 쉬운 위치였으며, 이러한 정서 가운데 기독교는 외래 종교임에도 민족 담론의 주요한 발신지 역할을 했던 것이다. 오늘날 한국의 근대 불교 연구자들이 거의 예외 없이 일본 불교를 한국 불교인들의 일차적 '타자'他者로 설정하지만, 이는 당시 불교인들의 상황 인식과는 많은 차이가 있다고 생각한다. 당시 불교인들이 처했던 상황은 일종의 딜레마였다.

20세기 초 이래 위기 상황에서 한국의 엘리트들은 '국가'state가 아닌 '종족'ethnic에 기초한 민족 개념을 사유하기 시작했으며, 이런 과정에서 역사, 종교, 언어는 민족을 정신적으로 사유하고 민족의 정체성을 확인하는 극히 중요한 요소들이었다. 불교에서 두 주요 과제인 '근대화'와 '정체성'이 상충되는 측면이 있는 것처럼, '문명개화'와 '민족주의' 문제 또한 서로 대립적인 측면이 있다. 그러나 앙드레 슈미드Andre Schmid가 자신의 책 『제국 그 사이의 한국 1895~1919』 Korea Between Empires, 1895–1919에서 설득력 있게 보여주는 것처럼, 문명개화와 민족주의는 20세기 초 한국의 지식인들에 의해 하나의 담론으로 기능할 수 있도록 적절하게 변용되고 재구조화되었다.[11] 즉 '국가'라는 형形이 없는 가운데 '종족'을 중심한 민족 개념을 사유해야 하는 한반도의 특수한 상황에서, 역사·언어·종교 등 민족의 구성 요소를 통한 민족의 정체성을 강조함으로써 한국의 민족주의는 '자강'自强을 위한 문명개화 담론과 적절하게 결합할 수 있었던 것이다.[12] 예를 들어 기독교는 한국의 전통 종교가 아니라 서구 종교지만 '문명개화'의 이름으로 민족에게 필요한 것이라는 민족종교론은, 당시의 입장에서 그다지 부자연스러운 것은 아니었다. 기독교는 당시로서는 문명개화, 신교육과 여성 교육, 그리고 민족 담론의 주 생산지였다. 또한 근대 초기, 그리고 식민지 기간 동안 잠재적으로는 일제의 질곡으로부터 벗어날 수 있는 민족의 역량을 키울 유일한 대안처럼 보이기도 했다. 기독교는 분명 외래 종교였지만 식민자들의 종교와 다를 뿐 아니라 식민자들로부터 탄압을 받는다는 것 자체가 민족 종교로서 기독교의 정체성을 만들어 가는 데 긍정적으로 작용했던 것도 사실이다. 그러나 불교의 경우는 달랐다. 식민자인 일본의 종교가 불교였으며, 당시 일본 불교는 아시아의 전통 불교 국가에서 가장 성공한 불교의 근대적 모델이었다. 재가 지식인들이 불교의 중요 구성원으로 등장했고, 대학에서 불교를 근대 학문의 하나로 가르쳤으며, 포교 방법과 내용에서도 사회 복지를 포함하는 등 '전통 불교'와는 확연히 구별되는 근대화된 종교였기 때문이다. 따라서 당시 한국 불교의 입장에서 볼 때 '불교의 근대화'와 '일본 불교'를 떼어 놓는 것도, 그렇다고 민족주의와 근대를 함께 결합하는 것도 쉬운 일이 아니었다. 아니 어쩌면 거의 불가능한 일로 여겨졌을 것이다. 왜냐하면 불교에서 '근대'란 곧 일본 불교를 매개로 한 것이었기 때문이다.

‘대처’ 문제가 핵심 사안으로 떠오르는 것은 바로 이러한 상황에서다. 한국 불교인들의 입장에서 볼 때 어떤 사람들은 ‘대처’ 문제를 일본 불교의 정체성으로 이해하기도 하고, 또 다른 사람들은 불교의 한 근대적인 모습으로 이해하기도 했다. ‘대처’가 일본 불교의 핵심적인 정체성이라고 보는 사람들은 일본 불교의 근대적인 모습에서 ‘대처’만 제외한다면 일본을 모델로 불교를 근대화하면서도 일본 불교와 스스로를 구별할 수 있다고 생각했다. 백학명이나 백용성 같은 ‘보수적인 개혁운동가’들의 입장이 바로 이런 것이었다. 이들은 대처 문제를 제외한 나머지 문제들, 특히 도심 포교, 승려 교육 등의 문제에서는 일본 불교의 근대적인 모습을 굳이 배척하지 않았다. 한편 ‘대처’ 문제를 일본 불교의 정체성이라고 보기보다 근대화된 불교의 한 모습이라고 보는, 보다 유연한 입장을 가진 사람들은 ‘대처’는 근대화를 위해 필요한 변화이며, 굳이 일본의 정체성이라고 볼 필요가 없다고 생각했다. 만해가 그 대표적인 예다. 만해에게 있어 대처는 불교의 근대화를 위해 반드시 필요한 변화이며, 그것이 한국 불교의 정체성을 해치는 일은 아니라고 보았다. 만해는 일본 불교의 문제가 그 국가주의적인 성격에 있다고 여겼다.* 그리고 조선

* 만해는 1931년 《불교》(佛敎)에 기고한 「中國 佛敎의 現象」이란 글에서 당시 중국의 근대 불교 현황, 특히 재가 중심의 거사 불교에 대해 매우 긍정적으로 언급하는 가운데 한국과 일본의 불교에 대한 자신의 관점을 간단하게, 그러나 핵심적으로 피력했다. "…… 조선의 불교는 아직 사찰 불교를 면치 못해 불교를 운위할 때는 매양 사찰 본위로 싸고돌아서 사회화·민족화까지도 아직 묘연(杳然)하고, 일본의 불교는 ‘일본 불교’, 즉

불교의 정체성을 유지하기 위해서는 총독부의 정치적 권력으로부터 벗어나는 일이 더 긴요하다고 생각했다. 그의 끊임없는 정교 분리에 대한 주장은 바로 이러한 데서 출발한 것이었다.** 만해의 민중불교론 또는 불교대중화론은 한편으로는 협의의 민족주의적인 입장에서 불교를 구출하기 위한 것이었으며, 다른 한편으로는 승려 중심의 불교에서 대중(즉 대처 중심의) 불교로 전환함으로써 불교의 근대적인 모습을 갖추는 것을 의미했다. 다시 말해 만해의 입장에서는 대처가 곧 일본 불교의 정체성이라고 생각하지 않았기 때문에 정교 분리를 통해 정치적 통제로부터 자유로움을 획득해 조선 불교의 정체성을 확립하고, 대처라는 새로운 제도를 시행해 근대적 유용성을 확보하

불교와 국가를 연결하려는 가장 협의적인 국가주의 불교를 형성하고 있다. 일본 불교는 국가주의를 고조하는 정치적 일부분의 책무를 하고 있는 충군(忠君) 애국적 윤리화한 것이라고 볼 수밖에 없다."(《佛教》 88호, 1932년 10월 1일; 『한용운 전집』 vol. 2, 237쪽) 일본의 국가주의 불교를 비판하는 대목에서 어느 정도 짐작할 수 있듯이, 만해는 '애국'이나 '민족' 같은 사회적·국가적 실천 개념과 불교의 결합을 긍정적으로 보지 않았다는 것을 알 수 있다. 오히려 만해가 당시 중국의 근대 불교 개혁을 "중국 불교는 세계적 불교주의로 인류 생활의 중심 표준을 건설코자 하여……"라고 긍정적으로 평가한 것을 볼 때, 만해의 입장은 '민족'이라는 틀을 넘어서는 '세계 시민'적인 지향을 갖고 있지 않았나 생각한다. 그렇게 볼 때 김광식 등이 만해의 불교 개혁을 '민족 운동'의 일환으로 이해하고, 이를 '민족불교론'으로 수렴하는 것에 대해 보다 면밀한 재검토가 필요하다고 생각한다.
** 일본 총독부의 사찰령에 반박하는 만해의 논지는 구미 각국의 헌법과 일본의 헌법에 명문화되어 있는 '정교(政敎)의 분립'을 통한 종교의 자유를 관철하는 데 있었다. 「政·敎를 분립하라」, 《佛教》 제87호, 1931년 9월 1일; 『한용운 전집』 vol. 2, 145쪽 참조.

고자 했던 것으로 이해할 수 있다. 지금으로 보아서는 상당한 통찰력이 있는 관점이지만, 대처 불교를 곧 일본 불교라고 보던 당시 조선 승려들의 통념을 깨고 불교계의 일반적인 동의를 구하는 데는 실패했다. 당시 많은 엘리트 승려들(특히 일본과 유럽 등지의 유학승들)이 대처와 육식을 했던 것을 두고 왜색과 친일의 잣대로만 평가할 수 없는 이유가 바로 여기에 있다. 만해의 경우가 대표적이지만, 당시 상당수의 승려들은 대처와 육식을 불교 근대화의 한 필요조건으로 이해했을 개연성이 매우 높다. 한 예로 많은 일본 유학승들이 대처와 육식이라는 일본 불교의 한 근대적인 모습을 따르긴 했지만 일본 불교로 개종한 경우는 그리 많지 않았다는 점을 들 수 있다. 따라서 대처와 육식을 곧바로 왜색 불교 또는 친일 불교와 연결하는 것은 무리가 있다고 생각한다.* 그러나 지금도 대부분의 국내 연구는 대처를 '친일

* "당시 불교계의 입장에서 보면 '일본적인 것'을 제외한 모든 것은 '전통'에 속했다. 당시 근대 불교는 범불교권에서의 광범한 현상이었음에도 그 구체적인 실현이나 모델은 없었다. 그나마 일본이 메이지 유신을 겪으면서 변모한 모습이 유일한 근대화의 모델이었다. 항일-친일의 관점으로만 본다면 당시 일본에 유학한 조선 승려들 대부분이 이른바 '왜색 불교'의 상징인 대처승이 된 것을 두고 '타락' 또는 '변절'이라는 평가 외에 어떤 다른 해명도 불가능한 것처럼 보인다. 그러나 조금 다른 관점에서 본다면 당시 일본 불교는 젊은 조선 학승의 눈에는 경이로운 것이었으며, '새로운 시대'에 꼭 맞는 문명된 불교로 인식되었을 것이다. 그들에게 일본 불교는 바로 조선 불교가 나아가야 할 미래의 모습이었다. 지금까지 한국 근대 불교에 대한 많은 연구는 이들 유학승들에게 '변절' 외에 다른 어떤 수식어도 붙이지 않았다. 그리고 그들의 이후 행적에 관한 연구도 없다. 한국 근대 불교사에서 이들의 존재는 마치 여름날 소나기가 내린 뒤의 수증기처럼 근대의 어느 공간으로 사라진 것처럼 보인다. 그러나 그들은 근대 공간에서 그

불교'의 실천으로 보고, 1913년 식민지 정치 권력을 통해 '대처'를 제도화하고자 했던 만해와 3·1 운동에 앞장섰던 만해의 행위를 각각 친일적인 행위와 민족주의적인 행위로 서로 모순적이라고 보는 것이 사실이다. 그래서 대개는 "일본 불교의 침략적인 정체를 몰랐던 만해가 나중에 그것을 알게 된다"는 식으로 만해의 생애를 일종의 발전사의 관점으로 이해하는 것이 일반적이다.

대처 문제를 두고 근대 한국 불교의 대표적인 개혁주의자들의 의견이 양분되었던 예에서 볼 수 있는 것처럼, 한국 근대 불교사를 통해 '근대화'와 '정체성 확립'이라는 두 과제는 양립하기 어려운 상호 모순적인 관계로 인식되지만, 그렇다고 어느 하나를 포기하는 양자택일 문제일 수도 없었다. 당시 선진적인 근대 불교의 모델로 인식되었던 일본 불교를 따르자니 한국 불교의 정체성을 잃게 되고, 한국 불교의 정체성을 강조하다 보면 새로운 시대의 사회적 유용성을 확보하기가 어려웠다.

'근대화'와 '한국적 정체성'이 대립적으로 설정되는 이런 딜레마 상황이 계속되는 가운데 한국 불교는 1937년에 시작된 중일전쟁을 계기로 조선의 다른 부문과 마찬가지로 일본의 총동원체제에 휩싸였다. 일본의 침략 전쟁을 지지하거나 다양한 형태로 협력하는 등 이른바 친일 문제가 핵심 사안일 수 있는 것은 바로 이 시기 이후의 일이

들의 목소리를 내고 있었고, 그것도 일본의 협력자로서가 아니라 조선 불교의 근대화를 희망하는 개혁주의자로서였다."〔졸고(2006), 85쪽〕

다. 이제 총동원체제 아래서 한국 불교의 과제가 근대적 유용성이냐 정체성이냐를 고민하는 것은 사치스러운 일이 되어 버린 가운데, 이리저리 휩쓸리면서 해방을 맞기까지 10년 가까운 세월을 보낸다.

식민지라는 상황에서 대립 관계로 설정된 '근대화'와 '한국적 정체성' 문제가 해방 이후 1960년대에 들어와서 '왜색 불교' 대 '민족 불교'의 문제로 단순화되는 과정이 곧 현 조계종단의 성격과 정체성이 형성되는 과정이었다. 흔히 비구-대처의 갈등으로 알려졌지만, 정확하게 말하면 소수파와 다수파의 갈등이었다. 해방 후 한국 불교계의 주류는 대처제도를 현실로 인정하면서 대처와 비구를 함께 종단의 구성원으로 인정하자는 입장이었다. 다수파들은 그렇게 함으로써 포교(대처)와 수행(비구)의 제도화를 통해 20세기 초 이래 한국 불교의 두 과제인 '근대적 유용성'과 '한국적 정체성'을 이루고자 하는 입장이었다. 그러나 비구승만으로 구성된 소수파에서는 당시의 '반일 정서'를 등에 업고 왜색 불교 추방이라는 미명 하에 다수파를 종단에서 몰아냈다. 대처 불교가 곧 일본 불교이며, 비불법이요 불법을 훼손하는 불교라는 것은 단순한 레토릭이 아니라 당시 소수파 비구승들의 신념이었다. 그들은 일본 불교로부터 구별되는 한국적 정체성을 확립하는 것이 곧 샤캬무니 붓다 이래의 정통 불법을 유지하는 것이며, 1600년 '민족 불교'의 전통을 이어 가는 것이라고 주장하면서, 20세기 초 이래 끊임없이 한국 불교의 주요 과제였던 불교의 근대화 문제에 대해서는 큰 관심을 두지 않았다. 조계종단의 공식 명칭이 '대한불교조계종'이라 해서 불교 종단의 이름에 국호國號

가 부가된 것도 이러한 역사 과정과 무관하지 않을 것이다.* 그리고 비교적 근자에 이르기까지 조계종단이 사회적 유용성이라는 근대화보다는 '정통 불법 수호'라는 다소 초역사적인(어쩌면 몰역사적인) 자기 정체성에 집착하는 것 또한 조계종단 성립의 역사 과정과 무관하지 않을 것이다.** 결론적으로 '한국적 정체성'과 '근대적 유용성'이라는 두 과제가 민족 불교 대 왜색 불교의 구도로 왜곡, 변질되는 과정에서 조계종은 전통 복고의 길을 택함으로써 일본 불교와 구별되는, '정통 불법 수호자'로서의 '정체성'을 만들어 내는 데 성공했다. 그리고 그 과정에서 근대적 유용성을 모색하던 한국 근대 불교의 다양한 시도와 노력들은 친일과 민족 또는 파계 대처와 청정 비구의 대립 구도 아래 역사의 전면에서 일단 사라졌다.[13]

---

* 조계종의 종헌에 따르면, 종단 창설은 식민지 시기인 1941년 조선 불교 조계종을 기점으로 해방 후 "일제의 잔재였던 대처승을 승단에서 정화해 통합 종단인 대한불교조계종으로 재출발해서 오늘에 이르고 있다"고 한다. 〔'대한불교조계종의 종명(宗名)의 의미', 조계종 홈페이지(http://www.buddhism.or.kr) 참조〕

** 지금까지 해 온 불교 근대화를 위한 조계종단의 노력이 전혀 의미 없다는 것은 아니다. 그러나 당시 불교의 근대적 유용성을 확보하기 위해 다양한 방식으로 모색되었던 불교 근대화의 방향, 이를테면 근대적 지식과 불교의 결합, 출가승 중심의 전통 교단의 변화 등과 같은 획기적이며 전면적인 불교 근대화를 지향하는 것은 아니었다. 이러한 점에서 조계종단의 근대화 노력은 단편적이며, 부분적인 대중 요법 이상의 의미를 갖기 힘들다고 본다.

(2) '화려한 과거와 우울한 현재'[14]

근대 한국 불교가 경험했던 딜레마는 일본 불교와의 관계에서 비롯되는 것만은 아니었다. 한국의 계몽적 민족주의 지식인self-Proclaimed nationalist intellectuals들의 한국 불교에 대한 '양가적兩價的 인식' 때문에 겪어야 하는 딜레마도 있었다.

앞서 언급한 대로 20세기 초 국권을 상실한 위기 상황에서 한국의 엘리트들은 '국가'가 아닌 '종족'에 기초한 민족 개념을 사유하기 시작했으며, 이런 과정에서 역사, 종교, 언어는 민족을 정신적으로 사유하고 민족의 정체성을 확인하는 극히 중요한 요소들이었다. 이런 가운데 역사 부문에서는 단군이 민족의 정체성과 역사를 재구성하는 새로운 아이콘으로 등장했다. 문화적 정체성 확립을 주요 과업으로 하는 민족주의 운동이 우선 청산해야 할 주된 문화의 잔재는 직전의 전통이었으며, 그것은 주로 중국의 문화유산이었다.[15] 개신 유학이 개량을 추구하고 문명개화와 '단군'을 통해 민족 담론의 주도권을 가지려 한 것도 이러한 중화의 해체와 중국의 문화유산을 청산하고자 하는 노력의 일환이라고 할 수 있다. 이런 과정에서 불교는 '외래 종교'로 여겨졌으며, 민족의 문화적 정체성을 대상으로 하는 조선학의 범주에서도 제외되었다. 500년간의 질곡에서 막 벗어난 불교는 근대에서 다시 '민족의 이름'으로 소외되었다. 여기에는 당시 새로운 지식 그룹을 형성하기 시작한 개신 유학자들의 불교에 대한 전통적인 편견도 작용했지만, 동시에 식민자들의 종교가 불교였다는 사실도 중요한 요소로 작용했을 것이다. 그런 점에서 앞서도 언급했지만 기독교는 반사적인 이익을 얻었다.

1908년 12월 13일 자《대한매일신보》에 당시 불교계에 대한 지식인들의 비판적인 입장이 잘 나타나 있다. 그 비판의 요지를 현대 한글로 재서술하면 다음과 같다.[16]

① 새로운 시대사조를 자각하고 승려 교육에 나서는 자들이 간혹 있으나, 그 내용을 보면 서산과 사명의 구국 종지를 갖추어 후진을 개도하는 자는 적고 오늘의 시세에 따라 일본어 통역으로 생활을 영위하니 〔조선〕 승려의 수치요

② 혹 몇몇 승려가 불교연구회를 설립해 종문의 면모를 갖추고자 하나 일본 승려들과 같이 동서고금의 철학을 섭렵해서 불교의 새로운 면목을 일신하는 자는 없으니 〔조선〕 승려의 수치요

③ 일본 승려의 포교에 적극적으로 저항하는 승려들이 없을 뿐 아니라 일본 승려들에게 설법을 청하는 자 많다고 하니 이 또한 조선 승려의 수치가 아닐 수 없다.

④ 조선 승려 여러분은 분연히 일어나서, 첫째 불교 본래의 구세주의를 잊지 말고, 둘째 한국 불교의 특색인 국가주의 정신을 잃지 말 것이며, 셋째 새로운 세계의 지식을 수입해 일체의 사업을 외국 승려에게 양보하지 말고 앞으로 나아가야 한다. 깊은 산사에 머물면서 선의 맛〔禪味〕을 홀로 즐기며 자신의 일신만 천당에 머물게 하려는 자는 부처님께서 허락하지 않는 바라 곧 지옥에 떨어질 것이다.

흥미로운 사실은 사명과 서산의 호국 승병 활동에 대한 강조는 불교계에서 나오는 것이 아니라 불교계 바깥에서 등장한다는 점이다. 당시 신문에서 불교계에 대한 요청 또는 질타는 대동소이한 내용으로 계속 반복되었다.[17] 요컨대 불교계가 '구국'을 위한 민족주의적 애국정신과 문명개화에 동참해야 한다는 것이다. 이러한 사회의 요구에 부응하기 위해 당시에 등장했던 불교계 단체의 각종 취지문을 보면, '애국정신'을 강조하고 '국부민강'國富民强이라는 국가에 대한 불교의 사회적 책무를 강조하고 있다.[18] 그리고 1919년 상하이에서 발표된 대한승려연합회의 독립선언서에서도 이러한 내용이 더욱 강조되었다. 김광식은 대한승려연합회의 독립선언서 내용을 분석하면서 불교계 내부, 즉 대승불교의 구세주의 정신에 입각한 '불교 대중화'의 흐름과 불교계 외부의 요청인 민족 독립이라는 국가주의적 사명을 불교계가 수용함으로써 한국 근대 불교의 주된 흐름인 '민족불교론'으로 발전했다고 서술했다.[19] 김광식에 따르면 민족불교론은 구세救世라고 하는 불교 본래의 교리와 민족 독립이라고 하는 국가주의적 사명을 결합으로써 한국 불교의 전통을 계승하려는 노력이라고 설명했다. 그리고 이러한 흐름을 제안하고 실천한 주요 인물로 한용운을 들었다.[20]

김광식의 이러한 설명은 근대 불교를 전통 수호의 항일 불교로 이해하는 평소 그의 관점과 맥락을 같이하는 것으로 보인다. 그의 이러한 관점은 적어도 다음과 같은 두 가지 문제점을 안고 있다. 첫 번째, 김광식 본인이 의식하든 안 하든 불교 대중화 문제를 '민족불교론'으로 수렴해 민족 불교를 구성하는 한 내용으로 규정함으로써 불교 대중화가 함의하는 다양한 맥락을 무시했다는 점이다.* 김광식 자신도 이러한 문제점을 의식하면서 대처육식 같은 문제는 "승려 중심 불교에서 대중 중심으로 전환하는 데 부수적으로 나오는 딜레마적인 산물"[21]이라고 했다. 그러나 이는 부수적인 문제가 아니라 근대 한국 불교가 추구했던 두 과제, 즉 '한국적 정체성'과 '근대적 유용성'이 안고 있던 본질적이며 지속적인 딜레마라고 보아야 한다. 불교 대중화는 전통에 속하는 불교가 새로운 종교 환경에서 반드시 실현해야 할 불교 근대화의 노력이지만, 동시에 일본과 구별되는 또는 반대되는 한국 불교의 정체성을 확립하는 문제와 긴장관계에 놓일 수밖에 없는 측면이 있었음을 인정해야 한다.

두 번째는 '민족불교론' 문제가 당시 사회의 불교계에 대한 '요청'이라는 해석의 문제다. 김광식은 당시 신문 기사와 논설 등을 분석하고 '국가주의' 또는 애국정신이 불교계에 대한 당시 사회의 요구와 요청이라고 판단한 뒤, 그러한 요구에 불교계가 부응한 것이라고 보았다. 그러나 내가 보기에 김광식이 인용하는 기사와 논설들을

---

* 이 점에 관해서는 마이카 아워백의 다음과 같은 언급에 주목할 필요가 있다. "불교를 민중에 확산시켜야 할 필요성을 역설한 부분은 놀랍게도 이 잡지(《조선불교》) 어디서나 볼 수 있다. 오늘날 학계에서는 조선 불교의 '민중화'에 대한 열망이 종종 '민족주의' 불교도의 전유물인 것처럼 다루어지지만, 《조선불교》의 글들을 살펴보면 이혼성이나 이회광같이 일본 총독부와 긴밀하게 연결되었던 인물들도 역시 같은 주장을 폈다는 것을 알 수 있다." [Auerback(2008), 48쪽]

살펴보면, 그것은 비록 '요청'의 형식을 띠지만 실은 당시 불교계의 현실을 질타하는 내용들이다. 그리고 대한승려연합회의 독립선언서 내용이 그러한 요청을 반영하는 것은 사실이지만, 그것은 어디까지나 선언서의 선언 내용일 뿐이다. 선언 내용과 구체적인 실천은 다른 문제다. 앞서도 언급했지만 불교의 근대화 노력, 즉 불교 대중화의 과제와 일본에 저항하는 국가주의적 애국의 문제는 쉽게 결합되기 어려운, 근대 한국 불교가 안고 있던 지속적인 딜레마였다. 요컨대 불교계는 당시 한국 지식인들의 요청인 문명개화와 국가주의적 애국정신을 잘 알고 그에 부응하려고 했지만, 불교계가 처한 특수한 상황 ― 식민자의 종교가 불교라는 사실 ― 아래서 '선언' 이상의 구체적인 실천으로 나아가기는 쉽지 않았던 것이다.

그런 한편 당시 지식인들의 불교에 대한 입장과 요청이 일관된 것도 아니었다. 문명개화라는 입장에서 불교가 근대화되어야 한다는 입장도 있었지만, 동시에 불교가 한국적인 어떤 것을 상징하는 '전통'으로 남아 주기를 바라는 입장도 있었다. 이러한 입장은 불교를 '외래 종교'로 여기고 조선학의 범주에서 제외하는 것과는 대조적이다. 물론 '전통 유지'에 대한 기대가 반드시 불교의 근대화를 반대하는 것은 아니었지만, 불교의 적극적인 근대화를 주춤거리게 하는 효과는 충분히 있었다. 그리고 '전통 유지'라는 입장이 당시 불교계로서는 반드시 달가운 것만은 아니었다. 당시 조선 불교인들은 그들의 시대를 일종의 '회복기'로 이해했으며, 신라나 고려 불교의 이른바 '황금 시기였던 과거로 돌아가는 것'이 아니라 근대라고 하는 새로운 환경에 맞는 새로운 불교를 만들 수 있는 기회라고 보았기 때문이다. 최남선崔南善의 불교에 대한 입장과 태도는 당시 한국 지식인들의 '전통 유지'와 '불교 근대화'라는 '양가적 불교 인식'을 잘 보여준다. 최남선은 1928년 《불교》 잡지에 기고한 「묘음관세음」이란 글에서 자신과 불교의 오랜 인연을 밝혔는데, 다음에 인용하는 한 대목에서 우리는 일본 근대 불교를 바라보는 당시 조선 계몽 지식인들의 시각을 엿볼 수 있다.

성동成童의 해에 일본으로 가매, 차차 서양의 철학책을 접하고, 한편으로 불교의 철학적인 것을 알게 되고 또 불교가 산간적山間的의 것으로만 여겼더니 세간적世間的 활동과 문화적 교섭이 어떻게 큰 것을 일본의 교황教況에서 관감觀感하게 되어, 불교에 대한 흥미는 부쩍 늘었습니다. 그 전에도 서구인의 철학적, 교상적教相的 저서를 상해 광학회廣學會에서 나온 한문 저술로써 얼마간 봤었지만, 그네가 기독교적 입장에서 보는 까닭에, 또 당시까지의 불교에 대한 서구인의 이해가 깊지 못한 까닭에, 거기서 보이는 불교는 이전 우리가 허무적멸虛無寂滅이란 말로 배격하던 범위를 벗음이 그리 크지 못하고, 더욱 비세간적, 비활동적 결함을 지적하였음에, 그러면 섭섭하다는 생각을 금치 못하였더니, 불교란 반드시 은퇴적, 명잠적冥潛的의 것이 아님을 일본에서 실관實觀한 것이 그때에는 퍽 든든하였으며, 더욱 당시에 활약하던 여러 학장學匠들이 불교의 철학적임을 고조함에 대하여 은근히 큰 감격을 느꼈습니다. …… 그때의 생각에는 철리적哲理的으로 서양의 그것에 떨어지지 아니한다는 것이 크게 든든한 생각을 주었음은 사실이었습니다. 그러나 이때까지의 우리가 불교에 대한 태도는 좋게 말하여도 사변적 만족, 지식적 완미玩味이었지 신수信受 그것은 아니었습니다.[22]

이 글의 배경인 '성동成童의 해'는 최남선이 열다섯 살 되던 해로, 와세다에 유학하던 1906년경이라고 볼 수 있다. 이 글은 겉으로는 불교를 바라보는 최남선 자신의 인식의 변화를 이야기하지만, 그 행간에는 20세기 초 한국과 일본의 불교가 대조적으로 묘사되어 있다. 최남선이 불교가 서양 사상과 견줄 만한 철학적 체계를 갖추었으며, 근대 사회에서 중요한 문화적 종교가 될 수 있음을 안 것은 일본 불교를 통해서다. 이 사실은 한편으로 최남선이 근대 사회에서 불교의 가능성을 인식하고 한국 불교에 관심을 갖는 계기가 되기도 하지만, 당대의 조선 불교를 비판하는 배경이 되기도 한다. 최남선은 일본 유학에서 귀국한 뒤 자신이 경영하던 신문관을 통해 이능화李能和의 『조선 불교 통사』, 그리고 권상로權相老의 『조선 불교 약사』 등을 발행하는 등 당시 불교계가 근대적 학문체계를 갖추어 나가도록 적극적으로 도왔다. 그 자신도 다양한 접근을 통해 한국 문화의 한 부분으로서 불교 연구에 매진했다. 그는 한국 문화를 이해하고 한국 문화의 민족적 정체성을 확립하기 위해서는 불교에 대한 연구가 필수적이라고까지 했다.

불교적 교양을 가짐이 아니면 조선의 문화를 이해치 못할 것을 알았으며, 더욱 국조 단군에 관한 소전所傳이 불교 중 저술에 있어서 종종種種의 문학상 의현疑眩을 야기하므로 이 정체를 알기 위하여는 아무것보다 먼저 불교 지식을 수양해야 할 필요에 몰리게 되었습니다.[23]

하지만 한국 전통 문화의 일부로서 불교를 바라보는 것과 당대 현실 불교를 바라보는 것이 같을 수는 없었다. 현실 불교의 모습을 바라보는 데는 아무래도 근대 일본 불교의 선진적인 모습, 즉 "세간적世間的 활동과 문화적 교섭"이 크며 서양의 철학적 체계와도 견줄 만한, 그 일본 불교와 당시 후진적인 조선 불교의 현실이 겹치지 않을 수 없었기 때문이다. 당시 '신문화 건설'에 앞장서지 못하는 조선 불교에 대해 최남선은 다음과 같이 질타했다.[24]

시방까지 조선의 문화가 불교에 신세 진 것이 많음은 가장 명백한 사실이다. 외래한 사상으로 진정한 의미에서 우리에게 문화적 약진躍進을 불러일으킨 것은 아무래도 불교를 그 으뜸으로 삼지 않을 수 없을 것이다. …… (중략) …… 현재와 장래의 조선 문화가 불교에 기대할 것은 과거의 그것보다 많으면 많았지 적지 않을 것이다. 그러나 금일 조선의 불교와 불교도에게 과연 얼마만큼의 부담과 위촉을 할 수 있을까? **그네들의 축 처진 어깨와 느른한 팔뚝이 과연 얼마만큼의 부담과 책임을 우리의 신문화 행정行程에 나누어 맡을까? 세계가 온통 불교화할 운회運會가 당래하였다고도 할 만한 이때에,** 불교 그것을 침폐沈蔽와 해색嗨塞으로 끌고 들어가는 것이 남 아닌 불교도 자신임은 대체 어떠한 인과因果인가? 망측한 것은 더욱 조선

금일의 불교도라고 할 밖에 없음을 우리는 슬퍼한다.

교리상으로는 조선 불교가 전불교全佛敎의 중에서도 특수한 지위와 탁월한 가치를 향유하게 되고, 문화상으로는 불교 유입된 이후의 조선의 문화란 것은 온통이 불교적이고 말게 됨이 다 실상 심상尋常과 우연이 아니다.

위의 글에서 "세계가 온통 불교화할 운회運會가 당래하였다"라고 하는 불교 현황에 대한 최남선의 언급은 곧 근대 일본 불교를 바라보는 최남선의 시각을 잘 보여준다. 한편 조선 불교의 현실에 대한 최남선의 평가는 "축 처진 어깨와 느른한 팔뚝"이라는 표현에서 잘 드러난다. 당시 조선 불교계의 입장에서 본다면 최남선의 이러한 평가는 공정한 평가라고 할 수 없을지도 모른다. 500년의 침체기를 막 지나 이제 겨우 근대라는 출발점에 서 있다는 점에서 당시 조선 불교는 비록 그 오랜 역사에도 불구하고 실제로는 당시 기독교와 마찬가지로 한국 사회에서 신흥 종교와 별 다를 바가 없었다. 당시의 한국 기독교를 기독교의 원산지인 서구 기독교의 교세와 비교하는 것이 온당치 않은 것처럼, 당시 근대 불교의 선진 모델이었던 일본 불교와 한국 불교를 비교한다는 것은 온당한 일일 수 없었다. 그렇지만 한국의 계몽 지식인들의 입장에서 조선 불교는 선진적인 일본 문화에 대한 열등감의 원천이었으며, 이는 곧 조선 불교에 대한 질시와 혹독한 비판의 빌미를 제공해 주었다. 이는 불교계의 입장에서 본다면 식민자의 종교가 불교인 데서 돌아오는 또 다른 불이익이었다.

최남선이 앞의 글에서 "조선 불교가 전불교全佛敎의 중에서도 특수한 지위와 탁월한 가치를 향유"했다고 하면서 그의 관심이 '지금'의 한국 불교가 아닌 '과거'의 전통 불교로 돌아가는 것은 민족의 문화적 자존심을 확립해야 하는 지식인의 입장에서는 당연한 일이기도 했을 것이다. 식민지 시기 동안 한국의 지식인들은 거북선, 인쇄술, 도자기, 팔만대장경 등 과거의 '전통'을 통해 지금의 초라함에 대한 열등감을 보상받고 민족적 자부심을 회복하고자 했던 것처럼,[25] 과거의 불교를 통해 지금 일본 근대 불교와 조선 불교의 격차에 대한 열등감을 보상받고자 한 것이다. 그러나 이런 입장이 당시 조선 불교계로서는 바람직한 것이 아니었다. 화려한 과거를 이야기하면 할수록 현재는 더욱 우울했던 것이다. 이는 결과적으로 보면 식민주의에 협력하는 일본인 학자들의 의도와 같은 결과를 초래하기 때문이다. 화려한 과거가 현재를 극복하는 원천이 되기보다 현재의 정체성停滯性을 더욱더 부각하는 것은 물론, 심지어 '화려한 과거'에 몰두한 나머지 '우울한 현재'를 마치 존재하지 않는 것처럼 부정하면서 현재의 모습으로부터 도피하는 결과를 낳는 것이다.

근대 일본 불교와 비교하면서 문명개화의 대열에 조선 불교가 적극 동참해 주기를 요구하는 한편, 불교가 조선적인 어떤 것을 상징하는 '전통'으로 남아 주기를 원하는 계몽 지식인들의 요구는 불교계로서는 곤혹스러운 것이었으며, 일종의 모순된 요구였다. 불교는 식민자인 일본의 종교이면서 피식민자인 조선의 중요한 과거 전통 가운데 하나였다. 한편 문명개화의 이름으로 전통이 부정되거나 재구조화되는 가운데 조선 불교의 정체성正體性을 '현재'가 아닌 '과거의 황금 시기'에서 찾고자 하는 노력은 조선의 지식인들에게서만이 아니라 식민자인 일본의 지식인들에게서도 찾아볼 수 있었다. 물론 그 목적은 달랐다. 다카하시 토오루高橋亭를 비롯한 일본 학자들의 입장으로 보면 조선의 현재 불교는 정체停滯 자체였으며, 곧 개선의 대상이었다. 조선의 과거 불교의 황금기를 찾아내고 강조하는 것은 그들의 식민지 지배를 정당화하는 일일 뿐 아니라, 현실 불교를 개선되어야 할 그 무엇으로 규정하는 데 긴요한 작업이었다. 그래서 그들은 '신라 불교'를 조선 불교의 황금기라고 찬양하고 칭찬하는 데 조금도 인색하지 않았다. '신라 불교 예찬'은 조선 지식인들의 경우도 마찬가지였다. 그러나 그들의 입장은 과거의 황금기를 통해 지금의 초라함을 이야기하기 위한 것으로서가 아니라, 과거의 찬란함을 통해 지금의 초라함에 대한 심리적 보상과 민족적 자부심을 이야기하고 싶은 것이었다. 최남선이 불교를 통해 '조선적인 것'을 찾고자 하고, 「조선 불교: 東方 文化史上에 있는 그 地位」Korean Buddhism and Her Position in the Cultural History of the Orient라는 논문을 통해 동아시아에서 한국 문화가 일본 문화보다 우월한 위치였음을 증명하려 한 것도 모두 그러한 일의 일환으로 이해할 수 있다. 불교는 그러한 점에서 일본과의 비교 우위를 증명하는 데 다른 동아시아 공통의 문화유산에 비해 더 적합한 사례였다. 신라의 불교가 과거 동아시아 불교의 중심에 있었고, 일본 교학 불교의 본보기가 되었다는 점은 새삼스러울 것도 없이 이미 잘 알려진 역사적 사실이었기 때문이다. 더구나 일본의 불교는 한국이 건네주었던 것이기 때문에 더욱 그러했다.

최남선의 「조선 불교: 東方 文化史上에 있는 그 地位」는 1930년 하와이에서 개최된 범태평양불교청년대회에서 발표할 목적으로 쓰여진 것이다. 부제 '동방東方 문화사상文化史上에 있는 그 지위地位'가 함의하듯이, 세계 불교사의 맥락에서 한국 불교의 고유성과 특수성을 증명하려는 목적을 가진 논문이다. 그에 따르면 반도라는 특수한 지리적 위치를 배경으로 하는 한국 불교는 인도에서 시작된 불교 사상의 결론이며 종합으로서 그 정점에 원효가 있다고 한다. 이러한 논지는 한국 불교가 '고착성'과 '비독립성'을 특징으로 하고 있어 중국 불교의 축소판이라고 보는 다카하시 토오루 등 당시 일본인 학자들의 견해에 대한 대응이기도 하지만, 그 접근 방식은 당시 한·중·일 근대 불교학의 일반적인 흐름 가운데 하나이기도 했다. 당시 한국, 중국, 일본에서는 동아시아 불교사를 자국自國 불교의 관점에서 재구성하려는 노력이 있었다. 최남선이 한국 불교를 현재가 아닌 '과거'를 통해 주로 고찰하면서 '결론 불교'이며 '종합 불교'라는 위치를 부여하는 것과 대조적으로, 일본 불교계에서는 현재를 중심으로 일본 불교가 불교의 종합이자 완성이라고 보았다. 이러한 일본 학계의 관점은 동아시아에서는 유일하게 일본만이 세계 불교학계와 소통하는 탓이기도 하지만, 어쨌든 당시 세계 불교학계에서도 공감을 얻었다. 다카쿠스 준지로高楠順次郎(Junjiro Takakusu)는 그의 책 『The Essentials of Buddhist Philosophy』불교철학의 정수 서문에서 "그러므로 각 종파를 총망라해 불교철학의 전모를 드러내는 유일한 길은 일본의 불교를 개괄하는 것이라고 나는 믿는다. 불교 문헌의 전부,

즉 삼장三藏이 보존되고 연구되는 곳이 일본이다."[26] 이 책의 편집책임자였던 윙칫 찬陳榮捷(Wing-tsit Chan)과 찰스 무어Charles A. Moore는 공동으로 쓴 편집자 서문에서 다음과 같이 말했다.

어떤 독자들은 이 책에서 일본 불교가 너무 강조되고 있다고 생각할지도 모르겠다. 그러나 다카쿠스 교수가 말했듯이 일본에는 "불교의 모든 것이 보존되어 있다"는 사실뿐만 아니라 일본에서는 불교가 대중의 살아 움직이는 신앙이라는 사실에서 그것은 당연하고 어쩌면 불가피하기도 하다.[27]

지금의 입장에서는 동의할 수 없는 내용이지만, 이러한 관점이 당시 세계 불교학계의 한 주류를 형성했다는 점은 부인할 수 없다.

최남선과 다카쿠스 준지로의 관점 차이는 곧 '과거'와 '현재'의 차이다. 다카쿠스 준지로가 일본 불교의 현재를 바라보는 데 반해 최남선은 한국 불교의 과거를 바라본다. 최남선은 결코 의도하거나 바라는 바가 아니었지만 결과적으로 한국 불교가 근대적 개혁이라는 현재에 몰두하기보다 과거, 그것도 화려한 과거에 몰두하는 계기를 만들었던 것이다. '과거'를 강조할 경우 근대적 개혁을 강조하는 경우와는 달리 '민족적 정체성正體性'이라는 딜레마에 봉착할 위험도 없었다. 최남선을 비롯한 당시 불교계 주변의 이러한 입장과 태도는 그 시기 대단히 열세였던 조선 불교계가 근대적 개혁으로 과감하게 나아가지 못하고 주춤거리게 했다. 일본의 종교가 '불교'가 아니었더라면, 또는 차라리 한국 불교에 '화려한 과거'조차 없었더라면 근대 불교를 향한 조선 불교인들의 발걸음이 머뭇거림 없이 좀 더 가볍지 않았을까?

3. 결론

'민족주의적인 역사 기술'에 따르면 조계종단은 근대 한국 불교의 '완성'이며 '결론'이다. 일제의 억압적인 동화 정책에 맞서 정통 불교와 민족 불교의 정체성을 지켜 왔다고 보기 때문이다. 민족주의 역사 기술은 근대 한국 불교의 다양한 모습을 '항일—친일'의 이분법 구도로 단순화함으로써 '이분법'으로 환원되지 않는 근대 한국 불교의 다양하고 복잡한 전개를 살펴볼 기회를 제거했으며, 근대기에 제기되었던 다양한 불교 개혁 프로그램에 대한 역사적 의미를 부여하지 못했다. 한편 김광식은 그의 책『민족 불교의 이상과 현실』에서 불교 내부의 요청인 '불교 대중화'와 당시의 사회적 요청인 '민족 운동', 이 두 가지를 불교가 주체적으로 수용한 것을 '민족불교론'이라 이름 하고, 이를 한국 근대 불교의 주요한 흐름이라고 결론지으면서 민족불교론의 역사적인 성격과 불교 사상적 의의를 다음과 같이 정리했다.[28]

때문에 민족불교론은 불교의 보편성(교리, 사상)을 띠고, 근대 불교에 부여된 역사적 사명(민족 운동, 독립운동)을 구현하며, 한국 불교의 전통을 계승하려는 논리, 고뇌인 것이다. 그래서 민족불교론은 불교의 교리 및 사상에서 결코 이탈하지 않고—대승불교의 근대적 변용을 실천하며, 한국불교의 역사와 전통을 이으려는 근대 불교도의 정체성 재정비의 산물이라 하겠다.

  김광식은 이러한 '민족불교론'의 대표적인 실천자로 만해 한용운을 염두에 두었다. 그러나 앞에서 살펴본 대로 '세계 불교주의'를 지향하는 만해의 불교개혁론과 동아시아의 근대 불교를 바라보는 시대 인식을 '민족불교론'이라는 틀로 담아낼 수 있는지 의문이다. 한편 김광식은 그의 다른 글에서 '친일' 문제가 근대 불교를 객관적으로 연구하는 데 한 '장애물'임을 인정하고, "현재적인 기준을 갖고 이전 불교사를 재단하는 것은 위험"할 수 있음을 경고했다.[29] 이 점에서 본다면 아워백이 비판하는 '현재 중심주의', 그리고 내가 지적한 '목적론적 역사 이해'의 위험성을 김광식 또한 충분히 공감하는 것으로 보인다. 그럼에도 근대 한국 불교를 민족 불교의 형성 과정으로 바라보고자 하는 그의 입장, 민족주의적 역사 인식은 여전하다. 지금까지 살펴본 대로 '민족불교론'은 근대 한국 불교가 처했던 복잡한 딜레마 상황을 항일과 친일이라는 도식적 이분법으로 환원시켜 버릴 뿐 아니라, 다양한 근대적 개혁 노력들을 역사 공간에서 사라진 것으로 무화시켜 버린다.

  조계종단은 근대 불교의 관점에서 보자면 '전통 복고'이며, 반근대적인 성격의 종단이다. 그러나 민족주의적 역사 기술은 조계종단의 형성 과정을 '민족 불교'의 이름으로 근대 불교사의 중심축에 놓음으로써 20세기 초 만해를 비롯한 많은 개혁주의자들이 제안했던 개혁 프로그램들을 역사적 돌출 사건으로 처리할 뿐 '현재적 의미'를 갖지 못하게 한다.

이 장에서 제안하는 근대 한국 불교를 바라보는 새로운 내러티브로서 '딜레마'는 식민지 시기라는 경험 속에서, 항일과 친일 그리고 항일 민족주의 구도 속에서 잘 포착되지 않았던 근대 한국 불교의 다양한 모색과 고민들을 이해하고, 여기에 일정한 역사적 좌표를 부여할 근거를 마련해 줄 수 있을 것이라고 생각한다. 더 나아가 1990년대부터 등장하기 시작한 종단 개혁과 불교의 적극적인 사회 참여 요구에 대해서도 역사적 의미를 부여하며, 20세기 초 이래의 연속적인 근현대 한국 불교사를 기술할 근거를 마련해 줄 수 있다고 생각한다. 물론 항일 민족주의에 입각한 민족주의적 역사 이해의 경우와 마찬가지로 근대기, 특히 식민지 시기 동안 다양다기했던 불교계의 모색과 시행착오를 '딜레마'라는 하나의 관점으로 환원시켜서는 안 될 것이다. 또한 '딜레마'는 근대 한국 불교사 전체를 조망하는 하나의 틀이며 상황을 이해하는 구도일 뿐, 근대기 동안의 불교와 관련된 개인의 삶이나 개별적인 사건 하나하나를 '딜레마'의 관점으로 이해하거나 또 그 산물로 보아서는 안 될 것이다. 딜레마 상황 속에서도 개인은 항상 어떤 '선택'을 하기 때문이다. 다만 그 개인의 '선택'을 역사적으로 이해할 필요가 있고, 그러한 역사적 이해의 배경으로 당시 한국 불교가 처했던 상황을 딜레마의 관점에서 바라볼 필요가 있다는 것이다.

7장 탈근대 불교학을 위하여
: 박종홍과 김동화의 근대적 불교 연구 비판

1. 서론

19세기 유럽의 동양 지배와 함께 시작된 근대 불교학은 그 관심의 초점이 당시 동양의 '현재'에 존재하던 불교에 있는 것은 아니었다. 근대 불교학의 일차적 관심은 불교 고전어로 이루어진 경전 텍스트와 그 텍스트가 형성되어 온 역사에 관한 것들이었다. 따라서 근대 불교학은 현실 불교보다는 '텍스트', 그리고 '현재'의 불교보다는 '과거'의 역사에 그 연구가 집중되었다. 이는 처음부터 의도한 것은 아니었다 할지라도 결과적으로는 동양의 현재 불교가 붓다의 본래 가르침으로부터 얼마나 멀리 떨어져 있으며, 어떤 의미에서 본다면 얼마나 '타락한' 종교인가를 역설적으로 보여주는 반증의 사례가 되기도 했다. 그런 점에서 유럽의 근대 불교학은 태생적으로 오리엔탈리즘과 식민주의적인 성격을 띠는 것이라고 해도 좋을 것이다.

하지만 전통 불교 국가이자 대승불교권에 속하는 동아시아에서 유럽의 근대 불교학이 수용되고 활용되는 양상은 그 원산지에서의 경우와는 조금 달랐다. 일본과 한국의 불교 지식인들은 근대 불교학을 통해 자신들의 전통을 근대적으로 이해하는 계기로 삼으려 했으며, 더 나아가 현실 불교의 정체성停滯性을 극복하는 개혁의 나침반으로 근대 불교학을 적극 활용했다. 그들은 불교가 곧 '근대'라고 믿었다. 과학, 이성, 그리고 철학 등의 근대적 개념은 기독교와 대척점을 이루었지만 불교와는 아무런 모순 없이 조화될 수 있다고 생각했다. 그리고 불교가 종교이면서 '철학'이 될 수 있다는 것은 어떤 종교도 누리지 못하는 불교만의 특권적인 위치라고 생각했다. 불교 지식인들에게 있어 불교는 '전통'이면서 가장 근대적인 것이었다. 요컨대 근대 불교학은 불교를 근대적으로 개혁하기 위한 추동력이었으며, 어떤 의미에서 본다면 근대 불교 그 자체이기도 했다.

그러나 한국 불교의 경우 해방 이후 친일 청산과 왜색 불교 추방이라는 미명 아래 전통 복고를 지향하는 조계종을 중심으로 재편되면서, 근대 불교학은 불교 근대화의 추동력을 급격하게 상실하고 한국 불교 개혁의 중심에서 밀려났다. 현실 불교와 유리된 근대 불교학은 이후 대학에서 동양 사상 또는 철학의 한 분야로서 연구하고 가르치는 분과 학문으로만 그 위상을 유지했다. 어떤 면에서 본다면 이는 결국 한국에서의 불교학 연구가 원래의, 유럽적인 근대 불교학으로 회귀하는 것을 의미한다. 불교 연구가 현실과의 관련성을 상실한 채 '전통 사상'의 하나로 '객관적인' 학문의 탐구 대상이 되었다는 점에서 그렇다.

그러나 당시 불교 고전어에 대한 학문적 역량이 제대로 축적되지 못한 한국의 대학에서 이루어진 불교 연구는 유럽의 엄격한 문헌학적 전통은 결락缺落된 채, 불교에 대한 유럽적 '해석'만 불교학이라는 이름으로 남았다. 유럽적 '해석'이란 앞에서 언급한 대로 불교를 종교와 철학으로 구분하고, 합리주의적·역사적 접근을 통해 불교 교리를 이해하려는 근대 학문의 경향을 말한다. 오늘날 한국에서 불교 연구가 주로 철학과에서 이루어지는 것은 불교학을 전통 사상에 대한 '근대적 해석'으로 이해하는 한국 학계의 일반적인 인식을 반영한 것이라고 할 수 있을 것이다. 그리고 철학의 한 분야가 된 불교학은 스스로의 '근대적 해석' 경향을 강화하고, 또 이를 '학문의 객관성'이라는 이름으로 고착화해 왔다.*

한편 불교를 비롯한 다른 동양 기원의 전통 사상들이 '철학'이라는 이름을 가졌지만, 전통 사상이 과연 '철학적'이냐에 대한 의구심을 갖는 경우도 적지 않다. 서양 철학 전공자가 다수를 이루는 한국의 철학계에서 어떤 이들은 전통 사상은 '사상'일 뿐 '철학'이 될 수 없다고 주장하고, 또 어떤 이들은 좀 더 전향적인 입장에서 전통 사상은 그 자체가 온전한 철학은 아니지만 그 일부 내용에 대한 이른바 '철학적 접근'은 가능하다고 생각한다. 실제로 동양 철학 전공자 가운데서도 '철학적 접근'을 통해 전통 사상을 철학화해야 한다고 생각하는 사람이 적지 않은 것 같다. '철학이 아니다'라고 하는 입장이

---

* 종립대학인 동국대학의 경우 불교학이 인도철학과, 불교학과, 선학과 등에서 연구되고 있어 일반 대학과는 달리 문헌학적 연구가 일부에서 이루어지는 것은 사실이지만, 한국 학계의 일반적인 연구 경향을 바꾸기에는 아직 연구 내용이나 연구자의 수가 많이 부족한 형편이다.

나 '철학적 접근이 가능하다'고 하는 입장 모두 '철학'의 기준을 서양 철학, 그것도 서양 근대 철학에 둔다는 공통점이 있다. 사상과 철학 또는 종교와 철학을 나누는 기준이 거의 전적으로 서양 근대인 이러한 상황에서 전통 사상에 대한 연구는 스스로 연구의 범위와 방법을 제한하게하고, 그것은 연구 내용에도 상당한 영향을 미쳐 왔다.

이 장에서는 근대 학문으로서의 '철학'이 한국에 소개된 뒤 동양 사상의 정체성을 둘러싼 한국에서의 여러 논의를 살펴보는 한편, 열암 洌巖 박종홍朴鍾鴻(1903~1976)과 뇌허雷虛 김동화金東華(1902~1980)의 불교 연구를 사례로 들어 한국의 불교학에서 근대 유럽적 관점이 어떻게 재현되는가를 살펴보고자 한다.

2. 동양 사상의 정체성과 '한국 철학'이라는 개념 규정의 문제

1980년대 중반 이후 동양 사상의 정체성, 그리고 이와 관련한 문제로 한국 철학의 개념 규정과 연구 방법을 둘러싸고 꾸준한 논의가 이어져 왔다. 이는 근대 이후 계속되어 온 서양 중심의 세계사와 그에 따른 서양 문화의 보편주의적 주류에 대한 반성과 우리 자신의 전통에 대한 새로운 자각과 관심이 한국에서 일어나는 것이라고 생각한다. 특히 1990년대부터 본격적으로 불어닥친 지구촌화globalization 경향은 한국의 문화적 정체성에 대한 위기감을 더욱더 불러일으키고, 우리의 전통에 대한 재해석과 새로운 이해를 더욱 촉구하는 듯하다. 이런 가운데 한국 철학계에서 특히 문제가 되어 온 것은 동양의

전통 사상이자 한국 철학의 외연을 이루는 유학 및 불교학에 관한 연구 방법론이었다.[30]

　나는 동양 사상의 연구 방법을 둘러싸고 제기되는 많은 문제를 동양 근대화 과정에 대한 '역사 인식'의 문제로 이해한다. 이는 실상 동양과 서양의 대립, 그리고 근세사에서 서양의 제국주의와 식민주의의 역사를 고스란히 반영하는 것으로, 동양 사상에 대한 개념 규정의 문제가 아니라 역사에 대한 인식의 문제라고 본다. 지금까지 한국 학계에서 제기된 논의는 다음 세 가지 정도의 유형으로 요약될 수 있을 것이다.

　첫 번째 유형은 동양 사상은 철학이 아니라는 극단적인 입장이다. 이러한 입장에 따르면 동양 사상은 종교 사상(불교의 경우)에 가까우며, 국가체제 및 사회 구조를 다룬다는 점에서 이데올로기적인 것이고(유학의 경우), 개인의 수신修身과 수양을 목적으로 한다는 점(불교, 유학 둘 다의 경우)에서 철학이 아니라는 것이다. 내 견해로는 이러한 입장은 철학을 서양의 전유물로만 생각하거나, 또는 철학의 의미를 너무 좁게 설정하는 것이 아닌가 싶다. 두 번째 유형은 동양 사상에도 얼마든지 철학적일 수 있는 요소가 많으며, 따라서 철학적으로 탐구될 수 있다고 생각한다. 일견 합리적이며 타당성이 있는 주장으로 보이지만, 철학을 서양의 개념으로만 생각한다는 점에서 문제가 있다. 이 유형에 속하는 사람들 가운데는 동양 철학을 하되 서양적 관점에서의 동양 철학을 하는 경우가 많다. 이 장에서 주로 문제 삼고자 하는 박종홍과 김동화의 불교 연구가 이 유형에 속한다고 할 수 있다. 세 번째 유형은 일부 보수적인 동양 철학자들에게서 볼 수 있는 입장으로, 동양 사상은 도저히 서양의 잣대로는 잴 수 없는 것으로 '동은 동, 서는 서'일 뿐이라고 주장한다. 심재룡 교수의 분류에 따르면, 이른바 '훈장형'이 이에 속한다.[31]

동양 사상에 대한 철학적 연구를 둘러싼 여러 논의는 이 세 가지 정도로 분류될 수 있을 것이다. 그러나 첫 번째와 세 번째의 극단적인 입장에 대해서는 여기서는 논외로 하겠다. 동양 사상에 대한 철학적 연구나 한국 철학의 외연으로서의 동양 사상 연구에 대한 나의 입장은 굳이 분류하자면 두 번째 유형에 속한다고 할 수 있겠으나, 나의 진의는 이를 비판적인 관점에서 살펴봄으로써 이를 극복하는 데 있다. 자세한 논의는 이후 박종홍과 김동화의 불교 연구를 비판하는 데서 언급할 것이다.

한편 무엇을 한국 철학이라고 할 것인가?* 가장 포괄적이며 일반적인 개념 정의는 '한국에서의 한국인에 의한 철학'이라고 할 수 있다. 포괄적인 정의인 만큼 별 다른 이견은 없는 것 같다. 그러나 한국 철학의 구체적인 범위 또는 한국 철학을 구성하는 외연이 무엇인가 하는 문제에 관해서는 여러 논란이 있으며, 이러한 논란의 이면에는 '현실'과 '이론'이 일치하지 않는 측면마저 있다.

이명현 교수는 한국 철학의 한 외연으로서 '1920년부터 씨앗을

---

* 한국 사상이 철학이냐 아니냐의 문제는 여기서는 논외로 한다. 따라서 이하에서 언급되는 한국 철학은 한국 사상과 동의어로 여겨도 좋다.

뿌리기 시작한 서양 철학의 열매들'을 포함시킬 것을 제안했다.[32] 수긍이 가는 주장이다. 불교나 유학도 원래는 외래 사상이었고, 일정 기간의 수용과 동화 과정을 통해 '우리 것'이 된 만큼, 서양에 기원을 둔 철학이라고 해서 한국 철학을 형성하는 한 외연이 될 수 없는 것은 아니기 때문이다. 그러나 이러한 당위론에도 불구하고 '한국 철학'이란 용어가 실제로 사용되는 예를 보면, 외래 사상으로서 한국 철학에 포함되는 것들은 결국 유교, 불교 등 동양 전통의 사상뿐이다. 많은 사람들이 이렇게 사용하고 있을 뿐 아니라, 한국 대학의 학부 및 대학원의 철학 교과 과정이 그렇게 되어 있다. 한국 철학 전공이라고 하면 불교 아니면 유학 등 전통 사상에 대한 연구가 주류를 이루며, 아주 드물게 동학 사상이나 신채호 등 근세 인물들에 대한 사상 연구가 있는 정도다. 이명현 교수처럼 서양 철학 전공자들의 경우 한국 철학에 대한 개념 규정에서는 '한국에서의 한국인에 의한 철학'이라는 포괄적인 규정을 하면서도, 정작 한국인으로서 한국에서 활동하는 자신의 철학을 한국 철학이라고 생각하는 경우는 거의 없다.

한국 철학에 대한 개념 규정이나 그 외연 범위에 대해 나도 뚜렷한 이론이 서 있는 것은 아니다. 유보적이고 잠정적이지만 한국 철학의 개념 규정과 범위에 관해 몇 가지 문제를 제기하고 내 견해를 제시함으로써 앞으로의 논의에 도움이 되었으면 한다.

먼저, 나는 불교나 유교가 단순히 역사적으로 오래되었기 때문에 한국의 전통 사상이 된 것은 아니라고 생각한다. 마찬가지로 서양 철학이 이 땅에 들어온 지 상당한 시간이 지난 만큼 한국 철학의 한 외연이 될 수 있다는 주장에도 동의할 수 없다. 외래 사상의 수용 문제는 단순히 시간의 길고 짧음 문제만은 아니기 때문이다. 예를 들어 보자. 한국의 불교철학사 기술에서 그 서두에 흔히 등장하는 것이 고구려의 승려 승랑 僧朗(450~530년경)이다.* 승랑의 '이제합명중도설'二諦合明中道說은 인도로부터 전래된 중관中觀철학에 대한 이른바 '한국적' 또는 동아시아적인 해석이었고, 그것은 길장 吉藏(549~623)에게 전해져 삼론종三論宗이 성립하는 데 결정적인 영향을 미쳤다. 이는 불교가 한반도에 들어온 지 약 100년 만의 일이었다. 그렇다면 열암 박종홍 등 서양 철학 1세대가 활동한 1930년대부터 계산해 앞으로 2030년이면, 예를 들어 칸트에 대한 한국적인 해석이 등장할 수 있을까? 아직 20년 남짓 남은 상황에서 단언할 수는 없지만 지극히 회의적이다. 그렇다면 그것은 칸트의 철학을 구성하는 내용 때문인가, 아니면 지금까지 한국 학계의 서양 철학 연구자들 가운데 승랑과 같은 천재가 없어서인가. 우리는 아직도 천재를 기다려야 하는가?

　나는 여기서 한국 철학의 외연과 관련해 단순한 시간의 장단長短만이 아닌, 문화권이란 개념을 고려해야 하지 않을까 생각한다. 불교는 한국과는 다른 인도 문화권의 산물이지만, 그래도 한국이 속한 한

---

* 요동 지방에서 태어난 승랑이 한국 철학사에 포함되는 유일한 근거는 그가 문헌 기록상 '고구려인'이었으며, 따라서 '한국인'이라는 것이다. 최근의 '탈민족' 담론을 고려한다면 승랑이 '한국인'이냐의 문제는 논란의 여지가 있을 수 있다. 그러나 그가 '한국인'이냐 아니냐의 문제는 이 글의 논지에 크게 영향을 미치지 않기 때문에 별도의 언급 없이 그대로 둔다.

자문명권을 거쳤다. 뿐만 아니라 불교가 중국에 수입되는 과정에서도 지리적·문화적으로 중국 문화와 인도 문화의 가교 역할을 할 수 있는, 중앙아시아와 중국에 와 있던 중앙아시아 이민자들의 역할이 있었다. 불교가 중국에 전파되는 과정에서 서로 다른 두 문화권을 연결하는 데 결정적인 역할을 한 것이 쿠마라지바Kumārajīva 등 중앙아시아의 승려들과 중앙아시아 계통의 이민자 후손들이었다. 이러한 역사적 사례들을 보면서 나는 '한국에서의 한국인에 의한 철학'이라는 한국 철학에 대한 개념 규정을 다시 생각해 봐야 할 것 같은 생각이 든다. 또한 한국 철학을 '한국에서의 한국인에 의한 철학'이라고 규정할 때, '한국인'이나 '한국' 등은 그리 간단한 개념이 아니다. 역사적으로 좀 더 많은 사례를 살펴보아야 할 것이다. 예를 들어, 쿠마라지바 등 중국에서 활동한 중앙아시아 계통의 서역승西域僧들과 중앙아시아 이민자 후손들을 중국 불교 사상사에 포함시키는 것이 어떻게 정당화될 수 있는가? 또한 '한국'이라는 지역 개념도 재고되어야 할 것이다. 다시 말해서 오늘날 미국과 연변 등에서 행해지는 한민족들의 철학 연구 활동은 어떻게 봐야 할 것인가? 발해사가 한국 역사의 일부인 것처럼, 해외 한인들과 그 후손들이 하는 철학 활동도 한국 철학인가? 한편 한국 철학이 '한국에서의 한국인에 의한 철학'이라면, 한국 불교 연구자로 UCLA에서 가르치고 있는 로버트 버스웰Robert Buswell이나 퇴계 연구자 마이클 칼튼Michael Kalton 같은 외국 학자들의 연구 활동은 '한국 철학'의 범위에 포함되어서는 안 되는가?

이상과 같은 질문들은 당장 답할 수 있는 것은 아니지만, 우리에게 한국 철학의 개념 규정에 관해 좀 더 많은 논의가 필요하다는 것을 시사해 준다.

3. 박종홍과 김동화의 불교 연구에 대한 비판

열암 박종홍과 뇌허 김동화는 비슷한 시기에 태어나 식민지 지식인으로서 전통과 근대 정신의 갈등을 경험했다는 점에서 많은 공통점이 있다. 그러나 동시에 두 사람은 많은 점에서 서로 다르다. 열암은 엄밀한 의미에서 불교학자라기보다 서양 철학자이자 한국 철학자다. 열암의 학문 세계는 헤겔과 하이데거를 중심으로 한 근대 독일 철학이 그 주축을 이룬다. 하지만 열암 스스로가 자신의 '철학함'의 근본 동기가 "나의, 이 시대의, 이 사회의, 이 땅의, 이 현실적 존재 자체에 있다"[33]고 밝혔듯이, 한국 철학의 체계화가 열암 학문의 최종 목적이었다. 따라서 열암의 불교에 대한 관심은 원효, 지눌 등 한국의 불교 사상에 집중되었다.

한편 뇌허 김동화는 여러 점에서 열암과 크게 대조된다. 열암이 어려서 유교 전통의 한학漢學을 한 것과 대조적으로 뇌허는 어릴 때 출가해 불교에 눈을 뜨고, 청년기에는 일본으로 건너가 당시 유럽에서 수입된 근대 불교학을 접했다. 열암의 불교 연구가 한국 사상의 한 외연으로서 한국 불교 연구에 한정되었다면, 뇌허의 불교 연구는 인도 및 동아시아를 포함하는 범불교권 맥락에서의 불교학 일반이었다고 할 수 있다.

탈식민주의와 탈근대라고 하는 비교적 최근의 관점에서 민족에 대한 사명 의식과 자부심으로 불교를 연구했던 두 사람의 학문을 조망하는 것은 온당치 못한 일일지도 모른다. 하지만 이는 그들에게 책임을 묻거나 학문적인 성취의 결함을 지적하기 위함이 아니다. 오히려 아직도 이들 두 사람의 업적을 뛰어넘을 만한 성과도 많지 않은 가운데 두 사람으로 대표되는 학문 경향이 무비판적으로 답습되는 오늘날, 한국의 불교학 연구를 반성하기 위한 참조점으로서 두 사람의 불교학 연구를 문제 삼고자 하는 것이다.

(1) 박종홍의 경우

현대 한국 철학의 제1세대로, 한국 철학을 통사적으로 정리해 보려는 그의 선구적인 노력은 많은 성과를 낳았다. 이전에 전통 사상에 머물렀던 불교, 유학, 동학 사상들을 철학적 관점에서 정리한 것도 그의 공적이 아닌가 한다. 이러한 업적에도 불구하고 지금의 관점에서 보면 그가 정립하려고 노력했던 한국 철학 사상의 연구 방법이나 태도에서 적지 않은 문제점이 발견되고, 그것은 오늘날 한국 철학을 둘러싼 많은 문제점의 단초를 제공해 주는 것이기도 하다.

박종홍이 1958년에 발표한 「한국사상연구에 관한 서론적인 구상」은 본문에서 스스로 밝혔듯이 "한국 사상 연구는 어떠한 태도로, 그리고 어떠한 범위에서 다룰 것인가"에 관한 자신의 서론적 구상이다.* 이 글에서 박종홍은 한국 사상의 개념 규정과 범위에 대해 매우 포괄적인 입장을 취했다. 즉 한국 사람의 사상은 한국 사상일 수밖에 없으며, 한국 사람이 한국 사람으로 사는 데서 한국 사상도 생겨나고 또 문제도 삼는 것이라고 했다.[34] 이러한 포괄적인 개념 규정에 따르면 한국 사상이란 결국 '한국에서의 한국인에 의한 사상'이다. 그러나 자신의 매우 포괄적인 개념 규정에도 불구하고 박종홍이 실제로 한국 사상의 연구 범위로 삼은 것은 유교, 불교 등 전통 사상과 비교적 근세에 가까운 실학·동학 사상 등으로 그 범위와 내용을 한정했다. 이는 오늘날 한국의 일부 학자들이 '1920년부터 씨앗을 뿌리기 시작한 서양 철학의 열매들'을 한국 철학 사상의 한 외연으로 포함시키려는 것과는 대조적이다.

이제 박종홍이 앞의 논문에서 제시한 한국 사상의 연구 태도와 방법은 어떠한 것인가를 살펴보자. 박종홍 자신이 스스로의 구상을 시론試論 정도로 한정했듯이, 어떤 구체적인 연구 방법이나 태도를 제시하고 있지는 않다. 하지만 그의 단편적인 언급들을 재구성해 보면 박종홍이 생각하는 한국 사상의 연구 방법에 대해 어떤 윤곽을 잡을 수 있을 것이다.

먼저 박종홍은 한국 사상을 '한국의 특색 있는 사상'이라고 생각했다. 박종홍은 "미술이나 음악이 외국 사람으로서도 칭탄稱歎할 만

---

* 박종홍 전집 IV(1982), 9~19쪽. 이하 박종홍에 관한 인용은 특별한 지시가 없는 한 '전집 IV'로 표시한다. 따옴표 안의 인용 부분은 18쪽. 박종홍은 이 논문 전편을 통해 사상과 철학을 특별히 구별하지 않으며 거의 동의어처럼 사용했다.

한 그러한 수준의 것이 사실이라면, 그를 만들었고 그 속에서 그와 더불어 생활한 한국 사람의 사상만이 유독 이렇다 할 것이 없을 것인가”[35] 하고 스스로 물으면서 특색 있는 한국의 사상을 찾는 것이 한국 철학의 한 과제라고 생각했다. 한국 불교 사상에 대해서도 박종홍은 “우리는 이 지눌의 사상을 탐구, 규명함으로써 한국 불교 사상이 어떤 점에서 그의 특색을 발휘하는가 밝혀질 것이 기대된다”[36]고 해 다른 지역의 불교 사상과는 다른 특색을 찾는 것이 곧 한국 불교의 연구 과제이고, 나아가 한국 철학의 과제라고 생각했다. 한국 철학은 곧 한국적인 특색을 찾는 것이라는 그의 연구 방법론에 대한 이론적 근거로서 박종홍은 지역별로 상이한 언어를 들었다. 즉 그는 “한국 사람의 사고방식은 우리말의 구조가 이미 이를 제약한다. …… 사상을 그의 토대인 생활과 연결시키는 몫을 하는 것이 곧 말이다”[37]라고 해 언어가 다르면 사상도 다를 수밖에 없다고 보았다.

그러나 특색을 통해 한국 불교 사상, 나아가 한국 철학을 구성하려 했던 그의 방법론적 전제에 대해 다음과 같은 몇 가지 문제점을 지적할 수 있다.

① 특색이란 것은 다른 것과 구분되는 것을 일컫는 동시에, 일정 기간 지속되는 현상을 말한다. 역사적 맥락 없이 돌발적으로 튀는 현상을 특색이라고 할 수는 없기 때문이다. 박종홍은 승랑, 원측, 원효, 의천, 지눌 등의 사상을 연구함으로써 한국 불교의 특색을 귀납적으로 추론해 낼 수 있고, 나아가서는 한국 철학을 규명할 수 있다고 보았다. 그러나 승랑에서 원측, 원효, 의천 등을 거쳐 지눌에 이르

는 한국 불교의 통사적 특징이란 것이 과연 박종홍의 기대 또는 그가 제시했던 대로 실재하는 것인가 하는 의문이 든다.

한편 박종홍은 현세적 복락福樂의 추구, 곧 '미래상의 현세적 집약'이 한국 사상을 일관하는 밑받침으로서의 생활신조였다고 보았다. 그에 따르면 불교의 기복 경향이나 풍수도참風水圖讖 사상 등 "유불선의 여러 사상을 도입, 섭취하면서 미래상의 현세적 집약과 심화를 거듭한 나머지 급기야 천도교의 인내천人乃天 사상에 이르러 우리 자신의 한국적인 결실을 본 것"이라고 했다.[38] 요컨대 박종홍은 현세적인 복락을 추구하는 '미래상의 현세적 집약'을 한국 사상 일반의 통사적 특색으로 보고, 그것의 완성태를 동학의 인내천 사상에서 찾고자 한 것이다. 하지만 고대 종교 사상의 일반적인 현상 가운데 하나인 '복락' 추구를 한국 사상의 통사적 특징으로 보는 것도 문제지만, 인내천 사상을 '미래상의 현세적 집약'으로 지나치게 단순화하는 것은 아닌지 모르겠다.

② 박종홍은 "교관敎觀 수행의 기치를 선명하게 드러내어 한국 불교의 전통적인 화쟁 정신을 선양한 것이 의천이다"[39]라고 해 한국 불교 사상의 연속성을 강조했지만, 한국 불교의 화쟁 정신이란 것이 원효로부터 지눌, 그리고 조선에 이르기까지 면면히 이어져 내려오는 전통인가 하는 의문이 든다. 지눌에게서 원효의 화쟁 사상에 대한 언급이 어디 있으며, 원효를 사자상승師資相承하는 법제자나 사상적 계승자가 누가 있었는지 의문이다.

③ 박종홍은 "한국 사람의 철학적 사색에 대한 소질과 역량은 불

교 사상의 이론적 전개에 잘 나타나고 있다"[40]고 하면서 승랑, 원효, 원측, 지눌, 보우 등 몇몇 인물의 탁월함 또는 독창적인 견해(주로 중국의 동시대 인물들과 비교함으로써)를 드러냄으로써 한국인의 뛰어난 철학적 사색 능력을 입증하려 했지만, 불교 전래로부터 지눌 시대에 이르기까지 1000년 가까운 기간 동안 중국 불교계에 영향을 미친 인물이 4~5명 정도라는 것은 오히려 한국 불교의 사상적 빈곤함을 드러내는 것에 다름 아니다. 아이러니하게도 이것은 박종홍의 의도와는 반대로 한국 불교의 사상적 빈곤함을 역설적으로 드러내 주는 결과밖에 안 된다고 본다.

④ 더구나 박종홍은 한국 불교의 특색을 규명한다고 하면서도 정작 특색을 드러낼 수 있는 중국, 인도 등의 불교와 비교 연구하는 데는 미치지 못했다. 또 『대승기신론』에 대한 원효의 주석서를 통해 원효의 사상을 규명했으나, 대부분의 경우 『대승기신론』 자체의 논의와 원효 자신의 사상을 구분하지 않고 있다. 『대승기신론』에 대한 주석서인 이른바 『해동소』海東疏가 원효의 대표 저술이긴 하지만, 원효자신의 사상을 알기 위해서는 『대승기신론』에 대한 다른 주석서들과 비교 연구하는 것이 필수적이다.

⑤ 박종홍은 언어와 철학적 특색의 긴밀한 관련을 이야기함으로써 한국의 독자적인 사상이 있을 수밖에 없다고 주장했다. 그러나당시 동아시아에는 한문이라고 하는 공통된 지적 매개 언어가 있었기 때문에, 박종홍이 전세하듯 언어의 상이함이 한국 불교 사상의 특색을 보장해 주기보다는 오히려 한문이라는 매개 언어가 동아시아

를 하나의 지적 담론 공동체로 묶어 주는 역할을 하고 있다.

⑥ 한국 철학 또는 전통 사상에 대한 박종홍의 연구 태도에 일관하는 한 경향은 철저한 민족의식이다. 민족의식 그 자체가 나쁜 것은 아니지만 때로 지나치면 학문에 해가 될 때도 있다. 더구나 그의 논문에서 자주 드러나는 "우리도 서양 못지않은 그 무엇이 있다"라는 식의 어법은 민족적 자부심과 자존심의 표현이기도 하겠지만, 동시에 서양에 대한 열등감과 근대화에 대한 강박 관념이 잘 드러나는 대목이기도 하다. 이러한 경향은 비단 박종홍의 경우만은 아니다. 해방 이후 1970년대에 이르기까지 한국 지식인들의 글에서 흔히 드러나는 경향 가운데 하나다.

특색 찾는 것을 한국 사상 연구의 중요 목적으로 삼은 박종홍의 태도는 사실 지금도 동양 사상을 연구하는 많은 동서양의 학자들이 가지고 있는 잘못된 태도라고 생각한다. 지역적 특색, 즉 한국·중국·일본 등과 같은 국가 단위의 지역 개념은 실제로 근대 이후의 개념이다. 정치적 의미의 국가 단위의 지역 개념은 전쟁의 역사와 더불어 오랜 개념이지만, 문화적 단위로서의 국가 개념은 지극히 최근의 관심사다. 원효가 한국 불교 사상을 대표하는 것을 전제로 그를 통해 한국 불교를 연구하려고 하지만, 정작 원효의 관심은 한국 불교에 한정된 것이 아니라 당시 인도 및 동아시아의 범불교권에서 벌이는 사상적 담론에 동참하는 데 있었다고 보는 것이 역사적인 사실에 더 가까울 것이다. 따라서 원효나 지눌 등 몇몇 대표적인 인물의 사상과 저작을 통해 한국 불교의 특색을 찾는 것은 어쩌면 가능한 일이 아닐 뿐더러, 설사 가능하다 하더라도 우리에게 별다른 의미를 줄 수는 없다고 본다. 원효가 화쟁의 대상으로 삼았던 '백가지쟁론'百家之諍論의 '백가'百家는 중국을 포함한 동아시아 전체 불교 사상의 담론 공동체를 가리키는 것이었다.

불교학에서 지역적 특색이 중요하지 않다는 말도 아니고, 더구나 지역적 특색이 없다는 말이 아니다. 그러나 그 지역의 범위는 오늘날 '국가' 단위의 지역이 아니라, 동일한 텍스트를 중심으로 하는 '담론 공동체'를 고려하는 보다 넓은 범위여야 한다. 한국 불교에서 그 '특색'만을 강조할 경우 중국 불교를 중심에 놓고 한국 불교를 '주변부'로 만드는, 원치 않는 결과를 초래할 수 있다. 동아시아 불교라는 보다 광범위한 담론 공동체를 고려하는 가운데 동아시아 불교 형성에 한국 불교가 어떻게 참여하고 기여했는가 하는 점들을 살펴보는 것이 당시의 역사적인 현실에 더 가까울 것이며, 한국 불교의 고유성을 이해하는 데도 도움이 될 것이다. 오늘날 한국 불교 연구에서 여전히 '한국적' 특색을 찾고자 하고, 그 특색이 주된 연구 주제가 되는 것은 한편으로는 '민족적 자부심'에 대한 일종의 강박이며, 다른 한편으로 동양에 대한 연구를 지역학으로 시작했던 근대 서양 학자들의 문제의식을 무비판적으로 답습하는 것이 아닐까 생각한다.

(2) 김동화의 경우

김동화는 이 글의 주제와 관련한 또 다른 사례다. 박종홍이 엄밀한 의미에서 불교학자가 아니면서 한국 철학의 한 외연으로서 한국 불교를 연구한 데 비해, 김동화는 불교학자로서 한국 불교에 국한하지 않고 불교 사상 일반을 연구했다.

1954년에 출판된 『불교학 개론』에서 김동화는 불교학에 대한 개념 정의와 더불어 불교학 연구 방법론을 상당히 자세히 거론했다. 이 책은 한국 불교학계 최초의 근대적 의미를 지닌 불교학 개론서이자 연구 지침서이며, 지금도 불교 연구에 관한 입문서로 많이 읽히는 책이라고 할 수 있다. 김동화의 학문적 배경이 그렇듯이, 이 개론서는 근대 시기 일본의 불교학 연구 방법이나 업적을 많이 반영하고 있다.

일본은 메이지 유신 이후 근대화 과정에서 유럽의 선진 문물을 많이 받아들였고, 학문 분야도 예외가 아니었다. 동양의 근대화 과정에서 흔히 일어나는 동양 지식인들의 전통에 대한 회의와 부정은 일본의 경우도 예외는 아니었다. 서양의 과학 사상과 더불어 수입된 철학 사상들을 접하면서 그들 자신의 전통을 미신 또는 비과학적인 것으로 여기고 배격하는 경우도 적지 않았다. 그중 하나가 바로 불교였다. 불교는 서양의 합리적·과학적인 사상에 비추어 비합리적인 사상이었고, 미신으로 치부되었다.*

---

* 실제로 당시 많은 사찰이 폐쇄되었고, 사찰에 기부하는 행위마저 금지되어 스스로 문을 닫는 사찰도 많았다. 한편으로 한일병합과 더불어 본격적으로 시작된 일본 불교의 한국 진출, 그리고 스즈키(D. T. Suzuki)를 비롯한 일본 선불교의 서구 진출은 바로 이러한 일본 불교 자체의 어려운 처지를 극복하기 위한 하나의 자구책이었다고도 볼 수 있다. Sharf(1995), 107~160쪽 참조.

스스로 버린 불교에 대한 관심이 다시 인 것은 유럽에서 수입된 불교학의 영향이었다. 19세기 중반 이래 유럽에서는 영국과 프랑스를 중심으로 불교에 대한 관심이 크게 일어났다.* 유럽의 당시 발달된 고전 언어학, 문헌학, 종교학, 철학 등에 의해 새롭게 해석된 불교는 이제 불교학의 이름으로 다시 일본 지식인들의 관심을 끌기 시작했다. 상좌부 전통의 팔리어 텍스트를 중심으로 초기 불교 연구를 이끌었던 영국의 불교학이 동아시아 불교권, 특히 일본 불교에 미친 영향은 거의 절대적이었다. 초기 불교에 대한 '영국적 해석'은 필립 알몬드Philip Almond가 이미 지적한 대로 19세기 중반 빅토리아 시기의 시대정신을 반영하는 것이었다.[41] 이 시기는 한편으로 종교의 영성이 세속화되는 시기였으며, 성경을 비롯한 종교 텍스트에 대한 역사주의적 이해가 발달하던 시기였다. 이런 시대적인 분위기 속에서 붓다는 냉철한 이성理性을 소유한 사회개혁가 내지는 철학자로 이해되었으며, 그의 가르침은 종교라기보다 철학적 가르침으로 해석되었다. 서구적으로 재해석된 불교는 이제 불교학Buddhist Studies이라는 이름으로 일본 등 전통적 불교권인 동아시아에 소개되었으며, 동양의 지식인들은 근대 불교학을 통해 자신들의 전통을 재조명하기 시작했다. 그들은 불교는 철학과 종교의 두 측면을 다 갖춘 '철학적 종

---

* 영국은 팔리어 경전을 중심한 초기 불교가 주류를 이루었고, 프랑스 역시 그들이 식민 시장으로 관심을 가지고 있던 중국 불교, 그리고 이탈리아는 티베트 불교에 관심이 있었다. Almond, 앞의 책 참조.

교'이자 '종교적 철학'이라고 여기면서, 불교학의 대전제로 이성적 사유와 합리적인 해석을 강조했다. 이제 불교는 불교학이라는 이름으로 '종교적 불교'와 '철학적 불교'로 나뉜 것이다.

　김동화의 불교학은 유럽 근대 불교학의 절대적인 영향 아래 있던 근대 일본의 불교 연구 방법과 태도에 기반하고 있다. 김동화는 그의 『불교학 개론』에서 불교 연구를 종교적·철학적·윤리적 연구의 세 분야로 나누고, 불교의 철학적 분야 연구에서 해탈론 등의 실천 이론들을 제외시켰다.[42] 김동화는 이러한 구분을 불교의 전통 수행 체계인 戒戒(또는 계율)·정定(또는 선정)·혜慧(또는 지혜)의 삼학 三學에도 적용했다. 요컨대 '정'은 종교로서 믿음의 영역이며, '혜'는 철학이자 이성적 사유의 영역이고, '계'는 윤리이자 실천의 영역이라는 것이다. 김동화가 불교를 종교·철학·실천의 세 측면으로 구분하는 그 기저에는 불교의 진리가, 그의 용어를 빌리면 "객관적인 철학적 진리"임을 주장하기 위한 것이다. 다음 인용문을 살펴보자.

"…… 불타론과 해탈론은 모다(원문대로) 종교적, 주관적이요, 실천적인 이론임에 대하여 …… 법보론으로서의 진리론이라고 하는 것은 주로 **객관적인 철학적 진리**를 의미하는 것이다. …… 주관은 주관이로되 그것은 단순한 주관이 아니다. 철학적 대상으로서의 주관, 즉 객관화된 주관이다. 만약 불교를 단순한 종교로만 본다면 이 법보론은 기실 불필요한 이론일 것이다. 그럼에도 불구하고 실지에 있어서 불교의 이론은 여사한 진리에 관한 이론이 주가 되어 있어 이것이 불교가 다른 종교로 더부로

(원문대로) 매우 상이한 점이다.[43]

　김동화가 여기서 말하는 "객관적인 철학적 진리"라고 하는 것은 불교에 대한 믿음이나 수행을 전제하지 않고도 이해될 수 있고 검증될 수 있는 보편적인 진리를 의미한다. 요컨대 신앙과 종교적인 체험을 전제하지 않고도 확인할 수 있는 것이 불교적 진리이며, 바로 이 점이 불교가 여타 종교와 구별되는 점이라는 것이다.

　그러나 이미 앞에서 언급한 대로 불교의 '진리'는 선정이나 깨달음 같은 불교 고유의 종교적 체험에 기반하고 있다.* 불교의 전통적인 수행체계인 계·정·혜의 삼학三學을 보더라도, 이 세 분야는 수행체계상 불가분리의 것으로 선정禪定에 기반하지 않는 지혜는 있을 수 없다.** 그렇기 때문에 김동화가 의도하는 대로 정定(또는 선정)과 혜慧(또는 지혜)를 각각 종교와 철학으로 구분해, 불교의 진리가 신앙과 종교적 체험을 전제하지 않는 "객관적인 철학적 진리"라고 하는 것은 불교적 관점에서 볼 때 타당성을 결여한 주장이다.

---

* 불교적 '진리'와 근대 철학적 의미의 '진리'의 차이에 관해서는 이 책 1장 '붓다란 누구인가, 그리고 불교란 무엇인가'의 3. '근대 불교학의 불교 경전 독법'과 4. '방법론적 불가지론: 불교 경전의 새로운 독법을 위하여' 참조.
** 불교 전통에서 지혜를 획득하는 방법으로 문(聞)·사(思)·수(修), 즉 배움, 사유, 선정 수행의 세 가지를 제시한다. 그러나 '배움'과 '사유'는 일상적인 의미의 지혜를 얻는 방법으로 유효할 뿐, 불교적 관점의 궁극적인 지혜는 선정 수행을 통해서만 체득될 수 있다. 1장 '붓다란 누구인가, 그리고 불교란 무엇인가'의 미주 17번 인용문 참조.

유럽의 근대 불교학이 불교 사상이나 교리를 합리적이며 이성적이라고 했던 것은 이른바 '진리론'의 관점에서가 아니라 선정이나 열반 등과 같은 불교 고유의 종교적 체험을 철저하게 '세속적 관점'으로 해석한 결과였다. 그리고 그러한 합리적인 해석의 근저에는 불교를 '종교'가 아닌 '철학' 또는 일상적 '삶의 양식' 정도로 보고자 하는 유럽인들의 선입견도 작용했다. 그럼에도 서구적 근대에 경도된 일본의 근대 지식인들은 불교에 대한 유럽적 해석에 열광했으며, 그 의미를 더욱더 확장해 나갔다. 그들은 불교가 본래 '철학적'일 뿐 아니라, 심지어 '과학적'이라고 생각했다. 그들에게 불교는 동양의 전통이면서 동시에 '근대' 그 자체이기도 했다. 불교의 철학적인 성격을 강조하고, 불교의 진리를 "객관적인 철학적 진리"라고 한 김동화의 주장은 곧 근대 일본 불교학계의 일반적인 입장을 그대로 반영하는 것이라고 해도 좋을 것이다.

한편 근대 불교학의 경우와는 다른 배경에서 나온 것이지만 "객관적인 철학적 진리" 문제는 오늘날 불교 연구자들에게서도 발견된다. 예를 들어 신오현은 「원효 철학의 현대적 조명」이란 논문에서 다음과 같이 언급했다.

물론 우리의 논의는 철두철미 철학적이고자 하기 때문에 연기론을 취급할 수 없었고, 따라서 자유 상실과 자유 회복 과정을 발생적, 인과적으로 규명할 수 없었다. 그것은 사실의 문제이며 수도의 문제로서, 철학적 분석, 해명의 한계를 벗어나 있기 때문이다.*

신오현의 이러한 입장은 불교에 이른바 '철학적'으로 접근하려는 많은 사람들에게서 흔히 발견되는 오류라고 할 수 있다. 불교를 철학적으로 이해하기 위해서는 수행이나 깨달음 같은 내적 경험을 배제해야 한다는 것이다. 이러한 관점은 얼핏 보아서는 김동화의 경우와 달라 보인다. 김동화의 경우가 불교를 곧 '철학'이라고 보았던 근대 불교학의 영향이라면, 신오현의 경우는 철학의 범위를 '서양 철학'으로 한정하고자 하는 데서 빚어지는 문제이기 때문이다. 그러나 양쪽 모두 불교를 '철학적'으로 규명할 수 있다고 믿는다는 점에서, 그리고 그 '철학'을 이성적 사유의 영역으로 한정한다는 점에서 양쪽이 안고 있는 문제의 근원은 동일하다.

불교의 철학적 사상체계는 수행 정도에 따라 다양하게 전개되는 실재와 인식의 단계를 전제한다. 명상 체험에 기초한 인식의 단계는 곧 실재의 '위계'位階(hierarchy)를 의미한다. 요컨대 불교 전통에서 수행이란 실재를 파악하는 인식 수준의 변화를 말하는 것이며, 인식의 수준 또는 단계에 따라 그에 상응하는 실재가 전개되는 것이다. 불교 전통에서 '두 가지 진리'라고 하는 승의제勝義諦와 세속제世俗諦는

---

* 신오현(1994), 174쪽. 신오현은 "원효의 경우 그가 사용하는 술어들이 형이상학적인 개념이기 때문에 철두철미 철학적이며, 따라서 철학적 접근만이 원효의 불교 사상을 제대로 이해하는 것"이라고 단언했는데, 이는 원효에 대한 오해임과 동시에 불교에 대한 오해다. 이러한 태도의 근본에는 수행 등은 철학적 연구 대상이 될 수 없다는 전제가 깔려 있다. 불교 교리 이해에 있어 수행 및 실천적인 측면의 중요성에 관해서는 조성택(2003), 163~189쪽 참조.

실재를 단지 두 종류로만 상정하는 것이 아니라, 승의와 세속적 진리 사이에서 다양한 수준의 실재를 무지개의 연속 스펙트럼처럼 무한 대로 상정한다고 보아야 할 것이다. 실재의 '위계', 그리고 수행에 따른 다양한 수준의 실재 인식은 인도에서 발생한 종교와 철학 사상에 이미 전제되어 있다. 인도의 고전 철학에 속하는 우파니사드 Upanishad는 다양한 비유를 통해 궁극적 실재인 아트만ātman(我)을 찾아가는 단계적인 과정을 잘 보여주며, 이는 곧 고대 인도인들의 위계적 실재 인식을 반영하는 것이라고 할 수 있다. 한편 위계 단계를 통해 최종적으로 인식하는 궁극적 실재인 아트만은 이성적 사유나 추론의 결과로 인식되는 실재가 아니라 명상 등과 같은 수행을 통해 직접 체험하는 '경험적 실재'다. 이성적 사유나 추론을 통한 실재 인식, 즉 '비량'比量이 아니라 '현량'現量과 같은 직접 지각을 통해 궁극적 실재를 인식한다고 하는 것은 불교 전통에서도 마찬가지다. 예를 들어 '일체개고'一切皆苦나 '중생즉불'衆生卽佛 같은 불교 사상은 흔히 생각하듯이 종교적인 신념의 표현이거나 형이상학적인 사유의 산물이 아니다. 그것은 '깨달음'의 경험에서 체득되는 실재다.

따라서 김동화가 주장하듯이 불교를 "객관적인 철학적 진리"의 관점에서 규명하겠다든지, 또는 신오현의 경우처럼 '수행'과 세계관의 문제는 배제한 채 불교 사상을 철저하게 '철학적 관점'으로만 다루겠다는 것은 불교 사상이나 교리를 이해하는 타당한 태도라고 할 수 없다.

근대 불교학은 불교에 대한 전통적 이해가 '신화'로부터 '역사'로 나아가는 데 결정적으로 기여했다. 또한 불교 경전에 대한 문헌 비평적 접근과 불교사의 재구성 등에서 누구도 부인할 수 없는 뚜렷한 성과를 이룩했다. 그러나 유럽 중심의 세계관, 그리고 불교 텍스트에 대한 '근대적 독법讀法'은 불교에 대한 '유럽적 이해'의 한계를 고스란히 드러낸다. 불교를 철학과 종교로 구분하는 가운데 불교 사상과 교리를 '서양' 철학적인, 이성주의적 접근을 통해 이해하려는 근대 불교학은 결과적으로 불교를 규명하기보다는 왜곡하는 결과를 초래했던 것이다.

이 책 1장에서 새로운 불교학 연구 방법의 하나로 제안했던 '방법론적 불가지론'methodological agnosticism은 근대 불교학의 '이성주의적 불교 이해'의 한계를 극복하기 위한 것이다. 그것은 한편으로 불교 사상과 교리가 '깨달음의 경험'에 근거하고 있다는 점을 이해해야 한다는 것이었으며, 다른 한편으로는 언어와 이성을 매개로 일상의 소통을 추구해야 하는 학문 행위의 고유성 또한 유지해야 한다는 문제의식에서 출발한 것이었다. 다시 말해 "객관적인 철학적 진리"의 추구라는 입장에서 불교 사상과 교리가 근거하고 있는 깨달음의 경험을 배제하거나 무시해서는 안 되며, 마찬가지로 '깨달음의 경험'을 절대화해서 학문 행위를 수행과 혼동해서도 안 된다는 것이다. 요컨대 '방법론적 불가지론'은 '깨달음의 세계'와 '언어의 세계' 간의 긴장을 유지함으로써 깨달음의 세계를 전제하는 불교의 근본적인 성격과 이성을 도구로 삼는 학문 행위 간의 갈등을 해소하기 위한 하나의 해결책으로 제시된 것이다.

4. 결론

서양 지성사에서 신학神學과 철학이 나누어지는 분기점이 바로 근대 이성이었다. 그 뒤 서양에서의 철학에 대한 개념 규정은 항상 신학을 의식한 것이었다. 신학이 철학의 영역을 쉽게 넘나드는 데 반해 서양 철학은 철학적 연구 대상의 범위를 매우 좁게 규정해 왔다. '언어 분석'을 주된 철학적 연구 내용으로 삼는 현대 영미 분석철학이 그 좋은 예라고 할 수 있다. 이것이 잘 되었다 못 되었다 하는 것은 나의 본의가 아니다. 다만, 오늘날 불교에 대한 '철학적' 연구를 한다고 할 때 그 '철학적'이란 개념 규정이 근대 이후 지금까지 서양 철학이 규정해 온 좁은 의미의 '철학'이어서는 안 된다는 점을 말하고자 하는 것이다. 한국의 철학계에서 불교와 유학 등 전통 사상을 철학이 아니라고 한다든지, 또는 객관적인 진리만을 철학적 대상으로 하겠다든지 할 때 그 참조점이 서양 철학이라는 것은 두말할 것도 없다. 이 문제는 실제로 동양 사상이 '철학적'이냐 아니냐의 문제가 아니라 동양과 서양의 대립, 그리고 서양의 제국주의와 식민주의의 역사를 고스란히 반영하는 일종의 역사 인식 문제라고 생각한다.

불교에는 지금까지 서양 철학이 해결하지 못한 문제에 대한 해결책이 있다고 주장하는 것이 아니다. 또 불교라고 해서 서양 철학에는 없는 어떤 특수한 영역이 있다든지, 불교만의 고유한 철학 방법이 있다든지 하는 것도 아니다. 불교학이라는 학문 행위를 하는 이상 다른 학문에서와 마찬가지로 유일한 우리의 연구 도구는 이성이며,

언어를 통해 철학적 담론 공동체에 참여해야 한다는 것은 당연한 일이다. 마찬가지로 불교학을 하는 데 있어 분석의 필요에 따라 종교적 진리와 철학적 진리를 구분해야 한다는 것에도 이견異見이 있을수 없다. 그러나 종교적 진리와 철학적 진리를 나눌 때 신학과 철학을 나누었던 서양의 기준만이 절대적일 수는 없다. 서양 철학의 기준을 절대화해서 불교적 사유를 그 틀에 맞추어 재단하거나 오해하는 것은 불교학뿐만 아니라 서양 철학의 미래를 위해서도 바람직한현상은 아니라고 생각한다.

근대 이전에 우리에게 불교는 있었지만 불교학은 없었다. 교학 전통이 있었지만 근대적 의미의 학문이라고 할 수는 없다. 불교학은 19세기 초 유럽을 중심으로 시작되었고, 식민지 시기 일본을 통해한반도에 소개되어 지금에 이르렀다. 그 불교학은 서양 중심의 세계관과 서양의 문제의식을 고스란히 반영하고 있다. 해방 후 지금까지우리는 별 반성 없이 그 불교학을 답습해 왔다. 이제 우리 자신의 문제의식과 관점으로 불교학을 비롯한 전통 사상들을 연구해야 할 때라고 생각한다.

주

1 김광식(2006), 38쪽.

2 앞의 책, 64쪽.

3 Tikhonov(2003), 101쪽.

4 Auerback(2008), 18쪽.

5 Auerback(2008), 17쪽.

6 위의 책.

7 Auerback(2008), 18쪽.

8 이 절의 전반부 다섯 단락은 이미 발표한 몇 편의 졸고에서 발췌, 일부 수정 및 요약한 것임. 졸고(2005), 5쪽; 졸고(2006), 83쪽; 졸고(2009a) 미발표 원고; 졸고(2009b), 17 ~19쪽.

9 '근대적 유용성 확보'와 '정체성 확립'이라는 두 과제를 '딜레마'로 보는 나의 관점과는 다르지만 박포리 또한 한국 근대 불교의 과제를 'social viability'와 'national identity' 두 문제로 요약하고 있다. Pori Park, *The Modern Remaking of Korean Buddhism: The Korean Reform Movement During Japanese Colonial rule and Han Yongun's Buddhism* (1879-1944), Ph. D. dissertation, UCLA, 1998.

10 식민 국가의 민족 형성과 종교의 역할, 그리고 근대 초기 한국에서 민족 형성과 기독교의 연계에 관한 논의는 신기영(1995)과 같은 저자의 영어 논문, Ki-Young Shin(1997), 이만열(1982·1986) 참조.

11 Schmid(2007), 75~76 · 169~170쪽.

12 위의 책, 109~121 · 332쪽.

13 졸고(2009), 20쪽.

14 이 제목 '화려한 과거와 우울한 현재'는 앙드레 슈미드의 책, *Korea Between Empires, 1895-1919*, Columbia University Press, 2002의 한국어 번역 제3장 17

절의 소제목 '화려한 과거, 우울한 현재'〔Schmid(2002), 268쪽〕에서 따온 것이다.

15 Schmid(2002), 169쪽.

16 "편고(遍告) 승려 동포(僧侶 同胞)",《대한매일신보》, 1908년 12월 13일.

17 김광식(2007), 71~81쪽에서 당시 언론 매체의 기사들을 소개했다.

18 위의 책, 75~77쪽.

19 위의 책, 71~76쪽.

20 위의 책, 83쪽.

21 김광식(2007), 82쪽.

22 「묘음관세음」,《불교》 50-51합병호, 1928, 63~64쪽.

23 앞의 책, 64쪽.

24 《동아일보》, 1925년 10월 25~31일; 최남선 전집 vol. 9, 175~176쪽.(현대 한글 어법으로 변용)(강조는 필자)

25 Schmid(2002), 220쪽.

26 高楠順次郎(1989), 17쪽.(정승석 역, 『불교철학의 정수』, 대원정사, 1989, 17쪽)

27 위의 책, 11쪽.

28 김광식(2007), 83쪽.

29 김광식(2006), 39·40쪽.

30 동양 사상 및 철학의 연구 방법에 관한 여러 논의를 묶은 책으로는 심재룡(1986) 참조.

31 위의 책.

32 이명현(1986), 23쪽.

33 이남영(1996), 23쪽에서 재인용.

34 박종홍 전집 IV(1982), 9쪽.

35 전집 IV, 10쪽.

36 전집 IV, 14쪽.

37 전집 IV, 16~17쪽.

38 전집 IV, 142쪽.

39 전집 IV, 154쪽.

40 전집 IV, 206쪽.

41 Almond(1988), 140쪽.

42 김동화는 자신의 책 『불교학 개론』에서 불교 연구의 분야를 다음과 같이 나누었다.
    김동화(1954), 7쪽 참조.
    ① 依佛之敎〉佛寶〉敎主論〉종교적〉離苦得樂〉美〉情〉經藏〉定學〉信
    ② 佛陀卽敎〉法寶〉眞理〉철학적〉轉迷開悟〉眞〉知〉論藏〉慧學〉解
    ③ 成佛之敎〉僧寶〉倫理〉윤리적〉止惡修善〉善〉意〉律藏〉戒〉行

43 김동화(1954), 90쪽.(강조는 필자)

에필로그 | 서구에서의 불교의 미래
: 불교의 개방성과 친화력에 관한 새로운 실험

　이 글은 '서구에서의 불교의 미래'에 관한 것이다. 그런데 나의 과문함과 여러 제한 사항으로 인해 유럽을 포함한 서구 사회 전체를 논하는 것은 가능한 일이 아니다.

　그래서 여기서는 주로 미국 사회에서의 불교에 한정해서 이야기하려 한다. 물론 미국이 서구 전체를 대표한다고 볼 수는 없지만, 미국 사회가 서구의 다른 사회를 가늠해 보는 좋은 척도인 것도 사실이다. 더구나 불교를 놓고 볼 때 미국은 서구에서 가장 대표적인 불교 전파 지역이고, 또한 그 활동도 가장 활발하다는 점에서 이러한 주제와 관련한 좋은 사례 연구case study가 될 수 있을 것으로 생각한다.

　이 글은 불교나 동양학을 전문으로 공부하는 사람들보다는 일반 독자들을 염두에 두고 썼다. 가급적 전문 용어들은 피할 것이며, 또한 특정한 이슈에 대한 집중적인 논의보다는 개괄적인 접근을 통해 독자들에게 미국 사회에서의 불교의 위치와 역할에 관한 윤곽을 제공해 보고자 한다.

　또한 글의 형식도 불교와 미국 사회의 상호 작용interaction을 시대별로 나누어 몽타주 형식으로 서술하려 한다. 이는 글 전체를 서론·

본론·결론으로 나누는 일반적인 논문 형식이 갖는 글쓰기의 딱딱함을 지양하고, 보다 자유롭게 미국 사회와 불교의 상호 작용을 관찰하기 위해 고안한 방법이다. 따라서 다음과 같은 세 가지 독립적인 소주제로 진행해 보고자 한다.

① 문명간의 만남 또는 충돌
② 폴 캐러스와 스즈키 다이세츠의 만남: 미국 불교의 시작
③ '미국 불교'(1960~1990년대): 불교의 개방성과 친화력에 관한 새로운 실험

1. 문명간의 만남 또는 충돌

서로 다른 문명이 만나면 충돌하는가? 새뮤얼 헌팅턴Samuel Huntington 교수는 그의 저서 『문명의 충돌』*에서, 21세기에는 '문명간 충돌'clash of civilization에 의한 새로운 세계 질서가 형성될 것이라고 예견한 바 있다. 이는 지난 20세기가 '이념간 충돌'의 세기였음을 다분히 염두에 두고 예견한 내용이다. 동구권의 경제적 몰락과 구소비에트 연방의 해체로 이념에 의한 냉전체제가 일단락된 지금, 그의 이러한 직관력은 제법 설득력 있게 보인다.

* 이 책의 원제는 'The Clash of Civilizations and Remaking of World Order'(문명간의 만남과 새로운 세계 질서)이다.

더구나 냉전 이후 지구촌 곳곳에서 벌어지는 크고 작은 분쟁들, 그리고 1960년대 이후 지금에 이르기까지 또 다른 세계대전의 불씨를 계속 안고 있는 중동 지역의 분쟁 상황을 살펴보면, '문명간 충돌'은 단순한 직관 수준의 예견을 넘어서는 설득력을 지닌다.

그런데 헌팅턴 교수의 예견은 그 설득력만큼이나 오해의 위험 또한 크다. 마치 서로 다른 이념이 공존하지 못하고 대립과 충돌로 이어졌듯이, 서로 다른 문명 또한 대립과 충돌로 이어질 것이라는 문명에 관한 일반론처럼 오해되기 쉽기 때문이다. 실제로도 그러한 오해가 많이 생겨나는 것 같다. 헌팅턴 교수도 '문명간 충돌'이란 말을 상당히 제한적인 의미로 사용했지만, 그 자신 또한 서로 다른 문명은 공존과 상생보다는 충돌과 대립이 불가피하다는 '충돌'의 역사 인식을 바탕으로 하는 듯 보인다.

그는 문명도 이념과 마찬가지로 자기 충족적이며, 배타적·독점적인 성격을 가지고 있다고 여긴다. 따라서 서로 다른 문명의 공존 가능성이나 상생을 위한 스스로의 변화와 동화 가능성을 거의 불가능한 것으로 보고 있다. 지난 20세기 100년간의 이념 대립이 그러했듯이 문명 또한 항상 상호 대립적이며, 타자의 긍정은 곧 자기 부정으로 이어진다는 대립 구조의 패러다임이 그의 예견에 전제되어 있는 것이다. 그러나 이러한 '충돌'과 대립의 역사 인식은 유대-기독교 Judeo-Christian 계통의 유일신 전통을 가진 서구 문명사의 산물일 뿐, 인류 문명사 전체를 포괄하는 보편적인 역사 인식일 수는 없다.

지금의 인터넷이 각 지역의 정보를 교환하는 수단이듯이, 고대에 동서 교류를 가능케 한 것은 바로 실크로드였다. 이 길은 동서 문화가 만나는 곳이었다. 이 길을 따라 인류 역사상 최초의 대규모적인 문명간의 만남이 이루어졌다. 바로 인도 문명의 산물인 불교와 중국 문명의 만남이었다. 불교가 바탕으로 하는 인도 문명과 유교·도교 등으로 대표되는 중국 문명은 도저히 그 공통점을 찾을 수 없을 만큼 상호 이질적인 성격을 지니고 있다.

철저하게 현세적이며, 개인보다는 가족이 사회 구성의 기초 단위라 할 수 있는 중국 문명은 내세적이며 개인의 명상 체험을 중시하고, 출가가 제도화되어 있던 인도 문명과는 매우 이질적이라고 할 수 있다. 특히 윤회론을 바탕으로 한 인도인들의 내세관과 현세의 가족 구조가 내세에까지 그대로 이어진다는 중국인들의 내세관은 소통 가능한 어떠한 접점도 찾을 수 없을 정도다.

중국의 도가 사상이 비교적 불교 사상과 가깝기 때문에 초기에는 불교와 중국적 사유체계의 접점interface 역할을 하기도 했지만, 사실 두 체계 사이에는 상당한 거리가 있다. 그럼에도 불교는 중국에서 성공적으로 뿌리를 내렸을 뿐만 아니라 전통 사상의 하나인 유교의 사유체계에도 영향을 미쳐, 후세에 중국의 가장 완성된 철학체계 가운데 하나인 성리학을 성립시키는 데 결정적인 역할을 했다. 또한 불교 자체도 중국적 사유체계와의 교섭 속에서 동화, 변화함으로써 가장 동아시아적인 사유체계라고 할 수 있는 선불교를 성립시키기까지 했다.

사유체계 면에서나 사회 구조 면에서나 가장 대립적이어야 할 두 문명인 인도 문명과 중국 문명이 만나 '충돌'이 없었다는 점, 그리고 상호 영향을 미쳐 일정한 동화 과정을 겪으면서도 뒤섞여 잡탕이 되어 버리는 일 없이 각자의 정체성을 유지할 수 있었다는 것은 21세기를 사는 우리에게 큰 교훈을 준다. 인도 문명의 토양에서 나온 불교가 중국이라는 전혀 다른 토양에 뿌리를 내리는 데는 적어도 400~500년의 세월이 걸렸다. 그것은 수용과 동화, 그리고 중국적 변용이라는 단계적이고도 점진적인 과정을 통한 것이었다. 이러한 과정을 살펴보는 일은 오늘날 서구 사회에 서서히 뿌리를 내려 가는 불교의 미래를 예측해 보는 데 도움이 될 것으로 생각된다.

불교가 중국에 공식적으로 소개되는 시기를 대략 기원 1세기 중반경으로 보는 데는 큰 이견이 없는 것 같다. 그러나 중국 일부 지역의 고분 등에서 발견되는 부장품들을 살펴보면, 중국인들과 불교의 접촉은 문헌상 언급되는 것보다 훨씬 일찍부터 광범위한 지역에 걸쳐 시작되었음을 알 수 있다. 다시 말해 인도나 중앙아시아 승려들에 의한 본격적인 전법傳法에 앞서, 실크로드를 따라 교역하는 상인들에 의해 이미 불교가 중국인들에게 직간접적으로 소개되고 있었다.

당시의 무덤 등에서 발견되는 부장품들을 살펴보면 중국 토속신의 모습과 붓다의 모습이 기묘하게 조합된 형태가 있는가 하면, 토속신의 모습에 단순히 불교적 모티프가 조금 가미된 정도의 것들도 존재한다. 이러한 것들을 통해 우리는 승려들에 의한 본격적인 전법 전에 불교를 접했던 중국인들의 반응이 어떠했는지를 엿볼 수 있다.

한편 중국 불교의 시작을 소개하는 현대의 여러 저작을 살펴보면 한족漢族과 비非한족이 불교에 대해 서로 다르게 반응했다는 사실을 간과하는 경우가 적지 않다. 그러나 불교의 전파와 수용이라는 관점에서 볼 때 한족과 비한족의 구별은 매우 중요하다. '비한족'이란 이른바 '오랑캐'Barbarian로, 일찍부터 정착해 농경 사회를 이룩한 한족과는 달리 생활 근거지를 옮겨 다니는 변방의 유목 부족들nomadic tribes을 통칭하는 이름이다. 불교에 먼저 관심을 보인 것은 바로 이들 비한족이었다. 비한족이 불교에 관심을 보인 데는 여러 원인이 있을 수 있다. 먼저 이미 상당히 세련된 문화체계를 갖추고 있던 한족과는 달리, 비한족은 유동적인 사회 구조 속에 살고 있었으므로 타문화를 받아들이는 데 거부감이 훨씬 덜했다.

한편 비한족이 타문화를 단순히 용인하는 데 그치지 않고 보다 적극적으로 수용한 데는 한족 문화에 대한 문화적인 열등감이 내적 동기의 하나로 작용했던 듯하다. 비한족들의 열등감 중 하나는 바로 '왕권의 정당성' 문제였다. 한족의 왕인 천자天子는 문자 그대로 '하늘의 아들'로서 하늘의 명命을 받았다는 초세속적인 권위를 가졌으나, 유목 부족간의 연합에 의한 국가 형태를 가지고 있던 비한족의 왕은 부족장들 사이에서 '선출'된 왕이었기에 초세속적인 권위를 갖진 못했다. 그 왕권의 정당성은 하늘의 명에 의한다는 천자에 비하면 형편없이 떨어지는 것이었고, 한족들은 바로 이 점을 조롱하곤 했다. 당시 중앙아시아에 정착하기 시작한 불교는 바로 이러한 비한족들의 오랜 고민을 해결해 줄 수 있었다.

불교의 업설業說은 '선출'된 왕에게 초세속적인 권위와 도덕적인 정당성을 보장해 줄 수 있었다. 즉 '전생에 쌓은 선업善業'이라는 개념은 선출된 왕의 도덕성과 권위를 충분히 뒷받침해 주었다. 뿐만 아니라 불교의 전륜성왕 개념은 만리장성 이남의 한족 영토에 대한 그들의 침략에도 도덕적인 정당성을 부여해 주었다. 요컨대 비한족들의 불교는 그 시작에서부터 왕권에 의해 비호를 받는 동시에 왕권을 위하는 이른바 '호국 불교'였던 것이다.* 북위北魏 등의 비한족 왕조에서 가장 많은 관심을 받았던 신앙의 대상이 역사상 실존했던 샤캬무니 붓다가 아니라 미래불인 미륵불이었던 이유도 바로 이 문제와 긴밀한 관련이 있다. 왜냐하면 불교가 중앙아시아로 전파될 당시에 이미 전륜성왕과 미륵불 사이에는 밀접한 관계가 형성되어 있었기 때문이다.**

　　당시 비한족 국가에서의 승려의 역할을 살펴보면 이러한 호국 불교의 경향은 더욱 뚜렷해진다. 초기 전법에 등장하는 승려들의 전기를 보면, 당시 승려들의 주요 역할 가운데 하나는 왕의 자문 역이었다. 인근 국가들과의 전쟁을 승리로 이끌기 위해서는 인근 지역의 기후, 지리, 정세에 밝고 언어에 능통한 승려들의 자문이 매우 중요

---

* 한반도에 불교를 전래한 것이 비한족 국가의 왕실이었으며, '왕실 불교'와 '호국 불교'라는 비한족 불교의 특징은 삼국 시대 이래 고려 시대에 이르기까지 고·중세 한국 불교의 전통으로 이어진다.

** 여기에는 두 가지 대표적인 유형이 있다. 하나는 '전륜성왕이 곧 미륵불의 현신'이라는 전통이고, 다른 하나는 전륜성왕이 세상을 평정하면 그때 미륵불이 세상에 나타난다는 것을 믿는 전통으로, 이 경우 전륜성왕의 역할은 미륵불의 등장을 예비하고 준비하는 것이다.

했으며, 또한 승려들로 상징되는 도덕적 정당성은 승리를 보장하는 일종의 부적과도 같은 것이었다. 그러다 보니 이른바 고승高僧으로 알려진 인물을 서로 모셔 가려는 납치 경쟁마저 빈번히 발생하곤 했을 정도다. 고승이 자국 영토 안에 있다는 것만으로도 이미 그 왕의 도덕적 우위가 보장되었고, 신하들과 국민의 사기는 그만큼 높아졌기 때문이다.

한편 불교에 대한 한족들의 최초 반응은 소극적이었고, 때로는 적대적이기까지 했다. 그들은 우선 불교의 출가주의를 받아들일 수 없었다. 그리고 불교의 윤회설 또한 그들의 내세관과는 상충되는 것이었다. 현세의 가족 관계를 절대적이라고 믿었고, 그 관계는 사후死後에도 그대로 유지된다고 믿던 그들에게 전생과 현생의 인연에 따라 다양하며 가변적인 인간관계를 상정하는 윤회설은 출가주의와 함께 한족들의 가족 관념을 그 밑바닥부터 흔들어 버리는 것이었다.

그러던 한족이 불교를 받아들이는 것은 유교적 관념에 따른 사회 질서와 개인의 삶이 송두리째 무너져 버리는 경험을 한 뒤의 일이다. 318년 비한족들의 침공으로 서진이 몰락하고 한족은 양쯔 강 이남으로 쫓겨 간다. 조상의 무덤도 그대로 둔 채 가족 사당의 위패를 가져오지 못한 경우도 있었고, 피난 중에 죽은 부모 형제나 자식 등 가족들의 시신조차 수습하지 못한 경우도 많았다. 그 전까지 한족의 삶과 죽음의 질서에 지침을 마련해 주었던 유교는 이러한 경우에 아무런 해답도 주지 못했다.

무덤이 없으니 어떻게 제사를 지내며, 시신도 거두지 못했는데 어떻게 죽은 자에 대한 예를 다할 수 있겠는가? 양쯔 강 이남에서 발굴된 무덤에서 우리는 당시 한족들의 이러한 고민을 엿볼 수 있다. 혼병魂瓶이 바로 그것이다. 혼병은 원래 양쯔 강 이남에 거주하던 토착민들의 풍습이었다. 바다나 강에서 시신을 찾지 못한 채 장례를 치러야 할 경우, 무당이 죽은 자의 혼을 초혼招魂해서 병에 넣어 밀봉한 것으로 시신을 대신하는 것이었다. 시신 없이 죽은 자에 대해 예禮를 다해야 하고, 무덤도 없이 조상에 대한 예를 갖추어야 했던 한족들에게 혼병은 일종의 해결책이긴 했지만, 상당한 수준의 의례 문화를 가지고 있던 그들에게 충분한 대안이 될 수는 없었다. 이때 한족의 주목을 끈 것은 불교였다.

영혼 및 내세와 관련된 불교의 교리는 나름대로 체계적인 설명력을 갖추었을 뿐 아니라, 무엇보다 한족의 관심을 끌었던 것은 불교의 승려들이 죽은 사람의 영혼을 평안히 천도할 수 있는 능력을 가지고 있다는 사실이었다. 그런가 하면 고도의 윤리관을 가진 불교 사상과 명상적 사색을 요구하는 불교의 수행은 한족 엘리트들에게도 새로운 사상의 세계를 열어 주기에 충분했다. 불교는 그제야 한족의 종교로, 또 철학으로 자리 잡을 수 있었다. 이후 불교는 한족에 의한 통일 왕조인 수隋(581~618)와 당唐(618~907)을 거치면서 명실상부한 중국인의 종교로 자리 잡았다.

그러나 한 가지 기억할 것은, 한족의 왕조에서는 전 국가적으로 또는 왕실의 적극적인 비호를 받으면서도 불교가 한 번도 '국교'State Religion 역할을 한 적이 없다는 사실이다. 이는 비한족 왕조에서의 불교와 구별되는 점이다. 비한족 왕조에서는 짧게나마 불교가 국교로서의 특권을 누리는 시기도 있었다. 하지만 한족 왕조에서는 단 한 번도 그런 일이 없었다.

중국에서 불교가 가장 번성했던 시기인 당나라 때조차 국가와 사회의 체제 이념은 어디까지나 유교였고, 불교는 공덕과 사후 세계를 비는 구원론적 종교로 개인 및 가족 안에서의 제한된 역할만을 했다. 이 점은 애초 한족이 불교를 받아들일 당시의 내면적 동기와 무관하지 않을 것이다. 애초부터 불교는 유교를 대체하는 기능보다는 보완하는 기능으로 받아들여졌기 때문이다.

일단 한족에 의해 받아들여지자 불교는 교학적 연구는 물론 모든 방면에 걸쳐 그 전에 볼 수 없었던 급속한 발전 과정을 밟는다. 우선 체계적인 역경 사업이 국가 차원에서 대규모로 진행되었다. 그런 가운데 여러 다른 계통의 경전들이 번역되면서 새로운 분류의 필요성이 생겨났고, 다양한 경전 전통과 함께 다양한 해석들도 등장했다. 당나라 시대에 등장했던 수많은 불교학파가 바로 그것이다.

거의 모든 경전이 일단 한문으로 번역되었다고 생각되자, 중국인들은 불교 이해에 일종의 자신감을 갖고 중국적인 불교를 탄생시킨다. 바로 선불교의 탄생이다. 조금 과장되게 말한다면 8만 4000의 법문을 '무'無 또는 '심'心 한 자로 축약해 버린 것이 바로 선불교라고 할 수 있다. 불교가 중국 지역에 전래된 이래 약 600여 년 만의 일이었다. 나는 선불교의 탄생이 중국 문명사뿐만 아니라 인류 문명사적으로도 가장 큰 사건의 하나라고 생각한다.

한 문명이 다른 문명을 받아들여 그 본질을 훼손하지 않고도 자신의 것으로 변용시켜 버린, 인류 문명사의 거의 유일한 예가 아닌가 한다. 헌팅턴의 '문명간 충돌'에 대한 비판으로 이 글을 시작한 연유가 바로 여기에 있으며, 서구 사회에서의 불교의 미래를 논하는 마당에 먼저 중국 불교사를 개관한 연유도 바로 여기에 있다.

불교는 중국 문명과 만나 가장 비인도非印度적으로 변모하면서도 불교의 본질적인 모습을 잃지 않았고, 또 가장 중국적인 모습을 갖추어 중국 문명의 일부가 될 수 있었다. 우리는 선불교의 탄생으로부터 21세기 지구인들의 화두가 된 '문명간 충돌'에 대한 중요한 시사점을 얻을 수 있다고 생각한다. 선불교는 불교의 본질을 잃지 않으면서도 가장 중국적인 불교라고 할 수 있다.

그것은 "모로 가도 서울만 가면 된다"는 이른바 진리에 대한 '실용주의적인 태도'에서 기인한 것도 아니고, "너도 옳고 나도 옳다"는 식의 '사이비 종교적 관용'의 태도는 더더욱 아니었다.

말씀, 경전, 언어, 관습, 문화 등등은 진리를 읽는 하나의 문법일 뿐 진리 그 자체가 아니라는 끊임없는 자기 부정과 진리에 대한 조심스러운 태도가 있었기 때문에 상호적인 동화와 수용이 가능했던 것이다. 그렇다고 해서 흔히 중국을 비롯한 동아시아 불교를 이것저것 이질적인 것들이 합쳐진 '종합적 불교'Syncretic Buddhism로 규정하는 것은 잘못된 일이다. 만일 '종합'이란 말이 모든 것을 뭉뚱그려 놓는 것을 의미한다면, 그러한 의미는 더더욱 아니다. 비록 중국에서의 불교가 그 원산지인 인도와는 다른 많은 이질적인 요소들을 포함하고 있지만, 그렇다고 해서 불교 본래의 것을 잃고 만 것은 아니기 때문이다.

불교의 진리관을 이야기할 때 선가禪家에서 말하는 '달과 손가락'의 비유는 매우 적절할 것 같다. 달을 가리키는 한 몇 번째 손가락이라도 좋고 막대기라도 상관없다. 그것이 기독교일 수도, 유교일 수도, 또 어떤 다른 종교라도 좋다.

또 한 가지 중요한 사실은 '달'이란 것도 진리 그 자체가 아니라 진리에 대한 언어적 표현일 뿐이란 점이다. 불교의 이러한 진리관은 불교가 타종교와의 관계 속에서 자신의 고유성을 잃지 않으면서도 무한한 친화력과 개방성을 가질 수 있게 한다. 불교의 이러한 면모는 이미 2000년 전 중국을 비롯한 여러 아시아 나라의 경우를 통해 입증되었으며, 이제 서구에서, 특히 미국에서 그 새로운 실험이 진행되고 있다.

불교가 미국 사회에 본격적으로 소개된 것은 대략 1893년 시카고에서 열린 세계종교회의World Parliament of Religions와 그 후 폴 캐러스 Paul Carus(1852~1919)가 스즈키 다이세츠鈴木大拙(1870~1966)를 비롯한 일본 불교인들을 미국에 초청하면서부터라고 알려져 있다.

그렇다면 약 100여 년의 시간이 흘렀다고 볼 수 있다. 불교가 중국 문명과 접촉한 이래 완전하게 수용되고 동화되기까지 약 500년의 시간이 필요했다고 보면, 미국에서의 불교는 이제 막 시작이라고 볼 수 있을 것이다. 그러나 여러 대중 매체의 발달과 현대 사회의 역동성을 감안한다면, 현대의 100년은 과거의 500년보다 훨씬 더 길면

길었지 결코 짧은 시간은 아니다.

그렇다면 이제 우리는 앞서 살펴본 중국의 예에 비추어, 불교가 미국 사회의 문화적 패러다임 속에 어떻게 수용되고, 또 불교 자체가 미국 문화 속에서 어떠한 변모를 겪는지, 그리고 그 전망은 어떠한지를 살펴보는 것이 결코 성급한 일은 아닐 것이다. 다음에서는 미국에서의 불교를 앞서 살펴본 중국에서의 경우와 대비해 하나씩 살펴보기로 하자.

2. 폴 캐러스와 스즈키 다이세츠의 만남: 미국 불교의 시작

미국에서의 불교를 유형별로 나누면, 크게 이민자들의 불교와 백인을 위주로 한 미국인들의 불교 두 가지로 살펴볼 수 있다. 이민자들의 불교란 주로 중국, 일본, 한국 그리고 태국, 베트남, 티베트 등에서 온 아시아계 이민자들이 '이민 보따리' 속에 함께 가져온 불교를 말한다. 이 유형은 주로 이민 1세대를 주축으로 하지만, 미국에서 태어나고 자라난 2세 또는 3세들의 참여도 늘어 가는 추세다.

그러나 아시아계 이민 2세 및 3세들의 불교는 그 유형으로 보아 '미국 불교'에 속하는 경우가 더 많다. 그런데 '미국 불교'란 아직 그 일정한 정형이 없는 만큼, 일반적으로 아시아계 이민자들의 공동체community에 속하지 않는 나머지 유형의 불교를 통칭하는 말이기도 하다. **예를 들어 숭산 스님이나 삼우 스님의 불교는 대체로 그 전법 대상이 미국인들이라는 점에서 '미국 불교'에 속한다.**

그리고 베트남의 틱낫한이나 티베트의 달라이 라마 같은 경우는 한편으로는 자국계 이민들의 정신적 리더라는 점에서 이민자 불교에 속한다고 할 수도 있지만, 그 두 사람의 영향력이나 전법 대상이 이미 자국계 이민 공동체를 넘어 미국인들에게 직접 영향을 끼치고 있다는 점에서 '미국 불교'의 범주에 속한다고 보는 것이 보다 현실에 가깝다. 다시 말해 '이민자 불교'냐 '미국 불교'냐 하는 구분은 그 지도자가 누구냐, 어디에서 왔느냐에 달려 있다기보다는 사찰이나 종교 활동의 근거지와 대상이 누구냐에 따른 구분이다.

한편 '미국 불교'는 아시아에서 온 승려들의 영향을 직접 받지 않은 유형의 불교다. 이른바 미국 중산층의 엘리트 불교로 자생적이라고까지 할 수는 없지만, 아시아계 공동체와는 직접 관련을 맺지 않으며 특정한 종파에도 속하지 않는 다분히 범교파적인 불교다. 미국 불교의 특징을 이야기하고 그 미래를 전망할 때 바로 이 엘리트 불교가 문제가 된다. 이는 약 700만에 달한다는 미국의 불교도 가운데 이러한 유형의 불교에 속하는 사람들이 다수를 차지하기 때문만은 아니다. 비록 미미한 소수에 불과할지라도 이러한 유형의 불교가 바로 '아시아 불교'와는 구별되는 새로운 '미국 불교'이기 때문이다.

이 유형의 '미국 불교'의 한 특징은 '엘리트 불교'라는 점이다. 대체로 그들은 대학 교육 이상을 받은 사람들로서 지식인, 예술인 또는 유명 스포츠 스타나 연예인들로 구성되어 있다. 미국 불교에 나타나는 이러한 엘리트 중심의 경향은 어떤 면에서는 오히려 자연스러운 것이라고 할 수 있다. 무력에 의한 강제 개종이나 전교를 빼고 자연스런 방식으로 새로운 종교나 문화를 전하고자 할 때, 그것을 받아들이는 계층이 그 사회의 엘리트라는 것은 대체로 당연한 일이라고도 볼 수 있다.

한국의 경우 불교가 그랬고, 천주교의 경우도 그랬으며, 또 20세기 초 개신교를 받아들인 이들도 당시의 전통 종교나 이념의 문제점과 시대적 한계를 절감한 엘리트들이었다. 중국에 불교가 들어왔을 때도 마찬가지였다. 도안, 승조 등은 당시의 사상적 전통에 정통한 당대의 엘리트들이었다. 그렇다고 해서 두 문명의 가교로서 이민자들이 해 온 역할 또한 간과할 수 없다. 중국의 경우 중앙아시아 이민자 또는 그 후손들이 번역 작업 등을 통해 본토의 엘리트들과 사상적·언어적 가교 역할을 했듯이, 미국의 경우도 그러한 아시아인 이민자들의 노력이 있었음은 불문가지다.

흔히 그렇듯이 어떤 역사적 사건에서, 특히 그 사건이 아직도 현재 진행형일 때는 반드시 어떤 뚜렷한 기점이 있는 것은 아니다. 다만 편의상 한 사람 혹은 한 사건을 그 역사적 사건의 기점 또는 계기로 삼는 것이다. 그런 점에서 미국 불교의 대중화가 본격적으로 시작된 것은 폴 캐러스라는 인물이 활동하던 시기라고 볼 수 있다. 또는 그의 활동이 구체적이고 활발해진 계기인 시카고 '세계종교회의'가 열린 1893년을 그 시작으로 삼기도 한다. 물론 폴 캐러스 전에도 불교 사상을 소개하고 불교에 관한 책을 출판한 사람은 많았다.

하지만 불교의 대중화를 위해 지속적이며 의식적인 노력을 기울인 사람은 그가 처음이었다. 그렇다고 폴 캐러스의 개인적인 관심과 열정만으로 불교에 대한 대중적 관심이 미국 사회에서 갑자기 일어난 것은 아니었다. 어쩌면 그것은 당시 서구 사회가 가지고 있던 '시대적 고민과 관심'의 당연한 결과였는지도 모른다.

캐러스는 이런 점에서 당시 서구 사회의 진지한 지식인의 한 전형이라고 볼 수 있다. 19세기 말은 지성사로 볼 때 합리적 이성과 과학이 진리의 가장 확실한 척도인 이른바 모더니즘의 한 정점이었다. 그런 만큼 '사실'과 '이성' 그리고 '물질'로 대표되는 '과학', '가치'와 '믿음' 그리고 '정신'으로 대표되는 '종교' 사이에 벌어진 갈등과 간격을 어떻게 해소하고 메꾸느냐 하는 것이 당시 지식인들의 시대적 고민이었다.

기독교는 더 이상 '진리'의 척도가 아니었고, 이제 과학이 그 새로운 대안으로 떠오르고 있었다. 이런 가운데 폴 캐러스는 '과학적 종교'Religions of Science를 제안했다. 그는 인간의 미래는 지식과 진보의 유일한 열쇠인 과학과 종교를 어떻게 조화시키느냐에 달려 있다고 보았던 것이다. 그는 불교가 바로 그 해답이라고 생각했다.

1893년 시카고에서 열린 '세계종교회의'에는 세계 각국에서 온 각 종교와 종파를 대표하는 사람들이 많이 참석했다. 이때 스리랑카에서 온 아나가리카 다르마팔라Anagarika Dharmapala(1864~1933)와 일본 대표인 샤쿠 쇼엔釋宗演(1859~1919), 두 사람과 폴 캐러스의 만남은 미국의 불교 대중화에 중요한 계기가 되었다.

상좌부 불교를 대표한 아나가리카 다르마팔라나 선불교를 대표한 샤쿠 쇼엔 모두 당시 서구 사회의 문제점인 기독교와 과학의 갈등을 잘 알고 있었던 것 같다. 두 대표는 약속이나 한 듯이 불교와 과학은 아무런 '갈등'이 없음을 강조했다. 아나가리카 다르마팔라는 불교의 '업'業은 인과의 법칙으로서 다윈의 진화론과도 아무런 모순이 없음을 강조했고, 샤쿠 쇼엔 또한 불교의 업설은 자연 세계의 인과율과 다르지 않음을 강조했다.

폴 캐러스 또한 1893년 시카고 세계종교회의 의장이었던 존 헨리 바로우John Henry Barrow 목사가 《시카고 트리뷴》지誌에 기고한 불교에 대한 비판적인 기사를 비평하면서, "붓다의 가르침은 현대 과학의 가르침과 정확히 일치하는 것"이라고까지 했다.[1]

이후 폴 캐러스는 샤쿠 쇼엔의 제자 스즈키 다이세츠를 미국으로 초청해, 불교에 대한 스즈키의 저술 및 번역 활동과 함께 미국에서의 활동을 도와주었다.

아마도 다른 불교 전통에 비해 선불교, 특히 일본의 선불교가 미국에서 지금까지도 가장 활발하고 대중적인 이유는 바로 이 두 사람의 의기투합이 있었기 때문일 것이다. 하지만 마치 중국 불교가 그 초기에 노장 철학을 통한 격의불교로서 중국 지식인들에게 이해됨과 동시에 오해되었듯이, 스즈키가 소개한 불교 또한 폴 캐러스의 과학적 종교관에 바탕을 둔 '무신론적 일원론'을 통한 일종의 격의불교였다고 할 수도 있다.

스즈키는 폴 캐러스와 동시대 미국 지식인들이 듣고 싶어 하는 불교를 잘 간파했고, 불교 교리나 사상을 소개하는 데 있어 기독교 교리와의 무비판적인 유비類比도 주저하지 않았던 것 같다. 예를 들어

법신法身을 기독교의 신에 비유한다든지, 심지어 무아설無我說을 법신불法身佛에 대한 절대적 복종이라고 한 것들은 많은 예들 중 일부에 불과하다.

폴 캐러스는 불교가 기독교와는 달리 '지방 문화'Local Culture에 수용되는 과정에서 그 지방의 토착 문화와 성공적으로 동화되어 왔다는 사실을 잘 알았다. 1899년 그는 '미국적 붓다'가 정착해야 하는 필요성을 역설하는 한 편지에서 중국인, 몽골인, 일본인들이 '붓다의 이상理想'에 대해 나름대로의 해석과 개념을 가지고 있음을 강조했다.[2]

이어서 그는 미국에서의 이상적인 붓다는 예수와 마찬가지로 활동적이고 적극적으로 사회에 참여하는 이미지가 필요함을 역설했다. 분명히 그는 동양에서 붓다의 이미지가 다소 은둔적이며 지나치게 명상적이어서 미국적 이상으로는 걸맞지 않다는 것을 의식하고 있었던 것 같다.

그는 스즈키의 불교 문헌 영역 작업에 대해 언급하면서, 때로 스즈키가 자신의 철학적 개념이나 용어에 지나치게 영향을 받아서 동양 사상의 본질을 훼손하는 것이 아닌가 염려하면서도, 서구의 독자들을 이해시키기 위해서는 불가피하다고 생각했다.[3]

이러한 점은 동양에서 온 스즈키 자신도 마찬가지였다. 이미 당시의 동양은 서양의 사조에 많은 영향을 받고 있었으며, 불교도 예외는 아니었다.

많은 동양의 지식인들이 그랬듯이 스즈키 또한 동양의 사상이 '현대'에, 특히 서구 사회에 적절히 접목되기 위해서는 새로운 해석과 이해가 필수적이라고 보았고, 그것을 가능케 하는 유일한 방법은 과학적·이성적 사고라고 생각했다. 그는 불교의 "업설은 말하자면 '에너지 불변의 법칙'을 우리의 윤리 영역에 적용한 것으로 볼 수 있다"고 했고, 더 나아가 불교의 "법法의 일반적인 개념이 과학적으로 증명된다는 것은 더 이상 재론할 필요가 없다"[4]고까지 해, 업業이나 법法의 개념이 '깨달음'보다는 과학에 의해 증명될 수 있는 것처럼 언급했다.

스즈키는 종교적 진리가 과학과 모순될 수 없으며, 인간 영혼에 관한 것뿐 아니라 자연 영역에서 진리는 과학자의 전유물이 아니라고 생각했다.

하지만 종교 또한 과학적 근거에 의존해야 한다는 그의 젊은 시절의 견해가 잘못된 것임을 만년에 스스로 밝혔다. 그는 과거 폴 캐러스와 함께 일할 때 가졌던 "종교 또한 과학적이어야 하며, 그런 점에서 기독교는 너무나 신화적이고도 비과학적인 근거에 의존하고 있다"고 비판했던 자신의 견해를 수정했던 것이다.

지금 내가 그들*과 다시 대화할 수 있다면, 내 생각이 그때와는 다소 바뀌었다는 것을 말해 주고 싶다. 지금 나는 종교가 과학에 근거하는 것만으로는 충분하지 않다고 보고 있다. 우리 모두는 과학의 이름으로 폐기

---

* 폴 캐러스와 그의 스승 샤쿠 쇼엔.(역주)

될 수 없는 어떤 '신화적'인 요소들을 (우리의 종교적 심성으로) 가지고 있다. 이것은 지금까지 살아오면서 얻은 나의 확고한 신념이다.[5]

그러나 이러한 스즈키의 만년의 결론을 단순히 한 개인의 종교적·사상적 변화라고만 말할 수는 없다. 오히려 이것이 19세기 말과 20세기 중반 서구 사회의 지적 환경의 변화에 기인한 것이라고 보는 편이 더 타당할 것이다. 그가 폴 캐러스와 활발히 활동하던 시기와 그 후 견해의 변화를 가져오는 데까지 걸린 시간은 약 50년 정도의 짧은 세월이지만, 과학의 한계를 체감하는 데는 충분한 세월이었다.

과학이 우리에게 드러내 주리라 기대했던 진리의 모습은 드러나지 않았을 뿐만 아니라, 더 중요한 것은 과학이 스스로 진리에 대한 자신의 한계를 인정했다는 점이다. 과학이 표방하던 객관적 진리 탐구라는 것은 결국 자기모순이며, 오히려 진리에 대한 '불확정성'이라는 정직한 답변을 발설하고 말았다. 더구나 토마스 쿤의 과학 발달사에 관한 패러다임적 시각은 과학적·객관적 진리에 대한 우리의 기대가 또 다른 신화에 불과했다는 것을 역설적으로 말해 주었다.

과학에 관한 서구 지성의 새로운 불신과 자각은 20세기 중반 이후 계속되었으며, 따라서 불교에 대한 미국인들의 시각 또한 바뀌었다. 이제 불교는 미국인들에게 그들의 과학 만능과 이성 만능주의에 대한 일종의 해독제로 받아들여지고 있다. 또 기독교의 교회 중심주의에 대한 회의, 다원적 개인주의 사회가 지니고 있는 사회적·심리적 병리 현상에 대한 치료제로 받아들여지고 있다. 명상이 미국인들의 생활 속에서 일상화되고, 또한 일종의 대체 치료로 각광받는 것은 그 좋은 예라고 할 수 있다.

3. '미국 불교'(1960~1990년대): 불교의 개방성과 친화력에 관한 새로운 실험

미국의 시사 주간지 《타임》TIME은 1997년 10월 13일 자에서 '미국의 불교에 대한 관심'America's Fascination with Buddhism을 표지 기사로 다루었다. 이 기사는 점점 늘어만 가는 불교에 대한 대중의 관심과 함께 유명 연예인 및 스포츠인들이 불교로 개종하고 있다는 사실을 독자들에게 소개한 것이다. 영화배우 리처드 기어Richard Gere와 스티븐 시걸Steven Seagal, 가수 티나 터너Tina Turner 등이 독실한 불교도라는 사실을 소개했고, 펑크 랩 그룹 비스티 보이즈Beastie Boys의 싱어 아담 요크Adam Yauch가 매일 참선하는 모습을 다루었으며, 프로농구 명문 팀인 시카고 불스의 코치 필 잭슨Phil Jackson이 마이클 조던Michael Jordan을 비롯한 농구 선수들의 트레이닝에 선禪을 도입했다는 것도 소개했다.

사실 기사의 내용은 그간에 알려진 사실들을 종합한 것에 지나지 않았다. 하지만 미국의 대표 잡지인 《타임》이 표지 기사로 이 문제를 다루었으며, 유명 연예인들과 스포츠인들을 대거 예로 들면서 미국의 불교를 소개했다는 것은 매우 의미심장한 일이다.

한국 사회의 경우도 마찬가지지만, 미국에서 연예인들과 스포츠인들의 일거수일투족은 청소년들뿐만 아니라 일반 대중에게도 엄청 난 영향을 미치기 때문이다. 또한 《타임》에서 이를 표지 기사로 다룬 다는 것은 미국인들의 불교에 대한 관심이 미국 주류 사회main stream 의 커다란 한 흐름으로 등장하고 있음을 의미하는 일이기도 하다.

미국 사회에서 불교는 더 이상 동양에서 온 신비하고 비의秘意적인 종교가 아니며, 아시아계 이민들과 함께 태평양을 건너온 이민들만 의 종교가 아니다. 불교 인구가 약 700만을 헤아린다는 미국에서 일 어나는 최근의 불교 붐은 미국 주류 사회의 중요한 현상으로 자리매 김하고 있다.

또한 《뉴욕타임스》New York Times 주말판에서 소개하는 베스트셀 러 목록에는 불교 교리나 불교의 명상법을 소개하는 책이 한두 권쯤 은 꼭 끼어 있다. 최근의 한 예로 베트남 출신의 승려 틱낫한이 쓴 《살아 계신 붓다, 살아 계신 그리스도》Living Buddha, Living Christ는 그 판매 부수가 100만 권에 달하는 이른바 밀리언셀러다. 또 니르바나 nirvāna(涅槃), 다르마dharma(法), 카르마karma(業), 삼사라samsara(輪廻), 코안koan(공안公案의 일본식 발음) 등은 신문·잡지의 기사 속에 곧잘 등 장할 뿐만 아니라, 미국인들의 일상 대화에서도 어렵지 않게 들을 수 있는 말들이 되었다.

일본의 선불교를 중심으로 불교가 미국 사회에 본격적으로 소개 되기 시작한 것은 19세기 말 이후 약 100여 년 만의 일로, 이제 불교 는 미국 대중 사회의 큰 흐름으로 자리 잡은 것이다. 특히 최근 10여 년간 이어진 미국의 불교 발전은 참으로 놀라울 정도다. 한 조사 결과에 따르면 동양계 이민들의 불교 사원이 아닌, 영어로 불교 교리나 수행을 지도하는 불교 센터 및 사원이 1988년의 429개에서 1997년에는 1062개 이상으로 늘어났다고 한다.

대중 사회만 그런 것이 아니다. 대부분의 미국 대학들 역시 종교학 또는 아시아 관련 학과의 전공과목 및 교양 필수 과목의 일부로 불교학을 가르치고 있다. 내가 근무했던 뉴욕주립대 스토니부룩의 경우에도 매 학기 불교와 관련된 과목을 개설하는데, 내 강의에도 80명이 넘는 학생이 수강하곤 했다. 수강 인원을 가급적 60명으로 제한하는 학교의 강의 방침이 없었다면, 아마도 학생 수는 100명이 훨씬 넘었을 것이다.

미국에서 일어난 이러한 불교 붐은 무엇을 말하는가? 어떤 이들은 물질문명의 폐해를 경험한 미국인들이 불교에서 정신적·영적 위안을 찾는 것이라고 말하기도 한다. 또한 기독교의 유일신을 중심으로 한 세계관에서 벗어나려는 포스트모더니즘의 한 현상으로 이해하려는 사람들도 있다. 또는 동양, 특히 일본을 비롯해 한국, 타이완, 싱가포르 등 극동의 급속한 경제 성장에 자극받은 미국인들이 이들 나라에 가졌던 관심을 점점 불교에 대한 관심으로까지 확대한 것이라고도 말한다.

사실 불교에 대한 미국인들의 급증하는 관심은 이들 여러 요인이 복합적으로 작용해서 나타난 현상일 것이다. 물론 이 같은 사회적 요인들 외에 또 다른 중요한 요인도 있다. 또한 틱낫한과 달라이 라마 같은 종교적 카리스마를 지닌 인물들의 역할도 중요하다. 이들은 불교가 단순히 동양계 이민들을 위한 이민자 종교가 아닌, 인류 공동의 선을 지향하는 보편적 종교임을 미국 대중에게 일깨워 주었다.

이들은 현대 사회에 대해 미국인들이 공통적으로 가지고 있는 여러 우려, 이를테면 물질주의, 핵전쟁, 가족 파괴, 환경 오염 등을 직시하고, 이에 대한 불교적 해결책을 시의적절하게 제시했기 때문이다.

1960년대 이후 미국에서의 불교는 몇 가지 뚜렷한 발전 단계와 특징을 보이고 있다. 미국인들이 불교에 대해 대중적 관심을 보인 계기 중 하나는 베트남 승려들의 분신자살 사건이었다. 베트남 전쟁이 한창이던 1963년, 틱꽝득Thich Quang Duc(釋廣德) 스님을 비롯한 일단의 승려들이 독재자 디엠 정권에 항거하는 표시로 한낮에 사이공(지금의 호찌민) 시내에서 집단 분신자살을 했는데, 이 모습이 텔레비전과 신문을 통해 미국의 각 가정에 소개된 것이다.

당시 젊은 승려였던 틱낫한이 뒷날 미국의 흑인 민권 운동 지도자인 마르틴 루터 킹 목사에게 보낸 한 편지에서 언급했듯이, 대부분의 미국 언론들은 이 집단 분신자살을 독재와 전쟁에 대한 '격렬한 분노'의 표현 정도로 이해했다. 아마도 적극적인 표현 방식에 익숙한 대부분의 미국인들로서는 독재자에 대해 아무런 분노나 적개심도 직접적으로 드러냄이 없이, 베트남 민중을 대신해 엄숙한 정적 속에서 자신의 몸을 불태워 버린 불교 승려들의 내면세계를 이해하기란 어려웠을 것이다. 그러나 이 이해할 수 없는 충격적인 사건을 통해, 미국 대중 사회는 불교에 큰 관심을 기울이게 되었다.

이 사건 이후 1970년대에 이르기까지 불교는 미국에서 반전·평화 운동의 중요한 철학적·이념적 기반이 되었으며, 더 나아가 억압적이고 폭력적인 기성 문화에 대한 반反문화로 기능했다. 1970년대 대중 가수의 노랫말에서부터 뉴욕의 소호Soho, 그리니치빌리지 등을 풍미하던 전위 예술 운동에 이르기까지 선禪은 이미 '새로운 자유정신', '무한한 내적 자유에의 추구' 등을 의미하는 보통명사로 사용되었다.

미국 서부의 샌프란시스코, 버클리, 시애틀, 덴버 등은 1970년대를 통해 반전·평화 운동과 반문명 운동의 중심 지역들임과 동시에 선불교, 티베트 불교 등 여러 불교의 중심 지역이었는데, 이들 지역이 지금도 미국에서 가장 불교가 활발한 곳이라는 점은 우연이 아니다. 당시까지 미국 사회에서 거의 유일한 종교라고 할 수 있던 기독교는 진보적 젊은이들을 실망시켰다. 그들이 보기에 교회는 이미 예수의 박애 이념을 잃었으며, 오히려 억압적이고 심지어 폭력적이기까지 한 가부장적인 권위의 대표처럼 여겨졌다.

그들은 당시 기독교 교회에서는 기대할 수 없던 것을 불교에서 찾아냈다. 불교에서 '평화', '자연' 또는 '반문명', '모성' 혹은 '여성'의 이미지들로 상징되는 새로운 문화와 삶의 양식을 발견한 것이다. 그들은 기독교로 대표되던 기성 문화의 '규범적 도덕' 대신에 '내면적 자유'를 추구했으며, 불교의 '해탈'과 '열반'의 이상을 통해 이를 실현하려 했다. '반문화'라는 말로 표현될 수 있는 미국에서의 불교는 어떤 점에서 보면 초기 불교와도 상통하는 면이 있다.

불교가 발생했던 기원전 5~6세기 당시 인도에서도 불교는 그 시대의 반문화였다. 당시 인도는 엄격한 제식주의에 입각한 브라만교의 사회였으며, 사문shramana이란 바로 기존의 사회적 문화를 거부한 반문화적인 젊은이들을 가리키는 말이었다. 그들은 사회를 지배하는 사제 계급인 브라만의 종교적 권위에 도전하면서, 새로운 영적 자유를 찾기 위해 기성 사회를 벗어나 걸식과 유행流行으로 살아가던 사람들이다.

석가 역시 집을 뛰쳐나와 걸식과 유행을 통해 정신적·영적 자유를 추구하던 많은 사문 가운데 한 사람이었다. 붓다가 제자들을 '사문'이라 일컫고, 또 '선남자'·'선여인'이라 한 것의 의미는 기성 문화에 의문을 가지고 도전할 수 있는 '용기 있는 젊은이들'이란 말에 다름 아니었다. 1960년대와 1970년대 미국에서의 '반문화'는 이처럼 초기 불교의 기본 성격과 맥을 같이하는 면이 있다.

그러나 1960년대와 1970년대 미국에서의 반문화 운동과 함께 등장한 불교의 경우에는 부정적인 면이 뒤따랐다. 즉 반문화적인 것과 퇴폐적인 것과의 구분이 모호해져, 불교가 미국에 전개되는 데도 적지 않은 부정적인 영향을 끼쳤다. 반문화의 생명력은 '건강함'에 있다. 기성 문화의 수혜자들이 기존의 문화를 유지하며 반문화를 위협적으로 여기는 이유는, 바로 반문화가 가지고 있는 '건강한 생명력' 때문이다.

반문화가 그 건강한 생명력을 바탕으로 기성 문화를 극복해, 기성 문화를 대체하는 새로운 문화로 등장할 때 그 사회는 새로운 생명력으로 거듭나는 사회가 되는 것이다. 그러나 반전 운동, 히피 운동 등과 함께 등장한 반문화의 부분이었던 미국 불교는, 초기의 건강성을 잃고 일부 사람들만의 반문화로밖에 역할을 하지 못했다.

그러나 1980년대 들어 전후戰後 베이비 붐 세대들이 사회 각 방면에서 활약하기 시작하면서 불교는 미국인들 사이에서 새로운 대중적 관심을 받기 시작한다. 미국의 사회학자들이 흔히 지적하듯, 베이비 붐 세대들은 행동 양식이나 사고방식에서 그 전의 세대들과 다른 몇 가지 특징을 가지고 있다.

그중 하나가 정형화된 틀을 고집하지 않는 '자유분방함'이다. 또 그들은 1960~1970년대 동안 반문화가 부르짖은 '새로운 자유에의 추구'라는 세례도 경험했다. 이들 가운데 상당수에게는 '교회'란 '결혼식장'이라는 의미 그 이상도 이하도 아니다. 상황이 이렇다 보니 제2차 세계대전 이후 전 세계에서 가장 빠르게 기독교가 성장한 나라인 한국의 유학생들은 미국에 건너와서 먼저 이것 때문에 놀란다.

일요일이면 불문율처럼 교회에 참석하고 식사 때마다 기도를 올리던 그들에게, 침체한 미국 교회의 모습은 경악을 금할 수 없는 일이었다. 주일 예배 때는 노인들만이 자리를 차지했으며, 식사 전에 기도를 올리는 미국인 가정은 쉬이 찾아볼 수도 없었기 때문이다. 한국에 기독교를 전한 것이 주로 미국인이었음에도, 더 이상 미국인들은 독실한 기독교인이 아니었던 것이다. 이러한 현상은 1980년대를 통해, 그리고 오늘날까지 계속되고 있다.

물론 1990년대 초의 걸프전 직후, 그리고 최근에는 '프라미스 키퍼스promise keepers 운동'* 등을 통해 미국인들의 교회에 대한 관심이 남부나 중서부를 중심으로 일시적으로 반짝하는 경우도 있었다. 하지만 대체적인 경향은 교회에 대한 관심이 감소하는 추세고, 그러한 경향은 앞으로도 지속될 것이란 전망이 일반적이다. 이러한 교회에 대한 관심의 감소와는 달리 불교에 대한 관심은 계속 늘어나는 추세다.

그러나 4~5세기 중국이나 한반도에서처럼 전 국가적 차원에서 불교로 집단 개종을 하는 것 같은 일은 일어나지 않을 것이다. 이는 현대 사회, 특히 탈산업 사회가 본격적으로 전개될 21세기에 종교가 가진 제한적 역할 때문만은 아니다. 그것은 미국인들, 특히 베이비 붐 세대의 독특한 불교 수용 태도와 관련이 있다.

미국인들에게 불교는 종교라기보다 '문화' 또는 '철학'에 가깝다고 볼 수 있다. 1960년대와 1970년대 동안 불교에 대한 젊은이들의 관심이 기성 문화에 도전하는 반문화적 성격을 지녔던 것도 동일한 맥락에서였으며, 이러한 기능적·선택적 성격의 불교관은 21세기가 된 지금까지도 미국 불교의 중요한 특징 가운데 하나다. 불교라는 종교를 구성하는 세 가지 축은 삼보三寶, 즉 붓다[佛], 붓다의 가르침[法], 그리고 승단[僧]이라고 할 수 있다.

이 세 가지는 역사적으로, 또 교리사적으로 서로 긴밀하게 관련되어 있으며, 이중 어느 하나라도 빠지면 종교로서의 불교라고 부르기 어렵다. 그런데 미국에서 불교를 추종하는 이들은 '붓다의 가르침'

---

* 미국의 보수 기독교 단체들이 주도하는 새로운 복음 운동으로, "하나님과의 약속을 지키며 살자" 같은 구호를 내세운다.

에만 관심을 기울이는 경우가 대부분이고, 붓다라든지 승단에는 관심을 기울이지 않는 경우가 많다. 물론 붓다의 가르침에 관심을 갖는 것이 곧 붓다에 대한 관심 아니냐고 반문할 수도 있을 것이다.

그러나 여기서 붓다에 대한 관심이란 것은 붓다에 대한 신심信心을 말한다. 불교도 종교인 이상 신심을 배제할 수는 없다. 그럼에도 불구하고 미국인들의 불교에 대한 관심을 살펴보면, 심지어 매일 참선하고 계를 충실히 지키는 사람들조차 '신심'에는 전혀 관심을 보이지 않는 이른바 '과학적'·'이성적' 불교도(?)들이 의외로 많다.

수천 개에 달하는 미국의 '선센터'Zen Center나 '비파사나 명상센터'Vipassana Meditation Center 중에는 아예 간판이나 선전 문구에 "종교로서의 불교와는 상관이 없다"라는 말을 넣은 곳들도 많다. 즉 건강과 마음의 평온 등을 위해 불교의 명상 수행을 하더라도 반드시 불교도일 필요는 없다는 것이다. 그러다 보니 이른바 스스로를 '불교적 기독교인'Buddhist Christian이라든지, '불교적 천주교인'Buddhist Catholic이라 부르는 사람들도 많이 생겨났다. 말하자면 기독교인으로서 교회에 참석하되, 방법론적으로는 참선 등의 불교적 수행을 한다는 의미일 것이다. 《뉴욕타임스》에 소개된 프로농구 팀 시카고 불스의 코치 필 잭슨 역시 그러한 사람들 가운데 하나다.

불교에 대한 관심의 이러한 '선택적' 또는 '기능적' 태도는 한편으로는 달라이 라마나 틱낫한 같은 승려들이 불교 명상이나 사념처 수행 등을 일반인에게 소개하는 과정에서 불교의 신앙적 의미나 성격을 탈색시켜 버린 때문이기도 하지만, 근본적으로는 미국인들의 실용주의적인 태도에 기인하는 것이다. 이 점은 바로 미국에서 불교 붐이 일어나긴 했어도 정작 승려가 되기 위해 출가하는 경우는 극히 드문 이유를 말해 준다.

미국인들은 불상에 예배하고 스님들을 공경하는 것이 결국은 수행의 일부라는 사실을 잘 이해하지 못한다. 불교 국가에서 온 승려들이나 출가한 뒤 아시아의 어느 국가에 가서 수행하고 돌아온 미국인 승려들이 부닥치는 문제도 바로 이러한 것이다. 미국인 재가 불자들이 이해하기로는 승단의 엄격함이나 수직적 계층 구조는 오히려 비불교적이라는 것이다.

이렇다 보니 미국 불교에는 승려가 없는 재가 중심의 불교 단체가 많고, 또는 신심은 없이 참선만 하는 '선센터'가 많다. 바로 이러한 점을 들어 컬럼비아대학의 불교학 교수이며 정열적인 티베트 불교인인 로버트 서먼Robert Thurman 교수는, 일반적인 불교 붐에도 불구하고 엄밀한 의미에서 미국에는 아직도 불교가 뿌리내리지 못했다고 단언했다. 그는 특히 재가자들의 보시로 운영되는 승단이 제대로 뿌리내리지 못했고, 신심이 없음을 지적했다.

또 한 가지 미국에서의 불교의 특징으로 지적할 수 있는 것은 '비종파적인 성격'이다. 알려진 대로 미국에는 거의 모든 종류의 불교가 들어와 있다. 상좌, 대승, 선, 밀교는 물론이고, 일본의 현대 신흥 불교인 창가학회創價學會, 영우회靈友會 등도 들어와 있다.

나라별로 보면 한국, 일본, 타이완, 티베트, 태국, 스리랑카, 미얀마 등 온갖 나라에서 온 승려들이 자국의 전통 불교를 통해 활발한 전법 활동을 하고 있으며, 미국인 승려나 재가 지도자들이 이끄는 불교 단체들도 많다. 특히 재가 신자들이 이끄는 불교 단체들은 두드러진 특정 전통을 따르는 것이 아닌, 한두 가지 이상의 수행법이나 의례들을 그야말로 '주문형으로 제작'customize해서 실천하는 경우가 많다.

불교도라고 자처하는 미국인들은 대부분 이들 중 어느 하나와 관련을 맺고 있으나, 한 가지 전통이나 수행법만을 고집하지는 않는다. 그때그때의 인연, 즉 친구의 권유나 지리적인 거리 또는 수행 지도자 등에 따라 한곳에서 다른 곳으로 쉽게 옮기기도 하며, 수행법 역시 어느 한 전통만을 따르지 않는다. 그렇다면 로버트 서먼의 지적처럼 이러한 미국 불교는 아직 뿌리를 내리지 못했는가? 아직 뿌리를 내리지 못했다면 장차 뿌리를 내릴 가능성이 미국 사회에 존재하는가?

나는 로버트 서먼보다는 긍정적으로 생각하고 싶다. 불교는 그 오랜 역사와 광범위한 지역으로의 전파 과정에서 끊임없이 변해 왔다. 불교는 기원전 5~6세기 인도에서 발생한 뒤, 그 역사가 바뀜에 따라, 그리고 전개되는 지역이 바뀜에 따라 부단히 변해 왔다. 즉 시공의 변화에 따라 계속 변해 온 것이다. 그런데 이 과정에서 단 한 번도 이른바 '정통'에 대한 시비는 없었다. 부파部派가 나누어지고 대·소승이 나뉘는 등 교리를 둘러싼 갈등도 있었지만, 그것 또한 역사적·공간적 변화에 따른 서로 다른 불교 '해석'의 문제였다. 불교는 중국에 가면 중국 불교가 되었고, 한국에 가면 한국 불교가 되었다.

중국 불교, 한국 불교, 태국 불교, 일본 불교라고 하는 특정 지역 문화 컨텍스트를 떠나면 별도로 '불교'라는 것은 있을 수도 없다고 할 수 있다. 그런 점에서 불교는 어떤 정형화된 수행이나 신앙 형태를 전제하는 '단수형'으로서의 불교는 없고, 복수형으로서의 '불교들'이 있을 뿐이다. 이런 점에서 미국에서 전개되는 불교는 기존의 '불교들'과는 다른 불교, 즉 '미국적인 불교', 더 나아가 '미국 불교'의 등장을 의미한다고 할 수 있을 것이다. 나는 미국 불교가 좋다든지, 그것이 좋지 않은 변질된 불교라든지 하는 판단은 가지고 있지 않다. 다만 새로운 형태의 불교가 나타나고 있다는 사실만은 언급하고 싶다.

사실 7세기 티베트에 불교를 전법한 이래 다른 문화권으로의 대규모 불교 전법은 19세기 말부터 전개되는 미국에서의 전법이 처음이라고 할 수 있다. 이렇게 볼 때 과거 1~2세기나 4~5세기에 있었던 것과 같은 형태의 불교 수용을 오늘날에 기대하는 것 자체가 잘못된 일이며, 불교 전법의 역사에 비추어 볼 때 오히려 비불교적이지 않을까 생각한다.

지역 문화의 수용과 지역 문화로의 동화는 불교의 가장 큰 장점 가운데 하나이며, 기독교와 뚜렷하게 구분되는 점이기도 하다. 기독교는 그 선교 과정에서, 특히 아시아·아프리카 지역에서 기독교를 보다 보편적이며, 지역 문화보다 상위 개념으로 생각했기 때문에 지역 문화와 끊임없이 갈등을 빚었다. 그러나 불교는 지역 문화를 수용하고, 스스로 지역 문화 속으로 동화되는 데 조금도 주저함이 없었다. 선불교에서 볼 수 있듯이 지역 문화에 철저히 동화됨으로써 가장 불교적인 모습을 드러냈다.

지역을 초월한 그 어떤 '불교'도 존재하지 않듯이, 구체적인 '역사적 시점'을 초월한 불교의 수용도 있을 수 없다. 그러므로 지금 미국에서 전개되는 것은 불교의 미국적 동화同化일 뿐만 아니라, 현대 사회에 불교가 동화되는 한 예라고 보인다. 또한 불교의 오랜 전통에도 불구하고 근대화 과정에서 소외되고 정체되어 불교의 현대화 작업이 시급한 국가들에게는 하나의 모델이 될 수도 있다. 물론 모델이라는 말이 반드시 그것을 따라야 한다는 의미는 아니다.

특정 종교가 한 사회나 종교의 가치체계나 삶의 양식에 대한 유일한 담론이었던 시기도 있었다. 그러나 현대 서구 사회의 기독교가 쇠퇴하는 데서도 알 수 있듯이, 개인과 사회에 대해 종교가 그 영향력을 더욱 축소해 가는 것은 현대 사회가 가진 특징 가운데 하나다.

서구 사회에서, 특히 미국에서 불교가 붐을 일으킨다고 해서 그것이 곧 기독교를 대체할 것이라고 보는 것은 지나치게 성급한 결론인 것 같다. 서구 사회에서 불교는 기독교의 대체 종교라기보다 보완적인 종교라고 할 수 있고, 현대 문명이 우리에게 주는 '해독제'antidote의 기능을 한다고 보아야 할 것이다.

불교가 서구인들에게 주는 매력은 어떤 면에서는 불교의 비종교성 때문이 아닌가 한다. 불교가 비종교적이라는 말이 아니라, 기독교의 종교성이 갖는 폐쇄성과는 다른 개방성을 지니고 있다는 의미다. 불교는 다른 여러 문화뿐만 아니라 현대 사회를 주도하는 자연과학 등과도 친화성을 가지고 있고, 나아가 미래와 관련해 요즈음 가장 관심을 끄는 분야 가운데 하나인 환경 문제와도 친화성을 가지고 있다.

다양한 가치체계와 삶의 양식, 그리고 무엇보다 다종교 사회, 또 탈종교적 사회로 나아가는 오늘날, 불교가 가지고 있는 이러한 개방성과 친화성은 불교야말로 현대에 가장 알맞은 종교일 수 있음을 보여준다. 불교는 그 어떤 체계와도 결합할 수 있다. 그렇다면 현재와 미래의 서구에서 불교가 대안이 될 수 있느냐 아니냐 하는 질문은 무의미할 수도 있다.

인도에서 건너온 불교가 중국 문화 속에서 가장 중국적인 것으로 변해 선불교라는 새로운 불교를 낳았듯이, 지금 미국에서의 불교는 미국과 현대라는 풍토 속에서 가장 미국적이며, 그래서 가장 불교적인 새로운 탈바꿈을 하고 있다.

미국인들은 기독교를 대체하는 종교로서가 아니라 자신들의 종교를 더욱더 잘 이해하고 믿기 위한 보완적인 '수단'으로서 불교에 관심을 갖고, 참선과 명상 등의 불교 수행을 하는 경우가 많다. 그렇다고 해서 이들을 사이비 불교인이라든지 하는 편협한 눈으로 보아서는 안 될 것이다. 이들 또한 넓은 의미에서 불교인이라고 할 수 있으며, 장차 '미국 불교'라 불릴 만한 것의 커다란 특징을 만들어 나가고 있다고 할 수 있다.

한국이나 중국 불교의 전통에도 그러한 것이 없는 것은 아니다. 많은 경우 '도교적 불교도'Taoist Buddhist, '유교적 불교도'Confucian Buddhist, '무속적 불교도'Shamanistic Buddhist 또는 거꾸로 '불교적 도교도'Buddhist Taoist, '불교적 유교도'Buddhist Confucian 등은 전통적으로 흔히 볼 수 있는 신앙 형태들이었으며, 지금도 그러한 전통은 계속되고 있다.

이제 기독교가 전파된 지 200년이 넘은 한국에서도, 스스로 '불교적 기독교인'Buddhist Christian이라 자처하는 기독교인이 많이 나와야 할 때가 아닌가 싶다. 내가 미국에서 만난 한국인 기독교인들 중에는 스스로 '불교적 기독교인', '유교적 기독교인'이라 부르는 분들이 많았다. 그들은 그렇게 함으로써 기독교를 왜곡하는 것이 아니라, 오히려 자신의 신앙을 더욱 심화하고 기독교의 의미를 확대한다고 믿었다.

불교처럼 다른 체계─종교를 포함한 여러 다른 문화 분야─와 무한한 결합 가능성을 지닌 친화적인 종교는 없다. 이러한 불교의 개방성은 불교 교리에 담긴 것일 뿐 아니라, 2500여 년의 역사 속에서 계속 실현되어 온 것이다. 21세기 사회를 생각할 때 불교의 개방성과 친화성은 가장 소중한 인류의 유산이다. 사회를 보다 살 만한 곳으로 만들 수 있는 희망과 가능성은 이러한 개방성과 친화성을 어떻게 확대, 심화시켜 나가느냐에 달려 있다고 생각된다.

주

1 Martin Verhoeven, "Americanizing the Buddha: Carus and Transformation of
   Asian Thought", *The Faces of Buddhism in America*, ed., Charles Prebish and
   Kennth Tanaka (Berkeley: University of California Press, 1998), 214쪽.

2 Ibid., 217쪽.

3 Ibid., 210쪽.

4 Ibid., 218쪽.

5 Ibid., 223쪽.

참고문헌

서문

- 조성택, 「근대 불교학과 한국 근대 불교」, 《민족문화연구》 제45호, 2006, 77~108쪽.
- Almond, Philip C., *The British Discovery of Buddhism*, Cambridge: Cambridge University Press, 1988.
- Williams, Paul, *Mahayana Buddhism: The Doctrinal Foundations*, London & New York: Routledge, 1989.

1장

원전

※ 출판사가 병기되지 않은 항목은 팔리성전협회(Pali Text Society) 판본임.

- Feer, Léon, ed., *Saṃyutta-Nikāya of the Sutta-Pitaka* 5vols, 1884~1898.
- Morris, Richard and Edmund Hardy, eds., *The Aṅguttara-Nikāya* 5vols, 1885~1900.
- Rhys Davids, T.W., et al., eds., *The Dīgha-Nikāya* 3vols, 1889~1910.
- Taylor, Arnold C., ed., *Kathāvatthu* 2vols, 1894 and 1897, rpt. (in one volume) Boston: Distributed by Routledge and Kegan Paul, 1979.
- Trenckner, V. and Robert Chalmers, eds, *The Majjhima-Nikāya* 3vols, 1888~1902.
- Wogihara, Unrai (Ogiwara Unrai), ed., *Abhidharmakośavyākhyā (Sphuṭārta)* 2vols, 1932~1936, rpt. Tokyo: Sankibo Buddhist Book Store, 1971.
- _____, ed., *Bodhisattvabhūmi: A Statement of the Whole Course of the Bodhisattva,* Tokyo: Sankibo Buddhist Book Store, 1971.

원전 번역

· Aung, Shwe Zan, et al., trans., *Compendium of Philosophy*, 1910.

· Horner, I. B., trans., *The Collection of the Middle Length Sayings* 3vols, 1954 ~1959.

· Rhys Davis, C. A. F. and F. L. Woodward, trans., *The Book of the Kindred Sayings* 5vols, 1917~1930.

· Rhys Davids, T. W., et al., trans., *Dialogues of the Buddha* 3vols, 1899~1921.

· Woodward, F. L. and E. M. Hare, trans., *The Book of the Gradual Sayings* 5vols, 1932~1936.

이차 문헌

· 이중표, 『아함의 중도 체계』, 서울: 불광출판부, 1991.

· _____, 『불교의 이해와 실천』, 서울: 대원정사, 1995.

· 전해주, 『불교교리강좌』, 서울: 불광출판사, 1993.

· 末木剛博(Sueki, Takehiro), 『東洋の合理思想』, 講談社, 1970.

· Almond, Philip C., *The British Discovery of Buddhism*, Cambridge: Cambridge University Press, 1988.

· Cho, Sungtaek, "Rationalist Tendency of Modern Buddhist Scholarship: A Revaluation", *Philosophy East and West* vol. 52:4, October, 2002.

· _____, "The Formation of Modern Buddhist Scholarship: The Cases of Bak Jong-hong and Kim Dong-hwa", *Korean Journal* vol. 45, no. 1, Spring, 2005, 5~28쪽.

· Conze, Edward, *Buddhist Thought in India: Three Phases of Buddhist Philosophy*, London: George Allen and Unwin, 1962.

· Gombrich, Richard F., *Theravāda Buddhism: A Social History from Ancient Benares to Modern Colombo*, London: Routledge and Kegan Paul, 1988.

· Johnstone, E. H., ed., *The Buddhacarita or Acts of the Buddha*, New enl., ed.,

Delhi: Motilal Banarsidass, (1936) 1984.

· Kalupahana, David, *A History of Buddhist Philosophy: Continuities and Discontinuities*, Honolulu: University of Hawai'i Press, 1992.

· Kern, H., *Manual of Indian Buddhism*, Varanasi and Delhi: Indological Book House, 1968.

· Lamotte, Étienne, "The Assessment of Textual Interpretation in Buddhism", *Buddhist Studies Review* 2(1-2), 1985, 4~24쪽.

· Lopez, Donald S., Jr., ed., *Buddhist Hermeneutics*, Studies in East Asian Buddhism, Honolulu: University of Hawai'i Press, 1988.

· Oldenberg, Hermann, *Buddha: His Life, His Doctrine, His Order*, London: Williams and Norgate, 1882.

· Pradhan, Prahlad, ed., *Abhidharmakośabhāṣya* (of Vasubandhu), Patna: K. P. Jayaswal Research Institute, 1967.

· La Vallée Poussin, Louis de, "Bodhisattva" In *Encyclopaedia of Religion and Ethics*, edited by James Hastings, New York: Charles Scribner's Sons, 1962, 739 ~753쪽.

· Schayer, Stanislaw, "Precanonical Buddhism", *Archiv Orientalni* 7, 1935, 121~ 132쪽.

· Schmithausen, Lambert, "Some Aspects of Descriptions or Theories of 'Liberating Insight' and 'Enlightenment' in Early Buddhism", *Sudien Zum Jainismus und Buddhismus: Gendenkschrift für Ludwig Alsdorf*, Klaus Bruhn und Albrecht Wezler, eds, Wiesbaden: Franz Steiner Verlag, 1981.

· Wogihara, Unrai (Ogiwara Unrai), ed., *Bodhisattvabhūmi: A Statement of the Whole Course of the Bodhisattva*, Tokyo: Sankibo Buddhist Book Store, 1971.

2장

원전

※ 출판사가 병기되지 않은 항목은 팔리성전협회(Pali Text Society) 판본임.

· Rhys Davids, T.W., et al., eds., *The Dīgha-Nikāya* 3vols, 1889~1910.
· Morris, Richard and Edmund Hardy, eds., *The Aṅguttara-Nikāya* 5vols, 1885~1900.
  『증일아함경』 권31(대정장 vol. 2)

원전 번역

· Horner, I. B., trans., *The Book of the Discipline* 4vols, 1951~1982.
· Maurice Walshe, trans., *The Long Discourses of the Buddha* 1vol., Boston: Wisdom, 1995.
· 각묵, 『디가 니카야』 1권, 초기불전연구원, 2005.
· 무비, 『金剛經五家解』, 서울: 불광출판부, 2002.

이차 문헌

· 이수창(摩聖), 「自燈明 法燈明의 번역에 대한 고찰」, 《불교학연구》 제6호(2003. 6), 157~182쪽.
· Aleida Assmann(알레이다 아스만), 변학수·백설자·채연숙 옮김, 『기억의 공간』, 대구: 경북대학교 출판부, 1999.
· T. W. Rhys Davids, "Introduction to the Sonadana Sutta", *Dialogues of the Buddha*, pt. I, 1977 (Reprinted edition).
· B. G. Gokhale, *New Light on Early Buddhism*, Bombay: South Asia Books, 1994.

· Richard F. Gombrich, "How the Mahāyāna Began" in Tadeusz Skorupski, ed., *The Buddhism Forum* vol., 1. London: School of Oriental and African Studies, 1990A.

· _____, "Recovering the Buddha's Message" in David Seyfort Ruegg and Lambert Schimithausen, eds., *Early Buddhism and Madhyamaka*, eds., E. J. Brill, 1990B.

· _____, *How Buddhism Began*, UK: Cambridge University Press, 1996.

· Étienne Lamotte, *Histoire du Bouddhisme Indien*, Louvain: Université ca Catholique de Louvain, 1958~1976.

· _____, Sara Webb-Boin, trans., *History of Indian Buddhism*, Louvain: Peeters Press, 1988.

· _____, 호진 번역, 『인도 불교사 2』, 시공사, 2005.

· Janet Gyatso, ed., *In the Mirror of Memory*, Albany: Satate University of New York press, 1992.

· Frank E. Reynolds and Charles Hallisey, "The Buddha" in Joseph M. Kitagawa and Mark D. Cummings, ed., *Buddhism and Asian History*, New York: Macmillan Publishing Company, 1989.

· Maurice Winternitz, *History of Indian Literature*, vol. 2, Deli: Motilal Banarsidass, 1983.

· Zürcher, Erich, *The Buddhist Conquest of China: The Spread and Adaptation of Buddhism in Early Medieval China*, Leiden: E. J. Brill, 1972.

3장

원전

· E. Senart, ed., *Māhavastu* 3volumes, Paris: Societe Asiatique Collection D' ouvrages Orientaux, Seconde serie, 1882～1897.

· 『六度集經』(T152), 43a13～c20, K'ang Seng-hui 譯, 251.

· 『道行般若經』(薩陀波倫菩薩品第二十八; 無竭菩薩品第二十九)

　　T224, 470c19～477b21, Lokaksema 譯.

· 『大明度經』(普慈闓士品第二十八; 法來闓士品第二十九)

　　T225, 503c19～507c23, 支謙 역.

· 『小品般若波羅蜜經』(薩陀波崙品第二十七; 曇無竭品第二十八)

　　T227, 580a2～586b05, Kumārajīva 역.

· 『廣弘明集』(T2103)

· 『阿毘達磨大毘婆沙論』(T1545)

원전 번역

· *The Māhavastu* 3volumes, London: PTS.

이차 문헌

· 안성두 편, 『대승불교의 보살』, 도서출판 씨·아이·알, 2008.

· Przyluski, Jean, *The Legend of Emperor Asoka in India and Chinese Texts*, Calcutta, Mukhopadahyay, 1967.

· Schopen, Gregory, "Mahayana in Indian Inscriptions", *Indo-Iranian Journal* 21, 1997, 1～19쪽.

　　　　　　　　　　, "The Inscription on the Kuṣān Image of Amitābha and the Character of the Early Mahayana in India, *Journal of International Buddhist Studies*: 10(2), 1987, 99～134쪽.

· Williams, Paul, *Mahayana Buddhism: The Doctrinal Foundations*, London & New York: Routledge, 1989.

4장

- 김삼룡, 『한국미륵신앙의 연구』, 서울: 동화출판공사, 1983.

- Beal, Samuel, *Si-Yu-Ki: Buddhist Records of the Western World*, 1968 Reprint. New York: Paragon Book Reprint Corp.

- Chen, Kenneth, *Buddhism in China: A Historical Survey*, 1964 Reprint, Princeton: Princeton University Press, 1972.

- Ha, Tae-Hung and Grafton K. Mintz, trans., *Samguk Yusa: Legends and History of the Three Kingdoms of Ancient Korea*, Seoul: Yonsei University Press, 1972.

- Jaini, Padmanabh S., "Stages in the Bodhisattva Career of the Tathgata Maitreya" In *Maitreya the Future Buddha*, edited by A. Sponberg and H. Hardacre, Cambridge: Cambridge University Press, 1988.

- Lamotte, Etienne, *History of Indian Buddhism: From the Origins to the Śaka Era*, Translated by Sara-Webb Boin, Louvain: Institute Orientaliste de Louvain, 1988.

- Lancaster, Lewis R., "Maitreya" In *The Encyclopedia of Religion*, edited by M. Eliade, New York: Macmillan Publishing Company, 1987.

- _____, "Maitreya in Korea" In *Maitreya the Future Buddha*, edited by A. Sponberg and H. Hardacre, Cambridge: Cambridge University Press, 1988.

- Legge, James, *A Record of Buddhistic Kingdoms*, Reprint, New York: Paragon Book Reprint Corp, 1965.

- Minamoto, Hiroyuki(源弘之), "Characteristics of Pure Land Buddhism of Silla" In *Assimilation of Buddhism in Korea: Religious Maturity and Innovation in the Silla Dynasty*, edited by Lewis R. Lancaster and C. S. Yu., Berkeley: Asian Humanities Press, 1991.

· Mochizuki, Shinko, *Chugoku jodo kyori shi* (The Doctrinal History of Chinese Pure Land Buddhism), Kyoto: Hozokan, 1964.

· Nattier, Jan, "The Meanings of the Maitreya Myth: A Typological Analysis" In *Maitreya, the Future Buddha*, edited by A. Sponberg and H. Hardacre, Cambridge: Cambridge University Press, 1988.

· _____ , *Once Upon a Future Time: Studies in a Buddhist Prophecy of Decline*, Berkeley: Asian Humanities Press, 1991.

· Schopen, Gregory, "Sukhavati as a Generalized Religious Goal in Sanskrit Mahayana Sutra Literature", *Indo-Iranian Journal* 19, 1977, 177~210쪽.

· Sponberg, Alan, "Wonhyo on Maitreya Visualization" In *Maitreaya the Future Buddha*, edited by A. Sponberg and H. Hardacre, Cambridge: Cambridge University Press, 1988.

· Tsukamoto, Zenry, *Chugoku bukkyo tsushi* (The Comprehensive History of Chinese Buddhism), Tokyo: Suzuki Gakujutsu Azidan, 1968.

· Zürcher, Erich, *The Buddhist Conquest of China: The Spread and Adaptation of Buddhism in Early Medieval China*, Leiden: E. J. Brill, 1972.

· _____ , "Amitabha" In *The Encyclopedia of Religion*, edited by M. Eliade, New York: Macmillian, 1987.

5장

원전

· 『雜阿含經』(T99)〔『大正藏』(이하 T)〕
· 『佛所行讚』(T192)
· 『道行般若經』(T224)
· 『大明道經』(T225)
· 『金剛般若波羅蜜經』(T235)

- 『大寶積經』(T310)
- 『根本說一切有部毘奈耶雜事』(T1451)
- 『金剛般若論』(T1510)
- 『能斷金剛般若波羅蜜多經論釋』(T1513)
- 『唯識三十論頌』(T1586)
- 『轉識論』(T1587)

이차 문헌〔원전 번역서 포함〕

- 각묵, 『금강경 역해: 금강경 산스끄리뜨 원전 분석 및 주해』, 불광출판사, 2001.
- 김용옥, 『금강경 강해』, 통나무, 1999.
- 박상준, 「중국의 경전번역 실태 및 번역 체계」, 『세계 각국의 경전번역 실태 및 체계에 관한 연구발표회』, 경전연구소, 2006, 1~20쪽.
- 무비, 『金剛經五家解』, 불광출판부, 1992.
- 이기영, 『반야심경·금강경』, 한국불교연구원, 1997(개정판).
- 이수창(摩聖), 「自燈明 法燈明의 번역에 대한 고찰」, 《불교학연구》 제6호(2003. 6), 157~182쪽.
- 전재성, 『금강경: 번개처럼 자르는 지혜의 완성』, 한국빠알리성전협회, 2003.
- 조성택, 「불교의 이론과 실천수행: 초기불교의 무아설을 중심으로」, 『오늘의 동양사상』(vol. 8), 2003, 163~189쪽.
- 櫻部建(Sakurabe, Hajime), 「無生智と無生法忍」, 『佛教語の研究』, 文榮堂, 1975.
- _____ , "Autpādajñāna and Anutpatika-dharma-kṣānti", 『印度學佛教學研究』14(2), 1966, 889~884쪽.
- Sungtaek Cho(조성택), "The Psycho-semantic Structure of the Word kṣānti(Ch. Jen)", 『白蓮佛教論集』(vol. 8), 1998, 152~220쪽.
- Dan Lusthaus, *Buddhist Phenomenology*, Routledge Curzon, 2002.
- Jan Nattier, "The Heart Sutra: A Chinese Apocryphal Text?", *Journal of the International Association of Buddhist Studies* vol. 15, no. 2, 1992.

· Nyāṇamoli, trans., *The Path of Purification* 2vols., Berkeley: Shambala.

· Diana Y. Paul, *Philosophy of Mind in Sixth-Century China: Paramārtha's Evolution of Consciousness*, Stanford University Press, 1984.

· Sasaki, Genjun, *Linguistic Approach to Buddhist Thought*, Motilal Banarsidass, 1986, 133~140쪽.

6장

· 김광식, 「근대 불교사 연구의 성찰: 회고와 전망」, 《민족문화연구》 제45호, 2006, 38 ~73쪽.

· ____, 『민족 불교의 이상과 현실』, 도피안사, 2007.

· 다카쿠스 준지로(高楠順次郎), 정승석 역, 『불교철학의 정수』(*Essentials of Buddhist Philosophy*, eds., by Wing-Tsit Chan and Charles A. Moore, the Office Appliance Co., Ltd., Honolulu, 1956), 대원정사, 1989.

· 마이카 아워백(Auerback, Micha), 「'친일 불교' 역사학의 재고: 조선 불교단과 1920 년대 조선에서의 승려 결혼에 관한 논쟁」, 《아세아연구》 제51권 3호, 2008, 15~53쪽.

· 앙드레 슈미드(Schmid, Andre), 정여울 역, 『제국, 그 사이의 한국 1895~1919』 (*Korea Between Empires, 1895-1919*, Columbia University Press, 2002), 휴머니 스트, 2007.

· 이만열, 「개신교 전래와 일제하 교회와 국가」, 《한국기독교와 민족운동》, 1982.

· ____, 「한말 기독교인들의 민족의식 형성과정」, 《국가권력과 기독교》(한국기독교 사회연구원 편), 민중사, 1986, 135~190쪽.

· 조성택, 「근대 불교학과 한국 근대 불교」, 《민족문화연구》 제45호, 2006, 77~108쪽.

· ____, 『新 대승불교운동 10년의 성찰과 새로운 모색』, 참여불교재가연대 창립 10주 년 기념 평가토론회(미발표자료집), 참여불교재가연대, 2009a.

· ____, 「'깨달음의 사회화'에 관련한 몇 가지 고찰」, 《불교학연구》 제24호, 2009b, 7 ~55쪽.

· 『六堂 崔南善 全集』 제9권, '논설·논문 I', 현암사, 1974.

· 『韓龍雲 全集』 제2권, '朝鮮佛教維新論 外 佛教論說', 신구문화사, 1973.

· 《佛教》 50-51 합병호(1928년); 제87호(1931년); 제88호(1932년).

· '遍告僧侶 同胞', 《대한매일신보》, 1908. 12. 13.

· Cho, Sungtaek, "The Formation of Modern Buddhist Scholarship: The Case of Bak Jong-hong and Kim Dong-hwa", *Korea Journal* vol. 45, no. 1, Spring 2005, 5~28쪽.

· Evon, Gregory Nicholas, "Contestations Over Korean Buddhist Identities: The 'Introduction' to the Kyŏnghŏ-jip", *The Review of Korean Studies* vol. 4, no. 1, 2001, 11~33쪽.

· Shin, Ki-Young, "Christianity and Nation-Building in Korea 1910-1945, *Korean Social Science Journal* vol. 24, no. 1, 1997, 25~65쪽.

· Tikhonov, Vladimir, "Did They 'Sell the Sect and Change the Patriarch'?: Korean Buddhist Pro-Japanese Collaboration (1877-1905) and Its Modern Critics", *Papers of the British Association for Korean Studies* vol. 8, 2003, 85~104쪽.

7장

· 김동화, 『佛教學槪論』, 백영사, 1954.

· 『박종홍 전집 IV』, 형설출판사, 1982.

· 신오현, 「元曉철학의 현대적 조명」, 『元曉의 사상과 그 현대적 의미』, 한국정신문화연구원, 1994, 125~200쪽.

· 심재룡 편, 『한국에서 철학하는 자세들』, 집문당, 1986.

· 이남영, 「열암 철학: 향내적 철학과 향외작 철학의 집합으로서의 한국 철학」, 『해방 50년의 한국 철학』(철학연구회 편), 철학과현실사, 1996, 1~26쪽.

· 이명현, 「한국 철학의 전통과 과제」, 『한국에서 철학하는 자세들』(심재룡 편), 집문당,

1986, 19~36쪽.

· 조성택, 「불교의 이론과 실천 수행: 초기불교의 무아설을 중심으로」, 《오늘의 동양사상》 제8호 봄·여름, 2003, 163~189쪽.

· _____, "Rationalist Tendency of Modern Buddhist Scholarship: A Revaluation", *Philosophy East and West* vol. 52:4, October, 2002, 426~440쪽.

· 末木剛博(Sueki, Takehiro), 『東洋の合理思想』, 講談社, 1970.

· Almond, Philip, *The British Discovery of Buddhism*, Cambridge University Press, 1988.

· Said, Edward, *Orientalism*, New York: Pantheon Books, 1978.

· Sharf, Robert, "The Zen of Japanese Nationalism" In *Curators of the Buddha: The Study of Buddhism under Colonialism*, Donald Lopez, ed., University of Chicago Press, 1995, 107~160쪽.

찾아보기